Día a día en la PLENITUD DEL ESPÍRITU

EDITORIAL CARIBE

9200 South Dadeland Blvd., Suite 209
Miami, FL 33156, EE.UU.

Título del original en inglés: *Living the Spirit Filled Life*

Publicado por *Thomas Nelson Publishers, Inc.*

Traductor: *Juan Sánchez Araujo*

ISBN: 0-89922-516-0

Impreso en EE.UU.
Printed in the U.S.A.

1ª Edición

Dic 31, 1996.

Juria:

el deseo de mi corazón
es que cada día que
lea este devocional, su
vida crezca y así poder
tener siempre la guía, consuelo
y amor de Cristo Jesús.

Recuerde que en mi siempre
tendrá un cariño muy grande.
Es como una hija para mi.

Con todo mi amor!!

Lorena

Día a día en la PLENITUD DEL ESPÍRITU

Agradecimientos

Los editores y el Dr. Jack Hayford desean manifestar su gratitud al «equipo» que ayudó a hacer posible este devocional inspirador. A medio camino en su producción, el Dr. Sam Middlebrook, coautor del libro, amigo y ministro asociado del pastor Hayford durante toda su vida, fue promovido a su cargo celestial. Inmediatamente después de su repentina partida al hogar, este proyecto se llevó a buen término gracias al apto y dedicado esfuerzo de la sociedad editorial de Rebeca Bauer. Damos las gracias, además, al Dr. John Amstutz y al Dr. Nathaniel Van Cleave, junto con Scott Bauer, Doug y Denise Hammack, y Bill Middlebrook por sus contribuciones escritas a este «popurrí de meditaciones».

Contenido

Enero: La Palabra de Dios
Febrero: El camino del amor
Marzo: El Reino de Dios
Abril: La obra de Cristo
Mayo: El crecimiento en la fe
Junio: La familia
Julio: El sendero de la alabanza
Agosto: El valor del ser humano
Septiembre: La guerra espiritual
Octubre: Alcancemos al mundo
Noviembre: La Segunda Venida
Diciembre: Los dones del Espíritu Santo

No sólo de pan vivirá el hombre, mas de todo lo que sale de la boca de Jehová vivirá el hombre.
Deuteronomio 8.3

Al inicio de su ministerio terrenal, Jesús citó este versículo en Mateo 4.4 al enfrentarse a las asechanzas de Satanás en el desierto. Al hacerlo convirtió el conocimiento de la Palabra en un arma poderosa contra el ataque del adversario. Ya que se utiliza el paralelo con la recepción diaria por parte del pueblo de Israel de su provisión de maná, sabemos que el creyente debe buscar una porción diaria y constante de la Palabra de Dios y alimentarse de ella. El Salmo 119.165 añade que la Palabra de Dios nos ha provisto una base sólida que nos mantendrá firmes y seguros cuales quiera sean las circunstancias a que nos enfrentemos.

Que nadie crea que es posible sobrevivir espiritualmente mucho tiempo sin el alimento de la Palabra. Primera de Pedro 2.2 declara que la Palabra de Dios es tan esencial para el creyente como la leche para el recién nacido. ¡No es una opción!

¿Se está acercando a la Palabra de Dios a diario al iniciar su ministerio en este año? Ella es un recurso posible de descubrir, definitivo y penetrante para hacer frente a todos los desafíos. Sea lo que fuere que tenga que enfrentar este año, las promesas de Dios están ahí, para usted.

LA PALABRA DE DIOS

Para siempre, oh Jehová, permanece tu palabra en los cielos[...] Tú afirmaste la tierra, y subsiste. Salmo 119.89,90

Aunque los tiempos y las sazones cambian, aunque las costumbres, las opiniones humanas y los puntos de vista filosóficos varían, no afectan en nada a la permanencia o la autoridad de la Palabra de Dios.

Al igual que habló y la tierra fue creada y se sostiene, Él ha hablado con relación a sus leyes para la vida. El relativismo del pensamiento humano no afecta ni a su autoridad ni a sus normas. Sin embargo, sea cual fuere nuestra rebeldía pasada, cuando venimos a Cristo, necesitamos hacer de la Palabra de Dios el principio rector de nuestra vida. Jesús lo declara de modo concluyente en Juan 8.47: «El que es de Dios, las palabras de Dios oye». Y Santiago 1.22 nos exhorta además a ser «hacedores de la palabra, y no tan solamente oidores». La palabra que oímos requerirá finalmente nuestra actuación.

¿Dónde necesitamos aplicar la Palabra en nuestras vidas actuales? A medida que escuchamos y nos rendimos a la autoridad de la Palabra de Dios, comprobamos que ya no estamos dominados por el espíritu de error del mundo (1 Jn 4.6), sino que estamos aplicando el poder, la promesa y la bendición de su Palabra a nuestras existencias.

[Hemos sido] renacidos, no de simiente corruptible, sino de incorruptible, por la palabra de Dios que vive y permanece para siempre.
1 Pedro 1.23

Así como debemos nuestra existencia natural a la palabra hablada del Creador y a su aliento vivificante, es también gracias al poder de la Palabra de Dios y a la activación del poder del Espíritu Santo que vivimos espiritualmente.

La intención de Dios para nuestros seres creados se cumple plenamente sólo cuando nuestros espíritus viven para con Él. Este versículo nos dice que la «simiente» que ha producido la nueva vida en nosotros es la Palabra de Dios, la cual nos ha engendrado por el poder del Espíritu Santo y nos ha hecho miembros de la nueva creación divina.

Esa nueva creación es un fenómeno continuo en cada una de nuestras vidas. Y el poder de la Palabra de Dios no se manifiesta de un modo más claro que este: que nos trae vida espiritual a todos los que somos receptivos a su verdad en *cada* área de la vida.

¿Hay algún área de nuestras vidas que parezca apagada o estancada? Dejemos que el Espíritu Santo plante en ella la «simiente» de la Palabra y observemos luego cómo su vida fluye nuevamente a través de nosotros.

El que tiene mis mandamientos, y los guarda, ése es el que me ama. Juan 14.21

Jesús alineó completamente su vida y su voluntad con la del Padre, indicando su lealtad completa a la Palabra de aquel y a sus mandamientos. También censuró cualquier actitud que enseñase menos que la plena obediencia a la totalidad de la Palabra revelada de Dios.

Así, en este versículo, Jesús vincula explícitamente el amor de sus discípulos por Él como Salvador con la voluntad de ellos de guardar sus mandamientos: Si le amamos también amaremos la Palabra de su Padre.

En Juan 5.39, nuestro Señor declara que el conocimiento de las Escrituras es la senda para conocerlo bien a Él. Además, después de su resurrección, desveló la plenitud de su propia Persona como aparecía en el Antiguo Testamento (Lc 24.27). Estos versículos se agrupan para enseñarnos a seguir a Cristo, *conocerle* y *crecer* en comprensión como personas que caminan con el Señor resucitado.

Un requisito básico y constante para ver esto realizado es el compromiso firme de escuchar a la Biblia, hacerle caso y estudiarla. ¡Descubra hoy mismo sus maravillas!

LA PALABRA DE DIOS

[Mi palabra] no volverá a mí vacía, sino que hará lo que yo quiero, y será prosperada.
Isaías 55.11

Tanto la evangelización (difusión de las Buenas Nuevas) como la expansión (ampliación del potencial de la vida bajo el control de Dios) se multiplican por la «simiente» de la Palabra divina. Jesús también describió la Palabra como «semilla», el origen de toda vida salvadora y posibilidad de crecimiento que viene del Padre a la humanidad.

Ya sea que vengamos a Él con una necesidad espiritual, física o emocional, todo crecimiento, en su amor, procede de su Palabra, cuando la respuesta humana permite que su bendición fluya. Si se recibe, la promesa de la palabra divina jamás será estéril. El poder que hay en su Palabra siempre cumplirá la promesa que ésta hace. Nunca necesitaremos preguntarnos cómo la fe se desarrolla o se produce la fecundidad.

Dicha fecundidad es la consecuencia garantizada de la Palabra de Dios, tanto para la salvación de un alma perdida como para la provisión de la necesidad de un discípulo. La Palabra de Dios no puede ser estéril o infructuosa. ¡Su propio poder vivificador está en ella!

Lámpara es a mis pies tu palabra,
y lumbrera a mi camino. Salmo 119.105

Todos nosotros somos demasiado inexpertos para intentar salir airosos en la vida sin un guía. La Palabra de Dios es ese guía. El Salmo 119 revela Sus múltiples características, mostrando de qué modo tan dinámico y práctico nos ayudará en todas las circunstancias de la vida. Pero ningún versículo enfoca esto más claramente que el 105, el cual explica cómo la Palabra de Dios alumbra el camino, dirige cada paso («a mis pies») y da sabiduría para los planes *a largo plazo* («a mi camino»).

Josué vincula el uso habitual de la Palabra de Dios en la vida con el camino más seguro para alcanzar tanto el éxito como la prosperidad en el vivir (Jos 1.8). Además, el Salmo 119.130 destaca la sabiduría que proporciona la Palabra de Dios a los «simples», recordándonos que no tomemos decisiones basadas en la ilusión humana o la abierta insensatez. También Proverbios 6.23 trae a nuestra memoria que las reprensiones de Dios son esenciales y para vida.

Permitamos a la Palabra de Dios guiar, corregir, instruir, dirigir, enseñar y confirmar. No se apresure a avanzar sin ella... ¡nunca!

El que mira atentamente en la perfecta ley, la de la libertad, y persevera en ella[...] será bienaventurado en lo que hace. Santiago 1.25

La pureza de vida no es tanto una búsqueda de perfección como de liberación de aquellas cosas que pueden impedir la eficacia y reducir la vida llena de poder. Este versículo muestra la Palabra de Dios como un medio de reflexión, un espejo en el cual debemos mirar y vernos a nosotros mismos. El llamamiento que se hace no es sólo a prestar atención a lo que vemos y aceptar la instrucción correctiva de la Biblia, hay también aquí una lección no escrita: deberíamos evitar la tentación de ver (y juzgar) a otros en la Palabra, analizando lo que tendrían que hacer en vez de qué es lo que debemos hacer nosotros.

Segunda de Corintios 3.18 también compara la Palabra de Dios con un espejo, pero describe la imagen que se ve nada menos que como al Señor Jesucristo mismo. De manera que la Biblia nos descubre la semejanza de Cristo para que podamos medir nuestra conducta y carácter con los suyos y permitir a Dios que nos conforme a imagen de Jesús.

Pídale hoy al Señor que use la Palabra para que transforme su vida según «la imagen de su Hijo» (Ro 8.29).

Procura con diligencia presentarte a Dios aprobado, como obrero que no tiene de qué avergonzarse, que usa bien la palabra de verdad. 2 Timoteo 2.15

La Biblia, Palabra inspirada de Dios, es la única fuente definitiva de sabiduría, conocimiento y comprensión de las realidades últimas. Es un manantial de verdad y una mina de principios prácticos que esperan para liberar y enriquecer a todo aquel que busca su verdad y su riqueza.

Así la exhortación de Pablo a presentarnos como obreros aprobados ha sido aplicada por cristianos responsables a través de los siglos como un mandato de estudiar la Palabra de Dios. El único camino para una vida saludable y equilibrada es «usando bien» la Escritura. Tal aplicación de la Palabra de Dios constituye el resultado de un estudio diligente.

El Salmo 119.11 nos insta además a memorizar la Palabra como poderoso elemento disuasivo contra el pecado. Aprender de memoria las Escrituras también proporciona la inmediata disponibilidad de las palabras de Dios a modo de espada, lista para el testimonio y eficaz en la guerra espiritual.

A medida que seguimos derramando la Palabra de Dios en nuestros corazones, permitámosle hoy que «more en abundancia en [nosotros]» (Col 3.16).

Toda la Escritura es inspirada por Dios[...]
a fin de que el hombre de Dios sea perfecto,
enteramente preparado para toda buena obra.
2 Timoteo 3.16, 17

La absoluta autoridad de la Biblia sobre nuestras vidas está basada en el hecho de que este Libro no contiene meramente la Palabra de Dios, sino que es la Palabra de Dios en su conjunto y en cada una de sus partes.

El término griego traducido por «inspirada por Dios» significa literalmente «soplada por Dios» y describe el origen de la Biblia como algo que trasciende a la inspiración humana. La Biblia no es el producto de una conciencia humana elevada ni de un intelecto iluminado de hombres. No se trata meramente de la opinión privada del escritor (2 P 1.20), sino que ha sido directamente «soplada» por el mismo Dios.

Este versículo nos enseña además cuál es el propósito de la Escritura: «Que el hombre de Dios sea perfecto, enteramente preparado para toda buena obra». El mismo Señor que envió su Palabra a nosotros con tanta fidelidad está hoy a nuestro lado, para equiparnos. Entremos sin temor en su glorioso plan para nuestras vidas. No dependemos de nuestros recursos, sino que Él está completándonos, madurándonos y preparándonos mediante su Palabra.

Hasta que pasen el cielo y la tierra,
ni una jota ni una tilde pasarán de la ley,
hasta que todo se haya cumplido. Mateo 5.18

Como Rey resucitado, Mesías de Dios y nuestro Salvador, el Señor Jesucristo nos ha proporcionado algunas de las declaraciones más importantes referentes a la autoridad y fiabilidad de la Palabra de Dios.

Jesús confirma la verdad de que cada palabra de la Escritura ha sido dada por Dios, y va más allá al hacer una referencia directa a la más pequeña de las letras, la «jota», y al menor de los signos de puntuación, la «tilde».

Además, cuando dice que «la Escritura no puede ser quebrantada» (Jn 10.35) está describiendo la total inviolabilidad de la Palabra de Dios por parte del hombre (no tratéis de mermar su verdad o su significado) y su completa fiabilidad desde el punto de vista divino (Dios la mantendrá; su Palabra no será revocada ni conmovida). Toda la creación puede deshacerse, pero la Palabra de Dios permanecerá para siempre (Mt 24.35).

Os di a beber leche, y no vianda;
porque aún no erais capaces. 1 Corintios 3.2

Comenzando en 1 Corintios 2.10, Pablo detalla nuestra necesidad de sabiduría y revelación del Espíritu Santo, y lo vincula con gran firmeza a que recibamos «las palabras [...] que enseña el Espíritu» (2.13). Inmediatamente después deja tales observaciones para ocuparse en una confrontación directa con la carnalidad de los corintios, atribuyendo a la misma la superficialidad de su entendimiento en cuanto a la Palabra de Dios. Hebreos 5.12-14, por su parte, entra en mayores detalles al afirmar que «todo aquel que participa de la leche es inexperto en la palabra de justicia».

La exigente verdad de este pasaje es que ninguna cantidad de supuesto discernimiento o experiencia refleja el auténtico crecimiento espiritual si no está arraigado en el conocimiento de la Palabra de Dios. Y ese «arraigo» es en la verdad y el *amor,* y no meramente en el conocimiento aprendido o el estudio realizado. Para experimentar el verdadero crecimiento espiritual debemos dedicar más tiempo a la Palabra.

Al igual que el bebé necesita alimento para crecer, nosotros precisamos ingerir diariamente la Palabra de Dios para nuestro crecimiento espiritual (1 P 2.2). Hagamos del estudio de la Palabra una prioridad en nuestras vidas y veremos cómo dicha palabra empieza a «crecer» en nosotros.

La ley de Jehová es perfecta. Sal 19.7

El hecho de que «la ley del Señor es perfecta» se refiere a la absoluta, completa y entera credibilidad de las Sagradas Escrituras. La Palabra de Dios es *perfecta* en su exactitud y *segura* en su fiabilidad. La Biblia es infalible como guía absolutamente fidedigna de nuestra fe (creencia en Dios) y práctica (vida y comportamiento).

Este versículo sigue describiendo lo completo de la Escritura para satisfacer cada una de nuestras necesidades: nos trae salvación, sabiduría, gozo, discernimiento, verdad y justicia.

Sea lo que fuere aquello a lo que nos enfrentemos hoy en día, busquemos dirección en la Palabra de Dios. Ella es una fuente segura en la que podemos confiar en momentos de necesidad. Ello debido a que Dios es *fiel,* porque su Palabra revela su verdad y porque Él no puede mentir. Deuteronomio 7.9 lo confirma: «Conoce, pues, que Jehová tu Dios es Dios, Dios fiel, que guarda el pacto[...] a los que le aman y guardan sus mandamientos».

No añadiréis a la palabra que yo os mando, ni disminuiréis de ella. Deuteronomio 4.2

La Biblia es completamente fidedigna y suficiente para contestar a cualquier cosa que necesitemos saber para la salvación eterna. También es una fuente segura de sabiduría práctica en lo referente a nuestras relaciones, moralidad, carácter o conducta.

La Biblia advierte contra añadir o sustraer de su contenido. Apocalipsis 22.18 es un claro aviso contra el agregar a la Palabra de Dios. Un estudio clásico del juicio por quitar de la Palabra lo vemos en Jeremías 36.20-32. Sabio es quien dice: «El que añade o sustrae de la Biblia lo paga».

Aunque hay muchos libros inspiradores, sólo pueden reflejar el orden consumado de la revelación divina como se encuentra en la Escritura. La niebla de la confusión que puede surgir de una actitud despreocupada o crédula hacia esos libros se disipa en la ardiente llama de la Palabra de Dios.

¡Hagamos de la Biblia nuestro tribunal de primera instancia!

La letra mata, mas el Espíritu vivifica.
2 Corintios 3.6

Creer en la veracidad de la Palabra de Dios no garantiza que vayamos a ministrar esa verdad en el Espíritu de Dios. Efesios 4.15 describe el crecimiento y la maduración en el cuerpo de Cristo por su característica de que «[hablemos] la verdad en amor», y Proverbios 18.21 nos advierte que la vida y la muerte están en la lengua.

Nuestro Señor nos desafía a mantener su constante presencia en las cosas que hablamos, aun en las declaraciones más exigentes de corrección o juicio. La urgencia puede asistir a nuestro mensaje y la pasión inflamar nuestra predicación, pero la ira, la impaciencia y la irritación no provienen del Espíritu vivificante, por muy literalmente correcta que sea nuestra interpretación de la Biblia.

El salmista oraba: «Sean gratos los dichos de mi boca[...] delante de ti». Y Proverbios 16.1 nos dice que «de Jehová es la respuesta de la lengua». Cuando nos enfrentamos a una situación en la que «las palabras sencillamente no bastan», necesitamos acudir al Señor y permitirle que hable su Palabra a través de nosotros.

Conoceréis la verdad, y la verdad os hará libres.
Juan 8.32

A menudo esperamos que la libertad venga a nosotros con poco esfuerzo de nuestra parte. Actuamos como si nuestro nacimiento en la familia de Dios fuera el único paso que necesitamos dar para ver toda su herencia materializada en nuestras vidas. Pero este versículo afirma claramente que la libertad nace por medio del conocimiento de la verdad, lo cual nos impone una búsqueda constante y en mayor grado de la verdad divina como la encontramos en su Palabra.

La palabra griega que aquí se usa para «conocer» significa literalmente percibir, comprender, reconocer, obtener conocimiento, darse cuenta o llegar a saber, e implica que ese conocimiento tiene un principio, un progreso y una consecución. Podemos conocer la verdad de Dios intelectualmente sin aplicarla jamás a nuestras vidas, pero el saber del que se habla aquí es el reconocimiento de la verdad mediante la experiencia personal.

¿Qué áreas de nuestras vidas necesitan ser liberadas? La Palabra de Dios tiene una respuesta para nosotros. Al explorar sus recursos y aplicarlos a nuestras vidas, el Señor nos llevará a la libertad.

Mucha paz tienen los que aman tu ley,
y no hay para ellos tropiezo. Salmo 119.165

La paz es el deseo, siempre esquivo y consumidor, de toda persona. Siempre parece estar fuera de nuestro alcance y ser una meta imposible de lograr en este mundo trastornado. Sin embargo, este versículo nos hace una promesa de paz que cualquiera puede obtener con facilidad. Dice que si amamos la Palabra de Dios, tendremos paz.

El término que se traduce aquí por «paz» es la conocida palabra hebrea *shalom.*

Solemos considerar *shalom* como un mero y sencillo saludo. Naturalmente que esta palabra significa paz, seguridad y tranquilidad; pero también lleva inherente el significado de totalidad, integridad, salud, prosperidad, plenitud, descanso y armonía. Así que la paz es mucho más que ausencia de guerra y conflicto; se trata del estado perfecto que busca toda la raza humana.

¿En qué parte de nuestras vidas necesitamos la perfección de la paz de Dios? Cuando nos enamoramos de su Palabra esa paz es el subproducto natural que obtenemos.

Les diste juicios rectos, leyes verdaderas, y estatutos y mandamientos buenos. Nehemías 9.13

El sustantivo hebreo que se utiliza aquí para «estatutos» significa una norma, una inscripción, una regla escrita, un límite decretado, una ley o una práctica. Hace referencia a un límite definido, especialmente cuando se halla incorporado a la ley, pero a veces no en forma escrita, como en el caso de los límites que Dios ha impuesto al mar (Pr 8.29).

Aunque todos sabemos que los estatutos se nos dan para nuestro bien, a veces nos encontramos traspasando sus límites cuando no hay nadie cerca para hacerlos respetar. Por desgracia hacemos lo mismo con la ley de Dios, casi siempre en detrimento nuestro. Sin embargo, contrario a las leyes concebidas por los hombres, los decretos de Dios nunca son arbitrarios o inconsecuentes. Las leyes divinas proceden directamente de la mano del Creador y son, en esencia, un manual de «autoayuda» para la raza humana.

¿Necesitamos dirección hoy en día? Escuchemos para oír su voz. ¿Nos enfrentamos a una de las incertidumbres de la existencia? La solución está en la Palabra. ¿Hay algo en nuestras vidas que necesita reparación? ¡Cuando no sabemos qué hacer lo buscamos en el manual!

Entonces ellos contaban[...] cómo le habían reconocido [a Jesús] al partir el pan. Lucas 24.35

Uno de los relatos más tiernos de la Biblia es el encuentro de Jesús con los discípulos en el camino de Emaús. Su paciencia y amor explicándoles las Escrituras es algo digno de notar por nuestro bien.

Parte para mí, oh Señor, el pan de vida,
Como partiste los panes junto al mar;
Te busco más allá de la página sagrada,
Mi espíritu suspira por ti, Palabra viva.

Para mí, Señor, el pan de vida eres,
Y tu santa Palabra la verdad que me salvó;
Dame de comer y viva contigo arriba;
Enséñame a amar tu verdad, Tú eres amor.

Envíame ahora tu Espíritu, oh Señor,
Y toque Él mis ojos y me haga ver:
Muéstrame la verdad oculta en tu Palabra
Y en tu Libro revelado véate, oh Dios.

Leamos hoy la Biblia con Jesús; Él está esperando para abrirnos las Escrituras.

Tus mandamientos he creído. Salmo 119.66
Y creyeron la Escritura. Juan 2.22

Las palabras griega y hebrea para «creer» se combinan presentándonos un cuadro de la fe que no sólo requiere nuestra participación, sino que también nos proporciona un fundamento sobre el cual podemos mantenernos y establecernos.

Pisteuo es la forma verbal griega de la palabra aquí utilizada para «creer», y significa confiar en, tener fe en, estar plenamente convencido de y contar con. Expresa seguridad en algo y una confianza personal que produce obediencia. El término hebreo, a su vez, es *'aman* y significa estar firme, estable, establecido y firmemente persuadido. En 2 Crónicas 20.20 la palabra aparece tres veces y podría traducirse por: «Sed establecidos en el Señor[...] y seréis establecidos».

La clave para ser establecidos en el Señor es cimentarnos en su Palabra. ¿Parece débil nuestra fe? La fe viene por el oír la Palabra de Dios (Ro 10.17). ¿Nos sentimos a veces como si nuestra vida estuviese fundada sobre arenas movedizas? Construyámosla sobre Jesús, el Verbo, la Palabra (Jn 1.14). Y al creer en Él seremos establecidos.

Y estas palabras que yo te mando hoy, estarán sobre tu corazón; y las repetirás a tus hijos.
Deuteronomio 6.6,7

La Palabra de Dios es la base para toda relación familiar fructífera, ya sea con los padres, los hermanos o el cónyuge. Estos versículos, sin embargo, tratan del fundamento que debemos poner en la crianza de nuestros hijos para que sean pueblo de Dios. Hemos de comenzar por instruirlos en la Palabra.

Cumplir las leyes divinas no significa que tengamos que convertirnos en excéntricos espirituales, sino más bien que seamos «naturalmente sobrenaturales». Vivir la Palabra de Dios no nos exige que llenemos nuestras paredes de rótulos bíblicos y hablemos en un tono de voz «santo». Sí demanda, no obstante, que enseñemos a nuestros hijos a usar la Escritura en situaciones adecuadas (Pr 4.1-4; 1 Co 10.11), que llenemos nuestros hogares del gozo del Señor (Neh 8.10), que aceptemos la estructura que Dios ha establecido en la familia creyente (Ef 5.22—6.4), y que seamos constantes y persistentes en la enseñanza (2 Ti 3.14-17).

¿Qué debemos hacer cuando nos enfrentamos a un desafío en la familia? ¿Aplicamos la Palabra y vemos al Señor cambiar la situación para su gloria?

Átalos siempre en tu corazón[...] Porque el mandamiento es lámpara, y la enseñanza es luz. Proverbios 6.21, 23

Estos versículos nos encargan que atemos siempre los mandamientos del Señor en nuestros corazones. La palabra hebrea que se traduce por «siempre» significa constantemente, para siempre jamás o perpetuamente. La idea principal es de algo permanente e incesante.

Esto no deja ninguna duda en cuanto a convertir la Palabra de Dios en parte de nuestras vidas ha de ser la principal ocupación del creyente. Debemos guardar *siempre* la Palabra en nuestros corazones, como nos exhorta la Escritura (Sal 119.11), y dejar que «la palabra de Cristo more en abundancia en [nosotros]» para que podamos enseñarnos y amonestarnos unos a otros (Col 3.16). Al hacerlo, la Palabra de Dios no sólo abre oportunidades para el ministerio, sino que también se convierte en nuestra guía (Sal 73.23, 24), nuestra defensa (Ef 6.17), nuestro refugio (Sal 91.2), nuestra norma de fe (1 Ts 2.13) y nuestro consuelo (Jn 15.26).

Sea lo que fuere aquello que el Señor vaya a ministrarnos hoy de su Palabra, atémoslo a nuestro corazón, memoricémoslo, meditemos en ello, compartámoslo con otros.

La palabra de Cristo more en abundancia en vosotros. Colosenses 3.16

Las definiciones de los dos principales términos traducidos por «palabra» en la Escritura nos proporciona una comprensión de la Palabra de Dios en nuestras vidas.

Logos es una transmisión de pensamiento, una palabra de explicación, un oráculo o revelación divina. *Davar* significa una palabra, un discurso, una cuestión o cosa. Observe la semejanza entre el hebreo *davar* y el griego *logos.* Jesús es el *Logos* viviente (Jn 1.1), la Biblia es el *logos* escrito (Heb 4.12), y el Espíritu Santo pronuncia el *logos* hablado (1 Co 2.13). Jesús es el *Davar* del Antiguo Testamento y el *Logos* del Nuevo. Él es el mensaje de todo el libro.

Jesús se convirtió en la personificación física de la Palabra de Dios, y de un modo muy parecido Dios quiere morar en cada uno de nosotros. Al estudiar hoy las Escrituras, preguntémosle al Señor de qué manera quiere llenarnos de su Palabra.

LA PALABRA DE DIOS

No sólo de pan vivirá el hombre, sino de toda palabra que sale de la boca de Dios. Mateo 4.4

En contraste con logos, la palabra griega *rhema* significa lo que se dice, una declaración. Aunque ambas se traducen por «palabra», tienen significados radicalmente diferentes. *Logos* es el mensaje; *rhema* la comunicación del mismo. Con referencia a la Biblia, *logos* es la Biblia en su totalidad y *rhema* un versículo en particular. El significado de *rhema* en contraste con *logos* lo ilustra Efesios 6.17, donde no se hace referencia a las Escrituras como un todo sino a esa porción la cual el creyente esgrime como una espada en el tiempo de necesidad.

La palabra hebrea más parecida a *rhema* en significado es *'imrah,* que quiere decir discurso, palabra, mandamiento o respuesta. En el Salmo 119, *'imrah* aparece veintiuna veces, incluyendo el versículo 11: «En mi corazón he guardado tus dichos, para no pecar contra ti».

Ambas palabras destacan la importancia de los versículos individuales utilizados en momentos de necesidad. ¿Hay algún área de nuestra vida donde amenaza la aflicción o tienta el pecado? Tome la Escritura como una espada y resista firmemente en su fuerza.

Mas el que mira atentamente en la perfecta ley, la de la libertad, y persevera en ella[...] será bienaventurado en lo que hace. Santiago 1.25

«La ley del Señor es perfecta», afirmaba el salmista, y en este versículo Santiago reafirma que la ley de la libertad en la que vivimos es verdaderamente perfecta.

El término griego traducido por «perfecta» aquí en Santiago es *teleios;* y se refiere a aquello que cumple su propósito; en otras palabras: es algo acabado, completo... perfecto. Cuando esto se aplica a las personas significa salud consumada, e incluye la idea de un estado cabal. Más particularmente, en cuanto a los creyentes indica madurez.

Santiago añade además que no sólo debemos «perseverar en» la Palabra, sino también darnos en ministerio a los demás. Es este enfoque doble —la Palabra y la obra– lo que produce esa *perfecta* madurez y ese estado saludable en nuestras vidas.

Nos entregamos a la lectura y al estudio de la Palabra, y luego le pedimos al Señor que abra puertas de ministerio para nosotros. Hoy Él quiere traer su perfección a nuestras vidas.

LA PALABRA DE DIOS

Desead, como niños recién nacidos,
la leche espiritual no adulterada,
para que por ella crezcáis. 1 Pedro 2.2

La Palabra de Dios nos ha sido dada como el requisito más elemental para nuestro crecimiento espiritual. La lectura regular y el constante estudio son para nosotros como la leche para un bebé, y nos proporcionan el alimento que necesitamos para crecer, el líquido para calmar nuestra sed y los anticuerpos que nos ayudan a combatir la enfermedad del pecado.

Otros versículos hacen hincapié en la importancia de la Palabra como nuestra principal fuente de alimento espiritual.

Job 23.12 nos anima a dar prioridad a la Palabra sobre las demás ocupaciones, incluso nuestras necesidades físicas más elementales. Se nos amonesta a consumir más de la Palabra a medida que crecemos, al igual que un niño que ve aumentar su necesidad de alimento al hacerse grande (Heb 5.12-14). Y como un entusiasmado jovencito que contempla cómo se pone la comida en la mesa, Jeremías se regocija de que la Palabra sea su fuente de gozo (Jer 15.16).

Al abrir hoy nuestra Biblia no hay razón para ser tímidos. ¡Él tiene todo el banquete preparado!

Para santificarla, habiéndola purificado en el lavamiento del agua por la palabra. Efesios 5.26

Este versículo deja claro que Jesús tiene un compromiso continuo de hacernos crecer en santidad. En Juan 17.17 Él ora por nosotros con estas palabras: «Santifícalos en tu verdad; tu palabra es verdad». Nuestro Señor no sólo está comprometido con nosotros, sino que intercede a nuestro favor. No obstante, aunque nuestra purificación del pecado y las fuerzas para una continua santidad sólo pueden proceder de su mano, buena parte de la responsabilidad de que nuestras vidas sean puras descansa firmemente sobre nuestros hombros.

El salmista hace esta pregunta: «¿Con qué limpiará el joven su camino?» Y responde de inmediato: «Con guardar tu palabra» (119.9). La Palabra se convierte por lo tanto en la clave para que la limpieza constante tenga lugar.

¿Dónde tiene hoy que llevarse a cabo esa limpieza en nuestras vidas? Mientras descansamos en Jesús y en la Palabra hagámonos eco del compromiso de 2 Corintios 7.1: «Así que, amados, puesto que tenemos tales promesas, limpiémonos de toda contaminación de carne y de espíritu, perfeccionando la santidad en el temor de Dios».

LA PALABRA DE DIOS

Y tomad el yelmo de la salvación, y la espada del Espíritu, que es la palabra de Dios.
Efesios 6.17

Qué consuelo es saber, en medio de las pruebas y tentaciones del vivir diario, que el Señor no nos ha dejado indefensos. En cada circunstancia que el adversario ha planeado contra nosotros, se nos ha dado el poder de la Palabra de Dios para rechazarlo, defendernos y rescatar a otros del maligno. Hebreos 4.12 expresa que «la palabra de Dios es viva y eficaz, y más cortante que toda espada de dos filos».

Apocalipsis 1.16 nos hace comprender mejor el uso de esta arma, cuando dice: «De su boca [de Jesús] salía una espada aguda de dos filos». E Isaías, hablando proféticamente acerca del Mesías, expresa: «Puso mi boca como espada aguda». De manera que al esgrimir la espada de la Palabra en la batalla, estamos, en esencia, hablando las palabras de Jesús para esa situación.

Cuando salgamos a la pelea, recordemos con confianza que nuestro Jefe no sólo nos proporciona un lugar seguro y la serenidad para la batalla, sino que luego coloca la espada de su propia Palabra en nuestras manos.

Así que la fe es por el oír, y el oír, por la palabra de Dios. Romanos 10.17

La relación entre la palabra absorbida y el crecimiento de nuestra fe es asombrosa. Este versículo llega a sugerir que son cosas que no se pueden separar. Eso coloca sobre nosotros una gran responsabilidad, no sólo en el área de nuestro propio estudio bíblico, sino también de cómo hablamos la Palabra a quienes nos rodean.

Segunda de Samuel 23.2 dice: «El Espíritu de Jehová ha hablado por mí, y su palabra ha estado en mi lengua». Además, 1 Pedro 3.15 nos exhorta: «Estad siempre preparados para presentar defensa con mansedumbre y reverencia ante todo el que os demande razón de la esperanza que hay en vosotros». Tenemos que estar listos en todo momento para hablar una palabra de vida dirigida a cualquier circunstancia y para explicar nuestra fe a cualquiera que nos pregunte.

No siempre podemos planear con antelación esas ocasiones, de modo que permitamos a nuestros ratos con la Palabra edificar nuestra fe para que estemos de veras dispuestos «a tiempo y fuera de tiempo» (2 Ti 4.2) para exhortar y enseñar.

Ninguna palabra de todas sus promesas[...] ha faltado. 1 Reyes 8.56

Dios nos ha hecho muchas promesas. Él promete restaurar las cosas de nuestro pasado (Jl 2.25, 26), y nos hace promesas referentes al presente (Sal 23.6) y al futuro, tanto aquí en la tierra como en la eternidad con Él (2 P 3.13).

A medida que leamos la Biblia, tomemos nota de la profusión de bendiciones que Dios promete a su pueblo. Segunda Corintios 1.20 dice que «todas las promesas de Dios son en Él Sí, y en Él Amén, por medio de nosotros, para la gloria de Dios». Eso significa que sea cual fuere nuestro pasado, sin importar aquello a lo que nos enfrentemos hoy, por muy negro que parezca nuestro futuro, cada promesa de la Escritura es para nosotros.

¿Qué promesa necesitamos reclamar hoy? Sea cual fuere el área de la vida que nos preocupa, tengamos la seguridad de que su promesa no fallará. Estamos «plenamente [convencidos] de que [Él es] también poderoso para hacer todo lo que [ha] prometido» (Ro 4.21).

Todo aquel que viene a mí, y oye mis palabras y las hace[...] semejante es al hombre que al edificar una casa[...] puso el fundamento sobre la roca. Lucas 6.47, 48

Al igual que el hombre de este pasaje, todos nosotros queremos edificar nuestras vidas sobre algo que sea sólido, firme y seguro como la piedra. Ese «algo» que buscamos es en realidad una piedra, y 1 Pedro 2.6 declara que Cristo es esa piedra angular.

Pero estos versículos también señalan que el tipo de hombre al que debemos imitar es aquel que oye los dichos del Señor y los hace. Estos dos hechos no pueden separarse: si queremos construir nuestras vidas sobre Cristo, la principal piedra del ángulo, debemos oír y obedecer su Palabra.

Aun cuando la vida parece cambiar tan a menudo como las arenas movedizas, con circunstancias variables, relaciones rotas y normas sociales fluctuantes, debemos acudir al fundamento sólido y firme como la roca de la Escritura.

Exclamemos a diario con el salmista: Señor, «llévame a la roca que es más alta que yo» (Sal 61.2). Ese es el único lugar seguro para construir nuestras vidas.

Y los huesos se juntaron[...] y entró espíritu en ellos, y vivieron. Ezequiel 37.7, 10

Todos pasamos por momentos en los que nuestras vidas parecen tan resecas y sin existencia como el valle de los huesos secos de Ezequiel. Pero cuando él levantó su voz hablando la Palabra de Dios, aquel valle se convirtió en una fuerza poderosa y vivificante.

Siglos después, Jesucristo enseñó a sus discípulos: «Las palabras que yo os he hablado son espíritu y son vida» (Jn 6.63). Más tarde, tras el nacimiento de la Iglesia, aquellos mismos discípulos dedicaron gran parte de su tiempo en el templo a hablar «las palabras de esta vida» (Hch 5.20). ¡Reconocían el poder de la vivificante Palabra de Dios!

Sólo diez capítulos después de la visión de los huesos secos, Ezequiel es conducido al río de las aguas sanadoras que llevan la vida, la salud y la abundancia divinas adondequiera que van. Dios tiene la misma bendición reservada para cada uno de nosotros, pero necesita que estemos «asidos de la palabra de vida, para que en el día de Cristo [podamos gloriarnos]» (Flp 2.16).

Y Jehová dijo a Caín: ¿Dónde está Abel tu hermano? Y él respondió: No sé. ¿Soy yo acaso guarda de mi hermano? Génesis 4.9

El Señor contesta a la retórica pregunta de Caín con un llamamiento vigoroso a dar cuenta de sus acciones, actitud y negligencia ante el mandato de «guardar» a su hermano. Si le preguntáramos lo mismo a Dios en cuanto a nuestros hermanos, su respuesta nos llamaría a rendir cuentas de un modo igualmente enfático: *tenemos* el mandato de cuidar, atender y «guardar» a los que nos rodean.

Primeramente *somos* responsables de nuestras familias naturales. ¡Cuántas veces descuidamos espiritual, emocional y físicamente a nuestra parentela!

En segundo lugar, *somos* responsables de nuestras familias espirituales. Debemos ministrar regularmente a nuestros hermanos, hermanas, padres y madres en la fe. Nuestras actitudes hacia ellos han de reflejar el interés que conviene al mandamiento que nos dio nuestro Señor de amarnos los unos a los otros.

En tercer lugar, con la parábola del Buen Samaritano Jesús nos llamó a atender a aquellos a quienes no estamos naturalmente dispuestos a apreciar. ¿Qué decir de los que nos fastidian? «¿Soy yo su guarda, Señor? Seguramente no, Padre, ya sabes lo reprensiblemente difícil que es fulano. Él no, desde luego...»

Y nuestro Señor responde.

EL CAMINO DEL AMOR

Entonces dijo José a sus hermanos[...] Yo soy José vuestro hermano, el que vendisteis para Egipto. Génesis 45.4

¿Cree usted que José pensaba que Dios lo estaba preparando para gobernar una nación mientras lo enviaban a la aflicción y a una muerte casi segura en Egipto? Pienso que no.

¿Cree que sentía la expectativa del que se está preparando para un glorioso futuro mientras lo encarcelaban en oscuridad y suciedad? Supongo que no.

¿Cree que durante la larga y forzada marcha hacia Egipto estaba agradecido porque sus hermanos hubiesen actuado como la mano de Dios que lo empujaba hacia el cumplimiento de su destino? Creo que no.

Sin embargo, cuando perdonó a sus hermanos, reveló una actitud sincera que a la larga permitió que su sufrimiento se convirtiera en su fuerza. Dios espera que perdonemos porque estamos creciendo en un amor semejante al de Cristo. Pero en el ámbito más personal, cuando perdonamos, permitimos que Dios use el tratamiento ruin de que somos objeto para forjar un carácter que le permita emplearnos para gobernar en nuestro propio Egipto.

¿A quién está utilizando Dios para modelar su carácter? ¿Está usted perdonando?

Como a un natural de vosotros tendréis al extranjero que more entre vosotros, y lo amarás como a ti mismo. Levítico 19.34

Con cierta frecuencia la jovencita se trasladaba con su familia de una iglesia a otra. Siempre era doloroso para ella incorporarse a una nueva Escuela Dominical. Sentirse como una extraña le resultaba chocante; no conocía los trucos, y eso la hacía sentirse rechazada aun antes de que nadie tuviese siquiera la oportunidad de rechazarla.

No es sólo la timidez preadolescente lo que nos hace sentir así. Todos los días en nuestras iglesias, nuestros trabajos, las asociaciones de padres de alumnos, nuestros vecindarios, etc., hay personas que se sienten extrañas.

Además, nuestra sociedad quebrantada hace que incluso aquellos que parecemos estar «conectados» nos sintamos alienados unos de otros.

Nuestro Señor nos *ordena* que seamos sus representantes para integrar, en el invernadero protector de su amor y su cuidado, a los que se sienten excluidos. Son nuestros brazos los que se extienden en su nombre; son nuestras palabras las que los hacen entrar.

¿Está usted influyendo en alguien? ¿En quiénes?

Jehová, ¿quién habitará en tu tabernáculo?[...]
El que no calumnia ...ni admite reproche alguno contra su vecino. Salmo 15.1, 3

El mandamiento del Señor en cuanto a amarnos los unos a los otros no fue algo nuevo que vino con Jesús. Desde que Dios comenzó a revelar la senda para que anduviésemos con Él, el amor a nuestro prójimo ha sido esencial.

Mientras David meditaba en los requisitos de Dios para que alguien camine en comunión con Él, el Señor le dijo lo mismo que más tarde revelaría Juan como esencial para el evangelio: «El que no ama a su hermano a quien ha visto, ¿cómo puede amar a Dios a quien no ha visto?» (1 Jn 4.20).

Andar cerca de Dios es sinónimo de andar en armonía con aquellos que nos rodean. ¿Podemos hablar mal de nuestros hermanos y hermanas caminando en intimidad con el Señor? ¿Podemos criticar y condenar a quienes se nos manda que amemos y, sin embargo, andar cerca de Dios? Aparentemente no.

Caminar con Dios parece un concepto demasiado místico; no obstante, Él nos lo ha hecho muy fácil de entender. Si queremos andar en relación estrecha con Él debemos hacerlo en concordia unos con otros.

Porque tú, Señor, eres bueno y perdonador, y grande en misericordia para con todos los que te invocan. Salmo 86.5

La Escritura deja claro que, por haber recibido mucho de manos del Señor, se espera mucho de nosotros (Lc 12.48). Esto es cierto respecto a los dones espirituales, a la apreciada inversión paternal, a las bendiciones económicas y a otros muchos beneficios que disfrutamos. Para el Señor es muy importante lo que hacemos con aquello que se nos ha dado.

En ninguna otra cosa resulta más evidente esta verdad que en el don del perdón misericordioso que el Señor nos extiende a todos nosotros. Sólo usted y Dios pueden saber cuántos son los defectos del carácter, cuán frecuentes los fallos puntuales, cuán obvia la contemporización y cuán poco santos los pensamientos que le han sido perdonados por completo y sin excepción por nuestro Santo Señor.

¿Qué hará usted con un don tan grande?

Ante el Señor sólo tiene una opción: extender ese mismo perdón, a manos llenas, a aquellos de quienes sufre agravios. Cuando un defecto de carácter de alguien le produzca daño personal, perdone. Cuando el fallo de otro le perjudique, perdone. Cuando la impiedad de los demás le ofenda, perdone.

Jesús extiende su misericordia; Jesús perdona los fallos. ¿Lo haremos nosotros?

EL CAMINO DEL AMOR

Y saliendo Jesús, vio una gran multitud, y tuvo compasión de ellos. Mateo 14.14

Tenemos un mundo lleno de personas que sufren y necesitan amor. Yo soy una de ellas, y usted también. En cierta medida todos hemos recibido heridas. Quizá haya sido por parte de unos padres egoístas, de instituciones poco solícitas, de relaciones mordaces, de una sociedad aisladora y alienante... El caso es que todos hemos sido heridos de alguna manera.

Jesús demuestra un amor por las personas dolientes: «Y tuvo compasión de ellos».

La palabra griega que aquí se utiliza para indicar esa compasión amorosa significa literalmente «movérsele a uno las entrañas con gran sentimiento». Lo más hondo de la capacidad emotiva de Jesús fue, y es todavía, movida a un sentimiento sincero por los que sufren en nuestro mundo, incluyéndonos a usted y a mí.

En el día de hoy pidámosle cada uno al Señor que nos haga un reflejo de la vida de Jesús, sensibles a las aflicciones de aquellos que nos rodean.

¿Está usted dispuesto a interesarse de ese modo? ¿Es su oración convertirse en alguien así?

Porque si amáis a los que os aman, ¿qué mérito tenéis? Porque también los pecadores aman a los que los aman. Lucas 6.32

¿Cuál cree que sería su respuesta emocional hacia alguien que con una mentira bien colocada hiciera que usted fracasase en su profesión? ¿Y qué si esa misma persona le degradase delante de todos aquellos que son importantes para usted? Bien sabe usted cuál *sería* su respuesta; sin embargo, Jesús demostró cómo *debería* responder.

¿Y qué si se tratase de algo menos dramático: si el ofensor fuese alguien profundamente inseguro de sí mismo y con ciertos defectos personales que le pusieran a usted los nervios de punta? Bien sabe usted cuál *sería* su respuesta; sin embargo, Jesús demostró cómo *debería* responder.

¿Y qué si la falta de dotes sociales de la persona en cuestión la situase fuera de la gente «dentro de ella»? Bien sabe usted cuál *sería* su respuesta; sin embargo, Jesús demostró cómo *debería* responder.

¿Amamos a los «poco agraciados»? ¿Servimos a quienes pasa por alto el resto del mundo? ¿Tienen los privados de privilegios un lugar privilegiado en nuestros corazones?

Ojalá lleguemos a ser como Jesús, quien desearía que renunciásemos a nuestro presente patrón de respuesta y desarrolláramos uno semejante al suyo.

EL CAMINO DEL AMOR

[Jesús] se levantó de la cena[...] puso agua en un lebrillo, y comenzó a lavar los pies de los discípulos, y a enjugarlos. Juan 13.4, 5

En la demostración de Jesús no hay cabida para vagos malentendidos de lo que significa amar. El amor es una acción de servicio a los demás. Al comienzo de este capítulo se señala que Jesús «a los suyos que estaban en el mundo, los amó hasta el fin». Y en los siguientes versículos el Señor demuestra de manera práctica lo que significa amar.

Si queremos amar a los demás y cumplir el mandamiento de nuestro Señor, debemos servirnos unos a otros.

Tenemos que despojarnos del manto de nuestro propio orgullo y nuestra propia comodidad, y tomar la toalla de la humildad y del servicio, buscando oportunidades para llevar a cabo el llamamiento que nuestro Señor nos ha hecho a amarnos (léase «servirnos») unos a otros.

¿Está usted despojándose de la posición social y espiritual que «merece» y aceptando un lugar por debajo del que se ha ganado? ¿Está usted sirviendo?

¿Busca usted oportunidades para apoyar a otros: su bienestar, sus sueños, sus programas, sus proyectos? ¿Está usted ayudando a otros y no sólo a sí mismo? ¿Está usted sirviendo? ¿Amando?

Nadie tiene mayor amor que este, que uno ponga su vida por sus amigos. Juan 15.13

¿Qué significa eso de poner la vida por los amigos? Este versículo puede evocar en nosotros imágenes de alguien saltando delante de un automóvil para salvar a otro, o de nosotros mismos poniéndonos frente a las balas que van dirigidas a otras personas. No creo, sin embargo, que fueran esas las imágenes en las que pensaba Jesús cuando nos llamó a amar.

Tal vez poner la vida por un amigo signifique escuchar, escuchar de veras a otros, aunque no sea el mejor momento para hacerlo.

O quizá suponga ayudar a quien no nos da palmaditas en la espalda por ello. Tal vez quiera decir apagar el partido de fútbol para merendar con un hijo o renunciar a nuestro plato favorito con objeto de mantenernos sanos por amor a nuestro cónyuge y a su futuro.

Resulta mucho más fácil mostrar un instante de nobleza (interponiéndonos por ejemplo ante una bala) que poner nuestras vidas por los demás a diario en maneras sencillas. Por un amigo sólo podemos morir una vez, pero tenemos la posibilidad de poner nuestra vida por él todos los días.

Este es mi mandamiento: Que os améis unos a otros, como yo os he amado. Juan 15.12

«¿Cómo puedo amar del modo que exige este pasaje? ¿De qué manera debo hacerlo? No puede decirse que no lo haya intentado. Lo hago, pero fracaso. ¿Cómo puedo amar así?»

Podemos amar de esta manera porque tenemos un ejemplo: Jesús. Él renunció a la comodidad, al gozo y a la adoración del cielo por estar con gente quebrantada y mancharse con la suciedad de la tierra y con el pecado de la humanidad. Él llevó la angustia del dolor injusto al enfrentarse al Calvario, y siguió dándose por los demás. Y esto lo hizo por amor a usted y a mí.

Cuando vemos su ejemplo nos sentimos animados a soportar el dolor que nos inflige la gente quebrantada al extendernos hacia ella. Cuando sus comentarios nos traspasan, cuando nos rechazan cruelmente, cuando nuestras acciones de amor sólo se hacen acreedoras a la burla y las heridas... vemos a Jesús. Con Él como ejemplo, nos sentimos alentados a continuar amando y dando amor en frente del sufrimiento.

Si Él lo hizo por nosotros, ¿acaso no podemos nosotros hacerlo por los demás?

Este es mi mandamiento: Que os améis unos a otros, como yo os he amado. Nadie tiene mayor amor que este, que uno ponga su vida por sus amigos. Juan 15. 12, 13

Otra vez decimos: ¿Cómo puedo amar como Jesús me amó? Incluso con el ejemplo que Él me pone delante me encuentro débil e incapaz de interesarme por los demás como Él hace.

Cuando la Escritura nos manda a tener una actitud o un comportamiento que parece imposible, nuestro problema consiste en pensar que nuestra fuerza de voluntad o disciplina es la encargada de producirlo. Quizá eso se deba a nuestro orgullo humano congénito, pero parece que pedir ayuda es lo último que hacemos cuando no somos capaces de amar sacrificialmente.

Sin embargo, para caminar en la fe es necesario aceptar ayuda: Si no eres capaz de amar como Jesús amó, debes pedirle a Él que remodele tu ser.

David rogó al Señor que crease dentro de él un corazón nuevo y limpio; ese es el camino para amar como Jesús. Si *Él* crea en nosotros un corazón amante, quizá entonces amaremos más como Él ama

Poniendo toda diligencia por esto mismo, añadid a vuestra fe virtud[...] a la piedad, afecto fraternal; y al afecto fraternal, amor.
2 Pedro 1.5, 7

En 2 Pedro 1.3, el apóstol nos dice cómo recibimos poder para vivir una vida de «afecto fraternal». Dicho poder nos llega como un don del mismo Dios.

En el versículo 5 Pedro nos exhorta a actuar con diligencia, añadiendo amor a nuestra fe. Aquí parece que deberíamos *esforzarnos* por alcanzar un amor como el de Cristo.

¿Cuál es la realidad? ¿Constituye un don la capacidad de amarnos unos a otros, o se trata de un nivel que debemos tratar de alcanzar? Creo que la respuesta es: Ambas cosas.

A no ser por ese don lleno de gracia que es la transformación del carácter, y por la mano firme y segura de nuestro Señor sobre nosotros, estaríamos perdidos en el pecado, embebidos en nosotros mismos, y seríamos totalmente incapaces de amar esa vida abnegada que Jesús demanda de nosotros.

Sin embargo, nuestro Señor nos ordena que salgamos, que ejercitemos nuestras voluntades y que empecemos a amar. Luego Jesús viene con poder a fin de capacitarnos para que seamos como Él.

¿A quién hará posible Dios que amemos hoy?

Pero si andamos en luz, como Él está en luz, tenemos comunión unos con otros. 1 Juan 1.7

Koinonía es la palabra que aquí se traduce por «comunión». Si estamos andando en la luz de nuestro Señor tenemos *koinonía* unos con otros. Pero, ¿qué significa realmente esa palabra?

Hay dos términos relacionados con *koinonía.*

Los discípulos tenían en común todas sus propiedades. Un mercado o una fuente pertenecía a la colectividad; de modo que ello implica que existe servicio recíproco, posesión común de recursos, compartir lo que tenemos en nuestro caminar en la luz del Señor.

A muchos nos parece que no tenemos ningún bien que ofrecer a nuestros hermanos en Cristo; y otros que no tienen nada que darnos a nosotros. Según la Biblia, ninguna de esas posiciones es la voluntad de Dios para los creyentes.

Por lo menos contamos con un corazón con el cual podemos amar, oídos capaces de escuchar y manos para ayudar a otros.

¿Estamos compartiendo estas posesiones con los demás? ¿Están haciendo ellos lo mismo con nosotros? Andemos juntos en la luz; tengamos *koinonía.*

Pero si andamos en luz, como Él está en luz, tenemos comunión unos con otros. 1 Juan 1.7

Además de la participación mutua de bienes que supone la palabra *koinonía*, esta implica también un «carácter público». Si hemos de caminar en la luz del Señor, habrá una especie de carácter público en nuestra comunión, los unos con los otros. ¿Qué significa eso?

Muchos tememos expresar lo que hay en nuestros corazones por miedo a ser rechazados. Nos asusta «salir a la luz pública» con nuestras debilidades y fracasos. La comunión que disfrutamos como creyentes e hijos de la luz debe disipar ese miedo y permitirnos ser transparentes, débiles, vulnerables y aun así aceptarnos mutuamente.

Si hay una cosa sobre la cual escribe Juan es el amor. Nuestro amor por el Señor es la base del que tenemos los unos para con los otros, y nuestro amor mutuo constituye el fundamento para tener una vida transparente.

¿Estamos amando? ¿Nos estamos extendiendo hacia los demás? ¿Estamos viviendo de un modo abierto y transparente? ¿Somos lo bastante fiables como para que otros «salgan a la luz pública»?

Porque si amáis a los que os aman, ¿qué recompensa tendréis? Mateo 5.46

Una amiga me contaba que siendo niña tenía una gata negra. Aunque su costumbre era llamar a sus gatos por el color que tuvieran, al presentarse aquella y parir gatitos, como ya contaba con otro gato también negro, le puso por nombre «Mamá gata». La mayoría de los gatos son ariscos e independientes, pero no sucedía así con «Mamá gata», la cual incluso saltaba sobre sus rodillas cuando la llamaba y tenía la personalidad más dócil, afectuosa y entrañable que jamás había visto en un animal doméstico.

Cierta mañana mi amiga salió al patio para acariciar a la gata. Pero al tocarla, «Mamá gata» siseó, extendió la pata y la arañó. Ella se puso furiosa y gritó al animal hasta que este dio un salto y se marchó. La gata había sido atropellada por un automóvil la noche anterior y tenía la cadera dislocada.

Mi amiga me dijo que el Señor la impresionó aquella mañana. Era como si Él le hablase y dijera: «Ten cuidado jovencita. Vas a conocer a gente que gruñe y araña, pero comprende que han sufrido heridas. Mira más allá de sus gruñidos y ama sus heridas».

Llevó a «Mamá gata» al veterinario y el toque amoroso de este la curó.

El que ama a su hermano, permanece en la luz[...] pero el que aborrece a su hermano[...] anda en tinieblas. 1 Juan 2.10, 11

El diccionario define aborrecimiento como hostilidad, aversión o repugnancia, por lo general derivada del miedo, el resentimiento o el agravio. Esta definición resulta sumamente útil cuando tratamos de obedecer el mandamiento de amar de nuestro Señor.

El temor hace que aborrezcamos. A veces, sin tener datos que lo confirmen, pensamos que no le caemos bien a alguien. Nuestro miedo y el rechazo que prevemos nos causa aversión.

Nuestro resentimiento hace que aborrezcamos: ¡Hemos sido agraviados! ¡Verdaderamente agraviados! «Me ha herido... ¡la odio!»

Por esa razón son tan importantes la fe y el perdón en el sistema de valores divino. Si tenemos fe no damos lugar a los temores infundados. Si perdonamos, no alimentamos el odio o resentimiento.

«Pero esos no son sino tópicos facilones», dice usted. «Si comprendiese la importancia del daño...»

Si Dios nos manda que amemos ha de haber alguna provisión para los casos realmente difíciles, y esa provisión se llama perdón.

¿Aborrece usted a alguien? ¿Le tiene antipatía? ¿Y qué me dice de una ligera aversión?

Señor, danos la capacidad de perdonar.

¿Desinteresado o egoísta?

Y Jesús, llamando a sus discípulos, dijo: Tengo compasión de la gente. Mateo 15.32

En un reciente telemaratón, los cómicos de variedades iban tomando parte uno tras otro en un gran espectáculo para promover un proyecto de ayuda humanitaria. Entre actuación y actuación un presentador se dirigía a la audiencia y pedía donativos para el meritorio proyecto.

Había una frase del espectáculo que destacaba. «Ayude a los que están en necesidad —decía el presentador— y siéntase bien consigo mismo». El factor que se utilizaba para motivar la ayuda a aquellos que pasaban hambre era egoísta.

Esto es algo que aguijonea nuestra conciencia. ¿Hacemos bien a otros para sentirnos santos, importantes o en una posición de control?

Jesús ama de un modo sacrificial, y nos manda que amemos como Él. El amor nos exige hacer bien a los demás. ¿Tenemos una motivación desinteresada o egoísta? Si es egoísta, nuestras buenas acciones resultarán muy probablemente superficiales; y algo todavía más importante: no durarán mucho.

Señor, haznos como tú y que nuestro amor tenga un efecto duradero.

Amar cuesta trabajo — *18 de febrero*

El amor es sufrido. 1 Corintios 13. 4

En su libro *Los cuatro amores,* C.S. Lewis compara nuestra capacidad humana para amar, la cual Dios nos ha dado, con un huerto. «[Dicho] huerto —expresa— no se vallará ni se escardará por sí solo, ni tampoco podará sus frutales, ni apisonará ni cortará su propio césped. Seguirá siendo un huerto —algo distinto a un desierto— sólo si alguien le presta todos esos cuidados. [Aunque] necesite ser escardado y podado continuamente[...] está lleno de vida. Resplandece de colorido y huele como el mismo cielo; y a cada hora, en un día de verano, ofrece bellezas que el hombre no hubiera podido jamás crear y ni siquiera imaginarlas por sí mismo».

Por estar hechos a imagen de Dios, tenemos la capacidad natural de amarnos unos a otros; y por vivir en un mundo caído, hemos de esforzarnos para amar a tantas clases de personalidades como viven dentro de nuestro círculo.

El amor requiere disciplina, práctica y esfuerzo; pero si ejercemos nuestra energía dirigida disfrutaremos de bendiciones que jamás hubiésemos soñado.

Dedique un momento a echar un vistazo a su propio «huerto». ¿Cómo está prosperando?

El amor[...] es benigno. 1 Corintios 13.4

La pequeña estaba tan solo comenzando a moverse. Gateaba para empezar a andar, y su caminar la había llevado hasta el equipo de calefacción del pasillo. Ella sabía que aquella estufa estaba fría; pero conociendo que se aproximaba el invierno mamá y papá le habían enseñado pacientemente la condición de «intocable» de la misma.

Es una vieja historia: la primera azotaina le dolió muchísimo más al papá que a la hija; a veces el amor, en su benignidad, ha de confrontar al otro.

Cuando hablamos de ese aspecto de confrontación que tiene el amor, algunos hacen suya la causa triunfante mientras resuenan en su interior las expresiones: «El amor es firme»; «instruye al recluta»; «no prives del castigo». Pero, con frecuencia, la «firmeza» se presenta sin la benignidad del amor.

Otros se apartan temerosos del amor que confronta. Para ellos las palabras apropiadas son: «ternura», «tolerancia», «paciencia».

Sin embargo, sabemos que en la Escritura el cuadro que se pinta de una comunidad de amor es equilibrado.

¿Somos sinceros en nuestro trato con aquellos a quienes Dios nos ha mandado amar? ¿Lo suficiente como para confrontarlos? ¿Y para hacerlo con ternura?

Porque por un solo Espíritu fuimos todos bautizados en un cuerpo. 1 Corintios 12.13

Vivir en armonía unos con otros requiere introspección. ¿Qué nos impide comportarnos como un cuerpo con nuestros hermanos? ¿El orgullo? ¿Las heridas que arrastramos del pasado? ¿Qué nos mantiene distantes de aquellas mismas personas que nos traerían sanidad y satisfacción?

Para evaluar estas cuestiones internas debemos pasar ratos de apartamiento, escuchando a Dios. En su libro *Vida en comunidad,* Dietrich Bonhoeffer dedica dos capítulos a la práctica de la vida corporativa, y los titula: «El día en común» y «El día a solas». Para vivir, amar y funcionar juntos, debemos apartar tiempo para estar a solas.

El apartamiento nos proporciona momentos para escuchar a Dios, mientras Él escudriña nuestras almas y nos convence de las actitudes pecaminosas que tenemos los unos hacia los otros; también nos concede tiempo para oírle mientras nos habla de nuestros aspectos quebrantados que impiden que vivamos plenamente en comunidad.

A medida que avanzamos hacia dicha comunidad debemos también aprender a estar solos. Para tener un trato significativo con los demás, necesitamos esa tranquilidad reposante del apartamiento con nuestro Señor.

Solícitos en guardar la unidad del Espíritu en el vínculo de la paz. Efesios 4.3

La soledad es una de las fuentes de tristeza principales de nuestra actual sociedad fragmentada y dislocada. Todos la experimentamos en un momento u otro, e incluso podemos sentirnos abrumados y paralizados por sus efectos destructivos.

Nuestro Señor, que nos creó, nunca pretendió que estuviésemos solos. Se nos hizo para vivir en comunidad unos con otros, y Él proveyó un estilo de vida que, si se adopta, elimina el poder de la soledad.

Aun así nuestro miedo a la soledad hace que nos comportemos con una mentalidad de rebaño: siguiendo a las masas, moviéndonos según la corriente de los dictados sociales y culturales. Ese temor a la soledad engendra a menudo un compromiso personal de nuestros sueños y aspiraciones espirituales, éticos y morales. Queremos seguir a Jesús con todas nuestras fuerzas; sin embargo, tememos al aislamiento y a estar solos cuando vamos contra la corriente.

Para ayudarnos en ese camino, nuestro Señor nos llama a una unidad solícita y amorosa con sus hijos. Si andamos en la unidad del Espíritu como Cristo ordena, nuestra obediencia quitará de nuestras vidas el aguijón del aislamiento.

EL CAMINO DEL AMOR

Vinimos a tu hermano Esaú, y él también viene a recibirte, y cuatrocientos hombres con él.
Génesis 32.6

Las acciones irreflexivas o pecaminosas crean con mucha facilidad una escisión entre nosotros y aquellos a los cuales Jesús nos manda que amemos. La reconciliación es muy desagradable. Aborrecemos tener que reconocer nuestra propia estupidez. Nos disgusta dar el primer paso.

Jacob puede infundirnos valor en momentos como estos. Él había alejado a Esaú comportándose como un mentiroso y un estafador, y era llegada la hora de reconciliarse. En su caso no sólo era la vergüenza lo que le impedía dar el primer paso.

Esaú venía a recibirle con cuatrocientos guerreros, y había muchas posibilidades de que el resultado de su intento de reconciliación fuera la muerte. Tenía muchos motivos de preocupación aparte de su prestigio y honor personales.

Dar el primer paso hacia la reconciliación requiere valentía, intrepidez, fortaleza y carácter. En el caso de Jacob se necesitaba más: tenía que estar dispuesto a abandonar su vida para obedecer al Señor y reconciliarse con su hermano.

Como Jacob, estemos hoy dispuestos, cada uno de nosotros, a dejarlo todo por la reconciliación.

Mándase[...] que[...] os postréis y adoréis la estatua de oro que el rey Nabucodonosor ha levantado. Daniel 3.4, 5

Nabucodonosor sentía que su reino estaba amenazado. La falta de unidad parecía hacer peligrar todo lo que él había conquistado y adquirido. En un sueño Dios le había avisado de la inminente pérdida si no se plegaba a su soberanía. Pero, como hombre de recursos que era, Nabucodonosor ideó un plan para consolidar sus posesiones uniendo al pueblo en torno a una religión única que tuviera por centro una gran imagen de oro, representación de su propia persona.

¡Cuán a menudo actuamos con esa misma mentalidad! Percibimos una necesidad; tenemos un temor. Alguna relación se nos está escapando y necesitamos un amigo. Estamos solos. ¿Qué podemos hacer?

Muy a menudo nos aferramos a las cosas. Nuestro miedo al aislamiento o a la pérdida con frecuencia provoca una respuesta desesperada de asirnos fuertemente en lo tocante a nuestras relaciones.

Dios *quiere* para nosotros relaciones gratas, no ganadas mediante la manipulación o el aferramiento, sino mediante la docilidad a sus formas de actuar, a sus planes para nuestras vidas y a su Palabra.

¿Estamos aferrándonos o cediendo en nuestras relaciones?

EL CAMINO DEL AMOR

Nuestro Dios[...] puede librarnos[...]
y si no[...] tampoco adoraremos la estatua.
Daniel 3.17, 18

En contraste con Nabucodonosor, que se aferraba a lo que Dios le había advertido que no podía conservar si no cambiaba, aquellos jóvenes hebreos demostraron docilidad al propósito de Dios para ellos. Estuvieron dispuestos a entregar su futuro, sus amistades y sus vidas por seguir a su Señor; y en esa docilidad vemos a Dios satisfacer sus necesidades.

A menudo, en nuestra relación con otros nos aferramos y retenemos para que nuestras necesidades sean satisfechas, y en contraste con nuestra actitud vemos a aquellos jóvenes guiándonos por el sendero de las relaciones satisfactorias. Ellos no sólo fueron un estímulo los unos para los otros al estar firmes en lo que creían, sino que vieron al Señor confirmar su propia relación con ellos al intervenir en su situación.

Dios sabe cuánto necesitamos la unión con los demás; Él nos ha creado así. Sin embargo, en vez de aferrarnos, necesitamos soltar.

Si busca usted primero el Reino de Dios, si cede todo lo que tiene para que se cumplan los propósitos del Señor, Él ha prometido satisfacer todas sus necesidades, incluyendo las relacionales.

El que encubre sus pecados no prosperará; mas el que los confiesa y se aparta alcanzará misericordia. Proverbios 28.13

Muy a menudo deseamos presentar nuestro lado mejor, hacer lo posible por causar una buena impresión. Eso puede ser una buena cosa en una entrevista para obtener trabajo, pero no constituye un buen principio de actuación para la comunidad cristiana. Si encubrimos nuestros fallos y los escondemos de los demás estaremos viviendo una ficción. Si no nos permitimos unos a otros ver quiénes somos en realidad, «con verrugas y todo», no tendremos apoyo, estímulo de los demás, responsabilidad ante otros, ni perdón.

Podemos pensar que es suficiente confesar al Señor nuestros defectos, pecados e imperfecciones. Eso está bien, pero la Escritura nos anima a dar el paso adicional de ser transparentes confesándonos nuestras faltas los unos a los otros (Stg 5.16).

Nos engañamos a nosotros mismos si pensamos que estamos libres de trágicas imperfecciones. Sólo cuando vivimos una comunión sincera y llevamos las cargas los unos con los otros vemos cuáles son nuestros peores defectos. En este ambiente contamos con una comunidad amorosa que nos ayuda a ver nuestro pecado y nuestra necesidad, y que también nos dirige hacia la sanidad completa.

EL CAMINO DEL AMOR

Dijo José a sus hermanos[...] Yo soy José vuestro hermano, el que vendisteis para Egipto.
Génesis 45.4

La historia de José es una descripción temprana del carácter perdonador que Dios espera que mostremos en nuestro trato con aquellos que nos han agraviado, y un ejemplo excelente del amor a la semejanza de Jesús. Aunque lo habían vendido como esclavo y habían engañado a su padre haciéndole creer que él había muerto, cuando José confronta a sus hermanos durante el período de necesidad de éstos, el corazón le estalla de amor y de perdón.

Con una fe extraordinaria en la soberana providencia de Dios, José confiesa incluso su creencia en que el Señor ha redimido la traición que sus hermanos cometieron contra él utilizándola para librar a su familia durante la época del hambre. La forma que tiene de perdonar el pecado de sus hermanos es tan completa que los besa a cada uno y llora de alegría al verse nuevamente reunido con ellos.

El perdón fraternal es expresivo, desinteresado, y se ofrece de una forma que resulta fácil de recibir. Estemos alerta hoy ante cualquier oportunidad que se nos presente de mostrar esa misma clase de amor y de perdón que manifestó José a alguien que Dios pueda poner en nuestro camino.

En esto se ha perfeccionado el amor en nosotros... pues como él es, así somos nosotros en este mundo. 1 Juan 4.17

En su libro *Grandes esperanzas,* Charles Dickens dibuja el cuadro de un amor roto, retorcido y reproducido. La anciana Haversham ha sido víctima de una gran crueldad. Por la acción rencorosa y vengativa de su despreciable hermano, su novio la abandona al pie del altar en el día de su boda. El quebranto de la mujer se manifiesta durante toda su vida mediante soledad, amargura, resentimiento y una mordaz personalidad; pero lo más lamentable es la reproducción de esos rasgos suyos carentes de amor en la inocente niña Estella, en quien influye muy profundamente.

También nosotros influimos en las vidas y las actitudes de aquellos que nos rodean. Si permitimos que las heridas pasadas nos impidan amar sufriremos, pero no lo haremos solos: nuestras acciones *influirán* en los que estén a nuestro alrededor y *se reproducirán* en las vidas de otros.

Pero Jesús sana. Si se siente paralizado e incapaz de amar, Jesús sana. Cualquier herida vieja perdonada y presentada a nuestro Señor dejará libre el agua fresca de su amor para que fluya a través de nosotros. Así experimentaremos el gozo del amor en derredor nuestro y aquellos en quienes influimos disfrutarán de los beneficios del mismo en sus propias vidas.

Confesaos vuestras ofensas unos a otros,
y orad unos por otros, para que seáis sanados.
Santiago 5.16

Estados Unidos es una nación fundada en la expansiva y aislada frontera de la civilización. Nuestra cultura tiene sus raíces en el rudo individualismo y se opone frontalmente al principio necesario de la interdependencia para la comunidad cristiana.

Sin embargo, vivir en una comunidad cristiana verdadera exige vulnerabilidad y sinceridad los unos para con los otros; demanda una evaluación franca de nuestra pecaminosidad, debilidad y defectos de carácter; precisa que, después de reconocer estas cosas, las demos a conocer a la más amplia comunidad de hermanos que tienen sus propias debilidades.

Nos da miedo que la confesión de nuestros fracasos nos haga débiles. Tememos que esa vulnerabilidad nos exponga a un ataque furioso.

Aunque es cierto que la vulnerabilidad nos expone, si tiene lugar en el contexto del amor que Jesús nos mandó que nos profesásemos unos a otros, será un riesgo para bien. Podemos compararlo a aquel que nos permitimos ante un cirujano. En realidad la confesión nos hace sanos y fuertes; aunque requiere valor e iniciativa, arroja dividendos de mayor fortaleza, más coraje, un carácter más abierto y una piedad aumentada.

Venid, vamos a Gilgal para que renovemos allí el reino. 1 Samuel 11.14

La expresión «Reino de Dios» nos es más que familiar; casi la tenemos gastada. Aun así, estas palabras centrales en la predicación de Jesús merecen ser las mejor entendidas en nuestra mente. Necesitamos captar su plenitud, su peso y su dimensión.

Hoy en día hay una renovación espiritual que está recorriendo la Iglesia entera por todo el mundo.

Allí donde dicha renovación tiene lugar parece llevar aparejada una comprensión más rica del Reino. ¿Qué «novedad» o «renovación de la verdad del Reino necesito yo escuchar y recibir?

Primera de Samuel 11 nos cuenta la historia de un malvado monarca que intentó sacarles los ojos a todos los habitantes de una antigua aldea de Israel. Como respuesta, Saúl, el recién coronado rey, se levanta para aplastar a Nahas, aquel arrogante enemigo que proponía la enceguecedora tortura. A consecuencia, toda la población de Israel *vio* —no sólo porque hubieran salvado la vista— la hermosura y el poder de Saúl, su rey nombrado por Dios.

El llamamiento de Samuel de «Venid[...] renovemos el reino» muy bien podríamos escucharlo hoy. Mientras nuestro adversario el diablo trata de cegarnos a las glorias y el poder del mismo Jesús, más bien *vengamos* y seamos renovados en el conocimiento del Señor y del poder y la gloria de su reino.

EL REINO DE DIOS

Han visto mis ojos al Rey, Jehová de los ejércitos. Isaías 6.5

Captar una visión profunda de la verdad del Reino es recibir la visión del *propio Rey*. Toda comprensión del «Reino de Dios» comienza, se desarrolla y alcanza su clímax conociendo *—viendo—* a Jesús. «Y conoceremos, y proseguiremos en conocer a Jehová», exclamó Oseas; mientras que Pablo declara: «A fin de conocer*le*» (Os 6.3; Flp 3.10).

Cierto día, como nosotros hoy, Isaías había llegado al lugar donde realizaba sus devociones. El profeta describe la naturaleza de aquel tiempo: «En el año en que murió el rey Uzías *vi yo al Señor*» (Is 6.1). Hay algo tremendamente instructivo en su testimonio, ya que nos muestra el reino transitorio, cambiante y decadente de un hombre moribundo en contraste con el dominio inmutable y glorioso del Dios vivo.

Del mismo modo, el Espíritu Santo nos despierta a la belleza del mensaje del «Reino de Dios» en un momento en el que los reinos de este mundo se encuentran en un confuso estado de fluctuación. Estas sacudidas conmueven los cimientos de cuanto nos rodea: familia, trabajo, seguridad personal. Sin embargo, como Isaías, ¡volvamos los *corazones* hacia el Señor, con hambre del Rey mismo! Véalo hoy a *Él:* la fuente de la vida, de la esperanza y de la gloria del Reino...

Venga tu reino. Hágase tu voluntad.
Lucas 11.2

C. S. Lewis dijo: «Hay dos clases de personas: las que le dicen a Dios "hágase tu voluntad", y aquellas a las que Dios acaba por decirles: "Hágase *tu* voluntad"». Qué sobrecogedor resulta sopesar las implicaciones de nuestra *búsqueda* del gobierno de Dios y de nuestra *rendición* a Él en nuestros corazones. *Invitar* a su Reino soberano es recibir sus propósitos de perdón, liberación y enriquecimiento para cada una de nuestras vidas. *Ignorarlo* garantiza nuestro propio autogobierno y por lo tanto los lastimosos, dolorosos y destructivos resultados del mismo.

La oración del reino comienza a encontrar su poder cuando hemos llegado al lugar en el que la prioridad clara es: «Venga *tu* reino». Con frecuencia resulta difícil aproximarme al trono de Dios sin mi propia «lista de deseos», mi propio plan de cómo creo que deberían ser las cosas y a quién podría Él cambiar para satisfacer mis gustos. Pero la verdadera oración del reino logra sus máximas posibilidades cuando me inclino hasta lo más bajo en sumisión, y digo: «Señor, ayúdame *Tú* a tener *tus* pensamientos acerca de las circunstancias y de la gente que me rodea; y hazme servir a *tus* propósitos en el mundo presente. Venga tu reino *aquí,* a mi pequeño lugar en la tierra, como lo quieres en el cielo. Amén.

EL REINO DE DIOS

Venga tu reino[...] en la tierra. Lucas 11.2

No podemos dejar el tema de la oración del Reino sin aclarar su lugar fundamental en los asuntos de este mundo. La lección de Jesús sobre la oración conocida como el Padrenuestro, no sólo nos llama a la adoración y a la rendición ante el trono de Dios —a la sumisión—, sino que también da una increíble instrucción, un encargo de que aceptemos cierto papel decisivo como intercesores. En pocas palabras, nuestra intervención en la oración pidiendo: «Venga tu reino» es una acción que se niega a entregar este mundo presente a los planes y la destrucción del enemigo.

En la Segunda Guerra Mundial, el fuego de artillería procedente de los gigantescos cañones situados a muchos kilómetros de distancia eran guiados por «localizadores». Estos soldados estaban apostados en lugares desde donde podían ver los blancos e indicar por radio la posición sobre la que había que concentrar el fuego para destruir los campamentos enemigos.

Esto es semejante al encargo de Jesús de que oremos: «Padre, venga tu reino[...] *en la tierra*». Se trata de la forma que tiene nuestro Salvador de decirnos: «Así como habéis recibido el gobierno del Padre en vuestros corazones, *extendedlo* ahora mediante la oración». Apunte, pues, a los lugares necesitados del mundo e invite a las fuerzas del cielo a derribar las fortalezas infernales y a traer corazones, familias y naciones enteras a la libertad de Cristo.

El reino de Dios [es] justicia, paz y gozo en el Espíritu Santo. Romanos 14.17

Ningún sistema humano puede producir las dimensiones de plenitud y satisfacción que nos da la *vida del reino* de Dios. La pasión actual que tantos sentimos por beber de «toda la plenitud de Dios» es una búsqueda de la forma en que el Espíritu Santo glorifica a Jesús como Rey en nuestra vida y vivir diarios. No existen sustitutos religiosos para la realidad de este orden de vida.

Mientras Pablo escribía aquí, estaba luchando con un problema, ya que a todas partes donde se volvía encontraba opositores a su mensaje de las alegrías del reino de Cristo. Los enemigos más acérrimos del apóstol no eran los soldados ni el gobierno de Roma, sino una rara especie de intransigentes que conocían al verdadero Dios, pero aborrecían la refrescante libertad que predicaba Pablo de la vida llena del Espíritu. Ellos seguían imponiendo exigencias rituales relacionadas con el código mosaico, cuestiones que tenían que ver con ciertas estipulaciones sobre «comida y bebida». Pablo no estaba defendiendo una vida indisciplinada, sino simplemente que las almas fueran desarzonadas. En realidad, dice, el reino de Dios no está en los arreos de la tradición, sino que su gobierno trae sus caminos rectos (justicia), sus sendas poderosas (paz) y sus veredas *luminosas* (gozo). ¡Recibamos por completo tal plenitud y la expansión de su reino en nuestras almas!

EL REINO DE DIOS

No temáis, manada pequeña. Lucas 12.32

Los imponentes privilegios y responsabilidades inherentes al papel tan decisivo que se nos asigna en cuanto a determinar *dónde* debe el poder del Reino de Dios «invadir» este mundo, pueden parecernos casi aterradores. Usted puede pensar: ¿Quién soy yo para reclamar ese poder? Sin embargo, Jesús ha previsto nuestra renuencia y nuestros sentimientos de indignidad, y nos dice: «No temáis, porque a vuestro Padre le ha placido daros el reino».

La forma verbal griega que aquí se utiliza tiene un significado tierno. Nuestro versículo muy bien podría traducirse como: «Es el deleite del Padre obligaros a aceptar el reino en vuestras manos infantiles». El Salvador nos pinta un hermoso cuadro verbal.

Imagínese a unos niños pequeños que parten hoy hacia la escuela: una fundación caritativa ha pedido la contribución de cada familia, de modo que el Padre toma algún dinero y lo ata en un pañuelo; luego aprieta dicho pañuelo en las manos del niño y se lo ata, con el donativo, a su muñeca. *Ahora* está seguro. El deseo del Padre de hacer ese obsequio se cumplirá a través de la manita del niño. De esa misma forma, Jesús dice: «No tengas miedo de recibir el eficaz potencial de la oración para cambiar tu mundo. Es el regalo amoroso del Padre por medio de ti».

Y a ti te daré las llaves del reino de los cielos.
Mateo 16.19

Las llaves son señal de privilegio, confianza, autoridad. Cuando un joven recibe las llaves del automóvil familiar, ha alcanzado un punto crucial. El crecimiento, la preparación, la educación y la confianza convergen para que ese costoso vehículo pase a estar bajo el cuidado y uso de un hijo. Es un gran día, pero también es un momento trascendental, ya que la autoridad que se concede podría ser tanto destructiva como beneficiosa. ¿Está listo el hijo para asumirla?

Cuando Jesús dijo a sus discípulos que les daría «las llaves del reino de los cielos», se basó en que cada uno llegase al mismo nivel de comprensión que alcanzó Pedro cuando dijo: «Tú eres el Cristo, el Hijo del Dios viviente» (v. 16). Es decir: las «llaves» se dan a quienes reconocen plenamente a Jesús como su Rey y dan sus vidas a su gobierno. Es entonces cuando Él dice: «Ahora te otorgaré un papel representativo».

Al igual que las llaves nos dan acceso, Jesús nos abre un campo nuevo de posibilidades; como dichas llaves confirman la confianza que se deposita en las personas, Él nos confía a nosotros áreas de servicio; y del mismo modo que dichas llaves sirven para *poner en marcha, encerrar y liberar,* Cristo nos envía a personas y circunstancias que están esperando que los «arranquemos», los «encerremos» y los «liberemos». Sigamos aprendiendo acerca de dichas llaves.

EL REINO DE DIOS

Desde entonces el reino de Dios es anunciado,
y todos se esfuerzan por entrar en él.
Lucas 16.16

En esta ocasión Jesús contestó las preguntas de los que censuraban su bondad hacia los antiguos pecadores. La prontitud del Señor para perdonar y levantar a los caídos a lugares de nuevas posibilidades los enfurecía. Les refirió a una era, un tiempo que comenzó con el llamado de Juan el Bautista: «Arrepentíos, porque el reino de los cielos se ha acercado» (Mt 3.2). Después Jesús dijo que desde entonces —y hasta hoy— los que escogen el gobierno de Dios se esfuerzan por entrar en él. Esta figura indica seriedad y urgencia.

Entrar en la dimensión de la vida de Dios y de su gracia no es asunto de poca monta, y al comparar dicha «entrada» con los dolores de parto (Jn 3.3) Jesús está destacando nuestra atención y nuestro compromiso completos.

Las «llaves del reino», es decir, el *acceso* y *la capacidad de actuar* en ese reino, son posibilidades prometidas a todo el que llama a Jesús *Señor*. Al someternos al gobierno de Cristo, con su gracia y su generosidad características, Él responde dándonos plenamente su poder y su autoridad. Se trata de una idea abrumadora: su poder soberano nos invita a participar como coherederos con Él (Ro 8.16, 17). ¡Sigamos creciendo en esta gracia!

Porque he aquí el reino de Dios está entre [o dentro de] vosotros. Lucas 17.21

Existe una ley internacional sobre los embajadores de reinos extranjeros según la cual dondequiera que esos individuos estén autorizados como representantes plenos de su gobierno no pueden ser arrestados. Se trata de la ley de «inmunidad diplomática», que en esencia dice: «Donde esa persona se encuentre, aunque sea en suelo extranjero, está en su país».

Jesús nos enseñó algo similar en cuanto a la presencia y el poder del Reino de Dios en nuestras vidas. Una vez que hemos «nacido de nuevo» y sido engendrados como ciudadanos en la familia del Padre y en la realeza del Reino, vivimos inmunes al control de los poderes de las tinieblas que tratan de limitar los propósitos de Dios en nosotros.

Cuando Jesús dijo: «El Reino de Dios está dentro de vosotros», declaraba algo que haremos bien en abrazar con discernimiento. *No* sugería que nos hemos convertido en dioses egoístas, ni tampoco proponía ninguna ciencia humanista de la mente, sino que *decía y dice todavía:* «El poder dominante del Padre está ahora en vosotros. No es algo distante ni fuera de vuestro alcance. Tomad las "llaves" que he puesto en vuestras manos: fe, esperanza, amor, gozo, paz, vida, fortaleza, sanidad, y *usadlas*». En resumen, que como a embajadores se nos asigna el extender la vida del Reino por dondequiera que vayamos.

EL REINO DE DIOS

Y todo lo que atares en la tierra será atado en los cielos. Mateo 16.19

Cierto pastor explicaba de la siguiente manera el don extraordinario que Jesús nos ha dado de «las llaves del Reino de Dios». «En mi llavero tengo una selección de llaves que son muy «determinantes», comenzó diciendo. Una determina quién puede entrar en mi casa, otra quién puede conducir mi automóvil, y otra quién puede tener acceso a mi despacho y a mis asuntos laborales. Diferentes personas usan cada una de esas llaves. Mis hijos tienen la llave de mi casa, mi hija mayor una llave de mi coche, y mi secretaria y mis socios una de mi oficina. Sin embargo, sólo hay una persona que tiene un juego de llaves exactamente *igual* al mío; sólo una con quien lo comparto todo en confianza mutua: mi esposa.

«Del mismo modo —continuó— nuestro Señor Jesucristo nos ha dicho a nosotros, a quienes llama su «esposa»: Puesto que sois míos, mis redimidos, mis amados y aquellos en los que Yo confío, quiero que tengáis una participación plena e igual en todo lo que me pertenece».

Así es, dice Jesús, vosotros decidís qué aspecto del mal se *detiene* (es atado) en la tierra y qué aspecto del poder y la gracia de Dios se libera (es desatado) para la humanidad. Sus «llaves» nos han sido encomendadas a nosotros, su Esposa redimida.

El cual[...] nos ha[...] trasladado al reino de su amado Hijo. Colosenses 1.13

No hay palabra más dramática que «nacimiento», el término que Jesús utilizaba para describir la liberación radical de nuestra vida del pecado al Reino de Dios (Jn 3.3, 5). Pero casi igualando esa metáfora dinámica está el dicho de Pablo de que Él «nos ha trasladado al reino». Esta palabra se utilizaba cuando los reyes antiguos tomaban cautivos a los pueblos y los transportaban a otro país, generalmente como esclavos.

Pero aquí nosotros, *antiguos* esclavos ahora cautivos de nuestro Rey Salvador, estamos siendo transportados de nuestra antigua esclavitud en el pecado al ambiente liberador de su presencia diaria: «Así que, si el Hijo os libertare, seréis verdaderamente libres» (Jn 8.36).

Aunque nuestro «viaje» definitivo será a su presencia cuando Él venga, mientras tanto no nos ha dejado a merced de los «gobernadores de las tinieblas» de este siglo (Jn 5.19; Ef 6.12). Nosotros somos su pueblo que proclamamos sus alabanzas (1 P 2.9), mostramos sus buenas obras (Mt 5.16) y sostenemos su Palabra (Flp 2.15, 16, *Biblia de las Américas*). Estamos bajo la jurisdicción de nuestro Rey supremo que es también el Amante de nuestras almas y quien nos ha «trasladado» a su reino para servir en sus negocios.

EL REINO DE DIOS

Negociad entre tanto que vengo. Lucas 19.13

Jesús comparó esta era presente durante la cual esperamos su regreso a una época en la que su pueblo ha de estar «negociando». La explicó como un programa celestial de inversiones mediante el cual Él nos distribuye la riqueza de su vida, su amor y su gracia. Luego nos asigna «operaciones», negocios que realizar en su nombre hasta que Él vuelva. (Alguien ha sugerido que el nombre de la compañía es «Dios e Hijos, S. A.»)

La palabra del Nuevo Testamento traducida por «negociad» es aquella de la que hemos derivado el término «pragmático». Percatarnos de esto puede intensificar nuestra conciencia de que la vida *espiritual* no es etérea, escapista ni alejada de este mundo, sino que tiene los pies bien plantados sobre la tierra, aquí y ahora.

Invite hoy al Espíritu Santo a hacerle consciente de los «momentos oportunos del reino», esas situaciones en las que usted puede negociar o «hacer trueque». Mucha gente necesita conocer a alguien con quien «trocar» recursos del reino por su humana necesidad; que cambie *amor* por el miedo que los ata, *sanidad* por la enfermedad que los aflige, *perdón* por el pecado que los mancha, *fortaleza* por la debilidad que sienten. Durante el día de hoy llevemos adelante la empresa del reino, «negociando» en el nombre de Jesús.

A vosotros os es dado saber los misterios del reino de los cielos. Mateo 13.11

La palabra bíblica «misterio» es casi un misterio en sí misma, ya que se ha invertido su significado. Cuando Jesús la utilizaba quería decir «un antiguo secreto ahora contado abiertamente». Hoy en día se entiende como algo difícil de captar, comprender o imaginar.

Resulta importante que entendamos esto, ya que Jesús quiere *aclararnos* sus propósitos. No hay nada misterioso en lo que Él trata de decir, hacer o producir; siempre, naturalmente, que...

El único requisito para comprender cuál es la voluntad de Dios para usted en este día o para toda su vida es *escuchar*. La parábola de la semilla y la tierra (Mt 13.2-9) precede a la promesa de Jesús de revelarnos «los misterios del reino». Su mensaje es inequívoco: uno debe tener «oídos para oír» (v. 9). Sólo entonces lograremos percepción, comprensión y daremos más fruto (v. 12).

En vista de esto empecemos cada día orando con palabras tan hermosas como las que entonamos en ese cántico de adoración que dice: «Abre mis ojos, quiero ver a Cristo; abre mis oídos, que pueda escucharle».

Bienaventurados vuestros ojos, porque ven; y vuestros oídos, porque oyen. Mateo 13.16

La sordera y la ceguera son problemas que afligen a toda nuestra raza, no sólo a aquellos con defectos físicos reconocibles. En realidad, a menudo las personas incapacitadas físicamente «ven» y «oyen» mejor que los que tenemos oído y vista. El testimonio de nuestra condición ciega y sorda en lo espiritual y en cuanto a las actitudes se demuestra por la frecuencia con que oímos a la gente decir: «No veo cómo podrían hacerme eso a mí» o «¡No estoy dispuesto a *escucharlo!*»

Gran parte del tiempo los humanos no *vemos* la necesidad ni el dolor, ni tampoco *oímos* el clamor del corazón ni la aflicción de aquellos que nos rodean. Tendemos a reaccionar sólo por frustración personal; cuando en vez de ello nuestro Salvador está tratando de cultivar nuestras capacidades de «escuchar» y «ver» para que podamos *servir* a la necesidad humana más que intentar ser servidos.

Jesús pronunció la bienaventuranza que hemos leído porque sus discípulos estaban experimentando el cumplimiento del eterno propósito divino (v. 17). Ya que los propósitos «antes escondidos y ahora revelados» de Dios nos han sido manifestados en Cristo, recordemos: Verle y oírle a Él nos hará «ver» y «oír» *más* a la gente.

Porque de suyo lleva fruto la tierra, primero hierba, luego espiga, después grano lleno en la espiga. Marcos 4.28

Cierto cartel decía: «Señor, por favor, dame paciencia; pero dámela YA». ¡Cómo se aplica esto a nosotros! Y ese mismo rasgo parece mucho más tentador cuando comenzamos a conocer nuestros privilegios como gente del reino. Puesto que nuestro Señor nos ha encargado «Id y llevad fruto», resulta comprensible que al orar, o al negociar en el reino, prefiramos la acción rápida o inmediata.

Pero Jesús nos está recordando cómo se produce el «crecimiento del reino». Tan *cierto* como que las palabras que decimos en oración *son* escuchadas, y tan *cierto* como que las promesas de Dios que reclamamos son sembradas, así se requiere tiempo para que dichas promesas sembradas en la oración lleven fruto.

El paralelismo es hermoso: sembramos al echar mano de la Palabra de Dios por la fe; regamos mediante la oración y la alabanza; el amor y la gracia de Dios proporcionan el sol; y con el tiempo la cosecha llegará. Pero recuerde el proceso: primero la pequeña brizna de hierba; en segundo lugar, la creciente evidencia del fruto futuro; y por último, la promesa cumplida en su totalidad.

El reino de los cielos se ha acercado[...] la siega es el fin del siglo. Mateo 4.17; 13.39

La vida en Cristo se vive en una tensión maravillosamente extraordinaria entre puntos de equilibrada comprensión. Por ejemplo: Somos salvos (del castigo del pecado, la muerte), estamos *siendo* salvados (de los esfuerzos del pecado por gobernar nuestra carne) y *seremos* salvos (de la presencia del pecado) en la venida de Jesús. Esta progresión es decisiva para comprender la vida en Cristo. Otro punto esencial de equilibrio es entender que el poder del Reino está presente *ahora,* y que, sin embargo, no estará presente del todo hasta *entonces,* hasta que Jesús venga.

Una gracia que pocos parecen aprender es a vivir tanto con un santo atrevimiento en la fe como con una humildad apropiada en la paciencia. En Mateo 13, el mismo que dijo que el poder del Reino de Dios está *aquí mismo, ahora mismo* (Mt 4), presenta una serie de parábolas que muestran tres cosas. La *primera,* que hay cosas que suceden de inmediato cuando se aprecia y se recibe el gobierno de Dios *ahora.* La *segunda,* que hay muchas cosas que la fe pone en acción, pero cuyo final necesita tiempo. Y la *tercera,* que algunos aspectos del dominio definitivo del reino de Cristo no se manifestarán hasta «el fin del siglo». Oremos en este día: «Señor, hazme osado para esperar lo que es para *ahora* y paciente para aguardar lo que todavía se halla en el futuro».

Bienaventurados los pobres en espíritu.
Mateo 5.3

El Reino de Dios no está lejano. Cuando Jesús hablaba del «reino de los cielos» no se refería a una ciudad en el cielo o a una iglesia en domingo, quería decir el gobierno de Dios en lo relacionado con nuestras vidas hoy. El «Reino» es una *esfera de actividad* (se manifiesta en la esfera invisible, en los corazones humanos) y un *dominio* (que opera por el poder de Dios).

G. Campbell Morgan, el gran expositor bíblico de comienzos del siglo XX, llamaba al Sermón del Monte de Jesús «El Manifiesto del Reino». Nuestro versículo de hoy inicia ese «manifiesto», la proclamación de Cristo del estilo de vida del reino que Él pretendía producir en aquellos que se sometían al gobierno de Dios en sus existencias. El primer rasgo del carácter que Jesús menciona de la gente que recibe el reino podría ser malinterpretado como «lastimero o que se autocompadece», pero ser «pobre en espíritu» significa más bien depender humildemente de Dios y sólo de Él.

Así como la «escasez de recursos» le hacen a una persona reconocer «No tengo lo que se precisa ni puedo obtenerlo por mí mismo», nos identificamos como «gente del Reino» cuando decimos: «Padre, *sólo Tú* tienes lo que necesito, y confío sólo en ti para que me muestres tu voluntad en tu momento».

Cualquiera que los haga [los mandamientos de Dios] y los enseñe, este será llamado grande en el reino de los cielos. Mateo 5.19

Esta es una notable verdad digna de nuestra más plena comprensión. Como somos «salvos por gracia» y sin «las obras de la ley» (Ef 2.8, 9; Gl 2.16), algunos aplican mal estas palabras de Jesús. Él destaca que somos llamados a obedecerla aunque nuestra salvación no se basa ni se sostiene en nuestra ejecución de la Ley de Dios del Antiguo Testamento.

Jesús enfatiza esto al describir los rasgos del carácter de la gente del Reino. Lo hace con una claridad inequívoca: los que enseñan que la Ley de Dios no es importante son «muy pequeños» según su sistema de valoración; los que hacen y *enseñan* la Ley son «grandes». La idea no es producir un sentimiento culpable de fracaso por las leyes que desobedecemos, ni tampoco traer una actitud de derrota a nuestras almas cuando aún estamos «aprendiendo a andar» y a veces tropezamos en los mandamientos de Dios. Nuestra salvación está asegurada en la cruz de Cristo y la justificación garantiza que somos aceptados por Dios continuamente. Pero aun así, a medida que crecemos y avanzamos en la vida del Reino, los mandamientos de Dios constituyen un santo programa de acción para una vida fructífera y liberada.

Gracias a Dios por darnos el Espíritu Santo a fin de capacitarnos para vivir por encima de la condenación y en obediencia creciente a la Ley (Ro 8.1-39).

Buscad primeramente el Reino de Dios.
Mateo 6.33

Tal vez no haya palabras más tranquilizadoras en la Biblia que manifiesten el cuidado personal, protector y proveedor de Dios para nosotros que las de nuestro Señor Jesucristo. En Mateo 6.25-34, nos vincula tan claramente con el interés del Padre por *toda* su creación que vemos dos lecciones de una vez.

Primera: La creación misma no ha sido abandonada a un mero cuidado que se perpetúa por sí mismo, sino que el propio Dios ha invertido algo de su mismo ser en su creación, de igual manera que los artistas o artesanos vierten sus talentos, y por ende, su pleno interés en su obra.

Segunda: La humanidad es la culminación de la obra maestra creadora del Padre, dotada de un modo único con la imagen de Dios y con unas posibilidades poco comunes tanto temporales como eternas. ¡No es extraño que Dios se preocupe de ella como lo hace! Y es por eso que Jesús afirma: *¡No os preocupéis,* que el Padre no pasará por alto vuestra necesidad!

Pero en este contexto, el Señor también nos dice por qué debemos preocuparnos: *¡Buscad* los intereses del Reino de Dios! *Amad. Servid. Ayudad* a los caídos. *Id* a otros con el poder y la gracia de la salvación. Nuestro programa de prioridades está establecido: *Tomad* primeramente interés en las cosas referentes a mi deseo de alcanzar, tocar y amar a otros y *yo* cuidaré de todo lo vuestro».

EL REINO DE DIOS

No todo el que me dice: Señor, Señor, entrará en el reino de los cielos. Mateo 7.21

El manifiesto que Jesús hace del estilo de vida del pueblo del Reino de Dios en el Sermón del Monte (Mt 5–7) concluye con una declaración asombrosa y una sorprendente ilustración. Este es un contraste entre una casa que se mantiene firme contra vientos huracanados y otra que queda en ruinas tras la tempestad. El resumen que Cristo hace de ambas es conciso: la que resistió representa a la persona que oye y hace lo que Él manda, mientras que la que quedó en ruinas simboliza la vida que considera la obediencia como una opción y no como un requisito. El desastre de la última y la resistencia de la primera nos ofrecen un mensaje muy gráfico. Nuestra vida subirá o caerá según nuestra obediencia a su voluntad.

Pero surge una cuestión aún más importante. También tenemos una rendición de cuentas futura. Por un lado, Jesús relata la promesa y la recompensa de quienes andan con Él en servicio fiel. Un día nos recibirá personalmente con su «¡Bien, buen siervo!» (Mt 25.21, 23). Pero ineludiblemente presente está el solemne recordatorio del versículo de hoy. Las apariencias y las palabras sin compromiso y obediencia reciben el rechazo final del Señor. Así que hoy, al igual que mañana y todos los días, andemos como gente del Reino que obedece a Cristo como Señor, del mismo modo que lo confiesa como Salvador.

¿Qué, pues, diremos que halló Abraham, nuestro padre? Romanos 4.1

Cuando un jet ruge por la pista de despegue y se eleva majestuosamente para remontarse como una flecha hacia su destino, nos recuerda los logros de la ingeniería. Pero también podría recordarnos que ninguno de esos aviones se construyó sin conformarse al prototipo, la forma, el patrón o el modelo según el cual toda la flota está diseñada. Esta sabiduría de la ingeniería se fundamenta en los principios más prácticos: Construye sólo modelos que funcionen.

En el orden de cosas del «Reino» se declaró a Abraham como el «padre» de todos los que han decidido caminar en obediencia a Jesucristo, el Hijo de Dios. Romanos 4 nos presenta a Abraham como un prototipo, el «primero de la serie», el cual Dios planeó (o diseñó) para que se remontase hacia destinos más altos de los que el hombre caído o los humanos carnalmente motivados pudieran nunca alcanzar.

Aquí no se nos habla de los comienzos de Abraham (como uno que confía en la gracia de Dios para su salvación y no en sus obras, vv. 2-4), sino que se nos dirige hacia un estudio de su vida. Es un manual sobre «la vida del Reino», basado en las lecciones de fe de un hombre siglos antes de Cristo. Esto merece que vayamos a Génesis 12, donde Dios comienza con Abraham. A partir de ese llamamiento inicial a la fe se nos enseña en términos prácticos y prototípicos que la vida «construida sobre la fe» volará.

EL REINO DE DIOS

Te bendeciré, y engrandeceré tu nombre, y serás bendición. Génesis 12.2

El Nuevo Testamento nos dirige tan claramente a seguir «las pisadas de la fe que tuvo nuestro padre Abraham», que es un asunto de discipulado básico examinar su vida en el Antiguo Testamento. En las Escrituras, el Espíritu Santo presenta a Abraham como algo más que un mero estudio histórico, ¡es un estudio profético! La vida del patriarca es un anuncio de: (1) la clase de cosas a las que tendrá que enfrentarse la gente que pertenece al reino de Cristo; y (2) las *formas* por las que pueden triunfar mediante la fe.

Desde el comienzo, Dios anuncia un doble objetivo: «Engrandeceré tu nombre» y «Serás bendición». La promesa divina de engrandecer el nombre de Abraham no fue una oferta de fama, sino una garantía de que formaría en él un gran carácter.

El concepto bíblico de «fama» se centra en la confiabilidad, la integridad y el peso espiritual de una persona. Es importante recordarlo, ya que hoy vivimos en una sociedad que se ríe de su costumbre de «hacer a la gente famosa sólo con que se conozca». Así que hoy la fama se adquiere con la misma rapidez tanto por el escándalo como por los logros. Con ambos se llega a las portadas de las revistas.

Pero el *nombre* de Abraham se hizo grande aprendiendo un camino de adoración y constante búsqueda de la voluntad de Dios. ¡Ese es el carácter del Reino! ¡Es el camino al que nos llama el prototipo!

Y edificó allí un altar a Jehová. Génesis 12.7

Por encima de todo otro rasgo, la gente del Reino es gente de adoración. Esto significa que los encontrará usted congregados con otros creyentes dando culto en el Día del Señor (Heb 10.25). Además, y más allá de esto, también descubrirá que sus vidas diarias están marcadas por un rastro de altares, como lo estuvo la de Abraham.

Estudiar a Abraham como la personalidad prototípica que originó un camino de fe hace siglos (Ro 4.25) es descubrir una vida marcada por altares, ocasiones de encuentro transformador con Dios (véanse Gn 12.7, 8; 13.4, 18; 15.1-18; 21.1-19). Desde episodios en los que sella las promesas de Dios para con él construyendo e inclinándose ante un altar, hasta esas veces en que sacrifica su todo delante del Señor como expresión de su suprema confianza en Él, la *senda del prototipo* para un caminar del reino en adoración se señala con claridad.

El supremo llamamiento de Dios para todos nosotros es conforme a la misma promesa que le hizo a Abraham: «Te bendeciré y serás bendición». Por asombrosa que pueda parecer esa perspectiva, de que Dios nos haga una bendición así, Él es capaz de cumplirla cuando andamos delante de Él en una adoración que levanta altares.

Despojando a los principados y a las potestades[...] triunfando sobre ellos en la cruz.
Col. 2.15

La cruz de Cristo es el único instrumento para la salvación y la liberación de la humanidad, y también para deshacer las obras y las operaciones del infierno. En 1 Corintios 2.7,8 se confirma esta verdad mostrando cómo la soberanía de Dios mediante la sangre y la muerte de su Hijo confundió las estrategias del infierno. ¡Nunca se han recuperado ni jamás lo harán!

Tales palabras son un recordatorio tremendamente santo y saludable para todos aquellos que deseamos y damos la bienvenida a la plenitud del Espíritu Santo para hacer efectivo el poder del Reino de Cristo en nuestras vidas y a través de ellas. Las palabras en cuestión apuntan al lugar del que brota todo poder. Porque así como Jesús es la *Persona* hacia quien, a través de quien y de quien fluye todo el poder divino, su cruz es el *lugar*, el logro fundamental que libera el poder para toda la humanidad.

Este es un terreno santo, donde se pagó el precio de la salvación y quedó revocado el castigo por el pecado. La cruz es asimismo ese lugar en el que el infierno fue «exhibido públicamente», y se convirtió en la señal por la cual vencemos. Como dice el viejo himno: «¿Estás viviendo a la sombra de la cruz?» ¡Contestemos con un amén!

Y vosotros me seréis un reino de sacerdotes, y gente santa. Éxodo 19.6

El relato cargado de milagros de cómo fue liberado Israel de la esclavitud de Egipto constituye el eje sobre el que gira todo el Antiguo Testamento. Constituye en esencia un anuncio planeado por Dios e inscrito en su Palabra eterna para enseñarnos hoy mediante el tipo y el ejemplo (1 Co 10.11). El punto de arranque, la liberación del pueblo por medio de la sangre del cordero pascual, constituye la lección más preciosa y evidente, aquella que se cumple en nosotros cuando recibimos a Cristo como el Cordero de nuestra Pascua, como Salvador y Libertador (Jn 1.29; 1 Co 5.7).

Cuando seguimos ese modelo divinamente ordenado para la nueva vida en el reino de los libres, hay un propósito especial al cual se nos llama: a ser un reino de sacerdotes. Y es siguiendo esa senda cuando todos los propósitos de Dios en nosotros se cumplirán y la vida victoriosa será una realidad. Esta senda es el camino sacerdotal de la adoración.

Veamos la inmutabilidad de su llamado al sacerdocio en las palabras de Dios a Moisés que leímos. *Los israelitas* fueron llamados a un ministerio de adoración, precisamente el mismo llamado que tenemos nosotros (Ap 1.5, 6). A fin de responder a este llamamiento, invitemos al Espíritu Santo a llenarnos de nuevo para tal ministerio de adoración.

EL REINO DE DIOS

*Mas vosotros sois linaje escogido,
real sacerdocio, nación santa.* 1 Pedro 2.9

Una vez liberado Israel de Egipto, el plan original de Dios era que toda la nación fuese un sacerdocio. Pero a causa del pecado, sólo una tribu —la de Leví— llegó a serlo (Éx 32). Jamás se realizó el deseo divino de liberar a toda una nación para que ejerciesen como sacerdotes para todo el mundo (Éx 19.5-7).

Sin embargo, en Cristo y bajo el nuevo pacto, este objetivo está dentro del ámbito del cumplimiento. Pedro escribe: «Vosotros sois[...] sacerdocio santo, para ofrecer sacrificios espirituales aceptables a Dios por medio de Jesucristo» (1 P 2.5). Estas palabras proveen uno de los puntos focales más básicos para la vida del reino. Como personas del Reino somos llamados a ser «un reino de sacerdotes», cumpliendo la misión que el antiguo Israel nunca guardó. ¿Cómo?

Primero, glorificando al Señor mediante nuestros sacrificios de adoración y dando la bienvenida a su intervención poderosa en nuestro escenario mundial. Segundo, con unas vidas obedientes y pureza delante de Él, manifestando ese gozo y esa libertad que trae consigo el camino de Dios. Y tercero, del mismo modo que los sacerdotes ministraban sanidad bajo el pacto veterotestamentario, nosotros ministramos la salud de Cristo a nuestro mundo actual. Los sacerdotes adoradores del Nuevo Testamento son instrumentos poderosos en la expansión del Reino.

Firme es tu trono desde entonces,
Tú eres eternamente. Salmo 93.2

Cuando Jesús comisionó a sus discípulos al principio, les dijo: «Recibiréis poder, cuando haya venido sobre vosotros el Espíritu Santo» (Hch 1.8). Como emisarios de su reino (es decir, de su gobierno cuyo objetivo es liberar del pecado y expulsar a todos los poderes malignos), hemos sido comisionados para recibir ese mismo poder por ese mismo Espíritu. Para movernos libremente en el poder del Espíritu Santo debemos primero ser *llenos* y luego permanecer *atentos*. Esa «plenitud» se recibe a los pies de Jesús, mientras que el «enfoque» claro se mantiene al pie del trono del Padre.

El Salmo 93 nos lleva al trono de Dios con un anuncio de su reinado universal, declarando el poderío de «Jehová en las alturas» (v. 4). ¡Qué semejantes a las palabras de Isaías!: «Vi yo al Señor sentado sobre un trono alto y sublime» (6.1) son las del Padrenuestro: «Porque tuyo es el reino, y el poder, y la gloria, por todos los siglos. Amén»! (Mt 6.13). Pasajes como estos se unen al versículo de hoy para convocarnos ante el trono de Dios con la debida adoración, humildad y dependencia de Él. Es en ese estado de alabanza donde se genera y se mantiene el verdadero «poder del reino», ya que nuestro *enfoque* se mantiene en *Él* como origen del mismo.

Y con gran poder los apóstoles daban testimonio[...] y abundante gracia era sobre todos ellos. Hechos 4.33

La vida llena del Espíritu es una vida llena de poder. El poder del Reino constituye esa capacitación que nos es otorgada mediante la unción del Espíritu Santo el cual ha sido dado para trasmitir el amor y la gracia, las obras y las maravillas del Señor por medio de nosotros como sus siervos y ministros, ¡todos nosotros!

Pero hay un punto débil común. Como Simón de Samaria podemos ser presa de las ansias humanas de poder por el poder mismo, en vez de comprender que el poder de Dios nos ha sido dado por el bien de otros. (Véase el error de Simón en Hechos 8.14-25.)

Para impedir la entrada a tan erróneos malentendidos hay que recordar dos reglas:

Primera, que el poder para hoy requiere nueva plenitud para hoy. Efesios 5.18, 19 nos indica el camino: «*Sed [o seguid siendo] llenos* del Espíritu».

Segunda, que el poder de Dios siempre es asistido por su gracia. Como demuestra nuestro versículo, se manifestará *abundante gracia* en la forma de ministrar el poder del Reino. Además, ya que es obra de Dios, por gracia, no por obras humanas, sólo Él será glorificado. ¡Aquí vemos lo mejor de la gente del Reino!

Por lo cual el reino de los cielos es semejante a un rey que quiso hacer cuentas con sus siervos.
Mateo 18.23

Estas palabras están entre las más importantes que cualquiera de nosotros estudiará como posible candidato a la vida del Reino y al ejercicio del poder del mismo. Inician una de las parábolas más penetrantes que Jesús jamás contó, ya que la verdad que contiene se acumula en el centro de nuestras almas y nos obliga a confrontar una prioridad ineludible: el perdón.

Jesús relaciona toda ciudadanía responsable en su reino con nuestra prontitud y disposición a trasmitir a otros el mismo espíritu de perdón que Dios ha mostrado para con nosotros. Al igual que Él nos ha enseñado a orar: «Perdónanos nuestras deudas, como también nosotros perdonamos a nuestros deudores» (Mt 6.12), esta parábola profundiza en el asunto. Y es asombrosamente clara. Lo que el pasaje en cuestión (Mt 18.23-35) viene a decir es: «Os considero responsables de perdonar de un modo tan completo como habéis sido perdonados». Luego el mensaje alcanza una eficacia todavía mayor con esta conclusión: ¡Si no saldamos nuestras cuentas *perdonando,* Dios nos ajustará las cuentas!

¡Cuánto más bienaventurado —cuán sencillo y gozoso— es simplemente perdonar! ¿Cómo podemos actuar de otro modo considerando la misericordia que Él nos ha mostrado?

Yo Juan, vuestro hermano, y copartícipe vuestro en la tribulación, en el reino y en la paciencia de Jesucristo[...] Apocalipsis 1.9

Juan comienza su majestuosa revelación recibida en la isla de Patmos con un saludo bien equilibrado. Aquí, el más longevo de los discípulos, que vivió para Cristo más de sesenta años después de que Él ascendiera a la gloria, da amplitud y perspectiva a la vida del Reino. Exilado en una prisión isleña de máxima seguridad como enemigo del Estado, a Juan «no le quedaba nada por ver».

Este hombre abarcaba todo el horizonte de ministerio con milagros y señales del poder misericordioso del Reino de Dios. Él es quien nos recuerda las palabras de Jesús: «El que en mí cree, las obras que yo hago, él las hará también; y aun mayores hará» (Jn 14.12). Juan no duda del poder milagroso.

Sin embargo, vemos al apóstol encarcelado y en una posición aparentemente desvalida. Esto nos recuerda dos cosas: (1) la gente del Reino no siempre obtiene victorias inmediatas; pero (2) Jesús viene siempre a estar con la gente de su reino en medio de las pruebas de estos (véanse vv. 10-20, que contienen el cuadro más magnífico de Cristo de toda la Biblia). Es alentador que Juan ponga la palabra «tribulación» (o sea, pruebas y dificultades) en la misma frase que «reino» (autoridad y victoria). La gente del Reino no es inmune a los tiempos difíciles. Pero, ¡gloria a Dios, el Rey siempre se encuentra con ellos allí!

Y en su vestidura y en su muslo tiene escrito este nombre: REY DE REYES Y SEÑOR DE SEÑORES. Apocalipsis 19.16

El mensaje del Reino de Dios (1) palpitó en la enseñanza de nuestro Señor Jesús durante su ministerio terrenal, (2) fue *enseñado* a sus discípulos como «el evangelio del Reino» que habían de predicar, y (3) constituyó el *impulso* del testimonio de la Iglesia primitiva. Así hoy en día retenemos este mensaje perpetuo, proclamando: «¡El Rey *ha venido* y su reino está presente en la actualidad con poder!» Y al mismo tiempo declaramos: «¡El Rey *viene* y su reino se manifestará un día con una gloria aun mayor!» El Apocalipsis nos enseña cómo esta visión dual converge en un solo mensaje.

En Apocalipsis 12 vemos a *la Iglesia guerreando*. En esa guerra hay bajas y hay victorias; se producen luchas y hay momentos de poderoso triunfo. Tenemos el testimonio del Cordero, venciendo por medio de la sangre y proclamando a través de la Palabra, para predicarlo mientras Él manifiesta ahora el poder del Reino. Pero la manifestación final de ese poder del Reino aguarda hasta el último día. Vemos a *la Iglesia victoriosa* cuando Jesús mismo dirige la carga final contra toda forma de maldad (Ap 14). Hasta entonces le servimos con la confianza de que el Reino triunfa. ¡Ahora y por siempre!

Por su propia sangre, entró una vez para siempre en el Lugar Santísimo, habiendo obtenido eterna redención. Hebreos 9.12

Esta epístola contrasta los pactos de Dios a través de Moisés y de Cristo. El pacto mosaico establecía sacrificios de animales que sólo podían traer un alivio temporal a la culpabilidad del hombre y demostraban las lecciones de la justicia divina. Pero 1 Corintios 10.6 nos dice que los sacrificios del Antiguo Testamento nos fueron dados como ejemplos, y que simbolizaban ese sacrificio perfecto que es el Cordero de Dios (Jn 1.29).

Bajo el pacto antiguo, el sumo sacerdote, después de purificarse y de ofrecer un sacrificio por sus propios pecados, entraba en el Lugar Santísimo para presentar otro por los pecados de la nación. Estos sacrificios tenían que repetirse anualmente en el tabernáculo; pero Jesús, nuestro Sumo Sacerdote, hizo un solo sacrificio con su propia sangre a fin de obtener eterna salvación para nosotros.

Gracias al perfecto sacrificio de Cristo, todos los creyentes tienen entrada al trono de la gracia, al mismo trono de Dios. Ahora somos invitados a acercarnos «confiadamente al trono de la gracia, para alcanzar misericordia y hallar gracia para el oportuno socorro» (Heb 4.16). ¡Hagámoslo hoy!

Yo soy Jehová tu sanador. Éxodo 15.26

Una de las verdades más elementales de las Escrituras es que Dios se acerca a nosotros ofreciendo su vida para transformar todos los aspectos de nuestra existencia. La salvación consiste en el rescate divino de la persona completa, y la sanidad es su reparación íntegra de dicha persona. Este versículo destaca la obra sanadora de Dios. La palabra hebrea *rapha'* significa «curar, reparar, remediar, restaurar la salud». El término *rapha'* se refiere principalmente a la sanidad física, aunque también puede utilizarse en lo tocante a la curación del alma (Sal 41.4) o de un corazón quebrantado (Sal 147.3).

Algunos han intentado limitar el poder sanador de Dios al espíritu o el alma, pero Éxodo 15.26 nos habla de dolencias físicas y de su cura divina. La primera mención de *rapha'* en la Biblia (Gn 20.17) se refiere incuestionablemente a la sanidad de una enfermedad corporal (Gn 20.17), al igual que en el caso de la curación del divieso y la lepra (Lv 13.18; 14.3).

Así que la Escritura afirma: «Yo soy el Señor tu médico», y nosotros lo creemos y lo recibimos.

LA OBRA DE CRISTO

Si oyeres atentamente la voz de Jehová tu Dios[...] ninguna enfermedad de las que envié a los egipcios te enviaré a ti. Éxodo 15. 26

El Señor es un Dios que hace pactos y los cumple. No trata con nosotros sobre la base de promesas hechas al azar, sino que toma la iniciativa de entrar en un pacto con su pueblo. Un sinónimo moderno de «pacto» es «contrato». A la gente le gusta hacer negocios mediante contratos en los que se explican detalladamente todas las situaciones posibles para ambas partes.

Dios ha explicado en detalles lo que va a hacer por nosotros: ha prometido mantener a su pueblo libre de enfermedades, pero condiciona su promesa a nuestra obediencia diligente. Este concepto no es sólo espiritual, sino también tremendamente físico.

El pacto queda garantizado porque Dios vincula su poderoso nombre con la promesa y se llama a sí mismo Jehová-rafah: «Jehová tu sanador». Este es uno de los nombres compuestos mediante los cuales Dios reveló sus atributos a Israel. Aquí, como su mismo nombre expresa, su naturaleza es la de ser el Sanador de aquellos que obedecen a su palabra. Recuerde que nuestro Senor siempre actuará conforme a su naturaleza. ¡Pídale hoy!

Y aconteció que mientras iban, fueron limpiados. Lucas 17.14

La sanidad divina no siempre tiene lugar en un instante. El carácter progresivo de algunas curaciones está indicado por las palabras «mientras iban, fueron limpiados».

No toda sanidad sucede en el momento de la oración. Se espera a menudo que haya curaciones instantáneas, pero este caso ilustra el proceso de sanidad después de un tiempo de oración y en obediencia al mandamiento de Jesús de «Id[...] a los sacerdotes». Cuando actuaron con obediencia, recibieron la curación. No debiéramos dudar si la sanidad no es instantánea, sino buscar una posible senda de obediencia.

En otro caso de sanidad prolongada (Mc 8.22-25), dos veces Jesús unge y ora por un ciego antes que su curación sea perfecta. No se nos da ninguna razón para el retraso; sin embargo, podríamos inferir del ejemplo que si la sanidad no sucede al instante, debemos seguir pidiendo, orando por fe, y acercándonos más al Señor.

En medio de cualquier aflicción física a la que nos enfrentemos, debemos aprender de esos ejemplos a arrodillarnos en oración, estar firmes en la fe y caminar en obediencia.

LA OBRA DE CRISTO

La copa de bendición que bendecimos, ¿no es la comunión de la sangre de Cristo? El pan que partimos, ¿no es la comunión del cuerpo de Cristo? 1 Corintios 10.16

La Pascua iba a ser la última comida que Cristo compartiría con los discípulos antes de su muerte (Jn 16.28). También fue el marco en el que quiso dar un sentido del Nuevo Pacto a una ceremonia del Antiguo. Ahora recibir el pan y la copa es una participación en el cuerpo y la sangre de Jesús. Aunque no creemos que ese pan y esa copa se convierten en el verdadero cuerpo físico de Cristo, sí creemos que al participar de ellos por la fe recibimos el perdón que simbolizan dichos elementos.

El misterio implícito en la comida del pacto va más allá de nuestra relación con Cristo y alcanza a la relación que tenemos unos con otros. Los participantes de dicha comida participan también en la celebración de la unidad del cuerpo en Cristo, ya que el partimiento del pan apunta al hecho de que cada uno de nosotros forma parte del todo que fue roto por nosotros (1 Co 10.17).

Extendamos nuestras manos al Padre y abrámonos los unos a los otros mientras participamos de la «comunión del cuerpo de Cristo».

Y a otro, dones de sanidades por el mismo Espíritu. 1 Corintios 12.9

La restauración física era tan importante que a la iglesia se le concedió un don especial de sanidad. En el libro de los Hechos encontramos muchos ejemplos del ejercicio de ese don (3.1-8; 8.5-7; 14.8, 9; 19.11, 12; 28.7, 8).

La sanidad se menciona tres veces en 1 Corintios 12, y cada una de ellas se refiere a lo mismo en plural: «dones de sanidades». El claro significado de esto es que la sanidad sobrenatural de los enfermos debería ser un ministerio permanente establecido en la iglesia, juntamente con la obra de la evangelización del mundo y apoyando a esta última (vv. 4-11, 28). La sanidad divina es algo para hoy, perpetuo, ya que «irrevocables son los dones y el llamamiento de Dios» (Ro 11.29).

Por medio del Espíritu Santo Dios da todos los dones en el nombre de Jesús. Si hoy usted necesita sanidad, pídala en oración creyendo; solicite las oraciones de otros cristianos; y llame a los ancianos de la iglesia para que oren. No espere hasta que surja un problema serio para orar. ¡Comience hoy mismo a presentar de inmediato al Señor todas sus necesidades!

Siendo justificados gratuitamente por su gracia, mediante la redención que es en Cristo Jesús, a quien Dios puso como propiciación por medio de la fe en su sangre.
Romanos 3.24, 25.

«Propiciación» es un término difícil que significa «aplacar la ira». El hombre en su pecado no puede acercarse al Dios de justicia que debe juzgar las transgresiones. La justicia de Dios sólo puede ser aplacada con el castigo del pecado. Pero Dios en su amor desea la comunión con el hombre que creó a su imagen.

La comunión con un Dios santo sólo podía lograrse mediante la expiación de los pecados que separaban a la humanidad de ese Dios y de sus promesas. Así que Dios ofreció a Jesús como sacrificio expiatorio o de reconciliación con la humanidad separada. Lo que en último término satisfizo los requisitos del Dios de justicia fue la sangre vertida de Jesús. Cristo, el sacrificio inmaculado por todos los pecados, tanto pasados como presentes, llevó plenamente el juicio divino, y es sólo por la fe en su sangre que la humanidad resulta justificada a los ojos de Dios.

La sangre de Cristo se convierte en el lazo que une al pueblo de Dios, haciéndolo acreedor de las provisiones del pacto divino y proporcionándoles unas relaciones correctas con el Señor. La sangre de Jesús garantiza nuestra posición como hijos del Dios santo.

No te sobrevendrá mal, ni plaga tocará tu morada. Salmo 91.10

Este pasaje promete protección de la enfermedad como una bendición de la vida redimida. Aquí el Señor describe una defensa permanente contra la enfermedad «infligida», pero la promesa está condicionada a que hagamos del Señor nuestro verdadero refugio y habitación.

Cuando hacemos esto confiando en Él —presentándole nuestras preocupaciones, nuestros temores y nuestras necesidades; buscando su consejo y pasando ratos renovadores con Él; y amándole y caminando cerca de Él todos los días de principio a fin— entramos en un lugar resguardado de promesa respecto a la salud. Esta verdad nos protege contra la tendencia a convertir la oración por sanidad sólo en un recurso para los casos de emergencia, y nos alienta a permanecer constantemente con Él y a confirmar la maravillosa promesa del Señor Jesús: «Si permanecéis en mí, y mis palabras permanecen en vosotros, pedid todo lo que queréis y os será hecho» (Jn 15.7).

¿Dónde está usted viviendo hoy? Vaya y haga del Señor su habitación... ¡no hay morada mejor!

Él herido fue por nuestras rebeliones[...] y por su llaga fuimos nosotros curados. Isaías 53.5

Setecientos años antes del nacimiento de Cristo Isaías profetizó que el Salvador futuro sufriría y moriría por nuestra redención: Él fue herido y molido por nuestros pecados, y sufrió azotes de látigo por nuestra sanidad corporal.

Las palabras hebreas, en castellano bien traducidas por «enfermedades» y «dolores» (v. 4), significan específicamente aflicciones físicas. Esto lo corrobora el hecho de que Mateo 8.17 cite este versículo diciendo: «Él mismo tomó nuestras enfermedades y llevó nuestras dolencias». Además, queda claro que las palabras «llevó» y «sufrió» (v. 4) se refieren a la obra expiatoria de Cristo en la cruz por el hecho de que son los mismos términos utilizados para describir cómo Cristo cargó con nuestros pecados (Is 53.11; 1 P 2.24). Estos versículos relacionan nuestra salvación y nuestra sanidad con la obra expiatoria del Calvario. La corriente sanadora que fluye de la cruz restaura tanto el alma como el cuerpo de la persona.

Sin embargo, ninguna de esas cosas es nuestra automáticamente, sino que cada provisión —la salvación eterna del alma o la sanidad física de una persona— se debe recibir por fe. La obra de Cristo en la cruz hace esto posible. Venga hoy a recibirlo con fe.

Así María fue echada del campamento siete días; y el pueblo no pasó adelante hasta que se reunió María con ellos. Números 12.15

Cuando María, la hermana de Moisés, pecó de orgullo espiritual, se vio afectada por la lepra. A través de la oración intercesora de Moisés fue sanada. Antes de experimentar la sanidad y restauración, sin embargo, la expulsaron de la comunión del campamento durante siete días de arrepentimiento. La comunión de María no sólo se vio interrumpida, sino que todo el pueblo retrasó su partida hasta que ella fue restaurada.

«Confesaos vuestras ofensas unos a otros[...] para que seáis sanados» (Stg 5.16). ¿Es posible que a veces el retraso en recibir respuesta a nuestras oraciones se deba a alguna transgresión? ¿Hay algo de pecado en nuestros corazones que frena nuestro progreso en el Señor como también el de aquellos que nos rodean?

La aflicción física no es siempre, desde luego, consecuencia del pecado; sin embargo, cuando buscamos sanidad resulta aconsejable que examinemos nuestros corazones. El arrepentimiento y la humildad no nos harán merecedores de la curación, pero pueden, como en el caso de María, preparar el camino para que la gracia de Dios se revele de un modo más pleno.

La sangre de Jesucristo su Hijo nos limpia de todo pecado. 1 Juan 1.7

Dios es un Dios de luz, y sus hijos no andan en tinieblas. Sin embargo, aunque hemos pasado de las tinieblas a la luz, no hemos alcanzado todavía la perfección, y a pesar de habernos convertido en nuevas criaturas no por ello hemos escapado del todo de nuestra naturaleza pecaminosa. Aunque ya no andamos en tinieblas, Juan afirma que si decimos que no tenemos pecado nos engañamos a nosotros mismos.

¡Pero a pesar de nuestro pecado no tenemos que afrontar el juicio solos! Jesucristo es nuestro abogado, nuestro defensor, ante la justicia eterna del Padre (1 Jn 2.1). El precio del pecado debe pagarse, y Jesús puede librarnos de la culpabilidad de dicho pecado porque Él ya ha sufrido su castigo en la cruz.

De modo que tenemos remedio para el pecado: «Si confesamos nuestros pecados, Él es fiel y justo para perdonar nuestros pecados» (1 Jn 1.9). Traigamos hoy ante el Señor cualquier pecado no confesado, y vivamos luego en la luz.

Y ellos le han vencido por medio de la sangre del Cordero. Apocalipsis 12.11

Los creyentes cristianos están enfrascados en una guerra. En este capítulo a nuestro enemigo se le llama «la serpiente», «el diablo», «Satanás» y «el acusador de nuestros hermanos» (vv. 9, 10). Él comenzó esta contienda en el huerto del Edén y seguirá hasta que el Señor vuelva para reinar.

Las buenas noticias, sin embargo, son que Satanás, nuestro adversario, es un enemigo vencido. La muerte expiatoria y la resurrección de Cristo consuman su derrota completa y definitiva. La sangre de Cristo, el Cordero, hace que el pueblo de Dios prevalezca, porque es la respuesta a todas las acusaciones del enemigo. Satanás controla y derrota a la humanidad por medio del sentimiento de culpa y las acusaciones. Es un chantajista. No obstante, los santos saben que la sangre ha satisfecho todos los cargos que había contra ellos, los ha unido con Dios, y les ha provisto de todo lo necesario para vencer a Satanás.

Dios nos ha declarado justos y victoriosos, y en la revelación del apóstol Juan acerca de la final contienda pudo oírse el mensaje: «Ellos le han vencido [a Satanás] por medio de la sangre del Cordero». ¡El poder que nosotros tenemos para vencer es ese mismo!

El arrepentimiento y la sanidad *13 de abril*

Y quitó Jehová la aflicción de Job, cuando él hubo orado por sus amigos. Job 42.10

Algunos señalan a Job como prueba de que la enfermedad constituye la voluntad de Dios para muchas personas. Pero si bien es cierto que el Señor permitió que Job enfermara para demostrar a Satanás que ni aun así dejaría a su Dios al enfrentarse a la adversidad, resulta importante que nos demos cuenta de que esa enfermedad fue una obra directa del diablo (2.2). Cuando Dios más tarde curó a Job y restauró sus pérdidas, el texto hebreo se refiere literalmente a su recuperación como a una vuelta de la cautividad, a una evidencia de que su restauración fue un rechazo del mal, una recuperación de algo que había sido «de Job» (42.10).

La sanidad de Job también coincide con el arrepentimiento. El capítulo 29 parece revelar que Job estaba sumamente enfocado en sí mismo, de lo cual más tarde se arrepintió (42.5, 6). El cambio de actitud de Job y la restauración de Dios guardan relación; y el espíritu de perdón del primero hacia sus amigos se convirtió en algo esencial para su propio bienestar y el de éstos (42.7-9).

Cuando busquemos al Señor para que nos sane, pidámosle también que nos revele cualquier área de nuestras vidas que necesite arrepentimiento y perdón.

Y Jehová Dios hizo al hombre y a su mujer túnicas de pieles, y los vistió. Génesis 3.21

Cuando Adán y Eva desobedecieron a Dios se sintieron abrumados por la culpabilidad. Se escondieron en un rincón remoto del huerto tratando de cubrirse con hojas de higuera. Aquellas hojas escondían su vergüenza, pero su pecado precisaba que lo cubriera un sacrificio. El sacrificio de animales inocentes para proporcionar vestidos de piel como cubierta para Adán y Eva anuncia la expiación sustituta de Cristo y apunta al juicio sobre el inocente en beneficio del culpable.

Bajo el Nuevo Pacto se nos exige que estemos vestidos de Cristo y no con nuestras buenas obras (Ef 2.8, 9). Jesús, por su muerte vicaria en la cruz, nos cubre de la manera que necesitamos. Los animales para el sacrificio eran sólo un tipo del infinito Cordero de Dios, Creador de todo, cuya muerte expió los pecados de todos aquellos que estuvieran dispuestos a creer.

Cuando hay pecado o vergüenza en nuestras vidas estas cosas sólo pueden tratarse en Jesucristo. Únicamente Él puede traer perdón y liberarnos de la condenación. Y lo hará por cada uno de nosotros. ¡Venga usted hoy a Él!

Pero una mujer[...] se le acercó por detrás y tocó el borde de su manto. Lucas 8.43, 44

En este pasaje una fe sencilla y positiva se sirve de la incomparable misericordia de Jesús; de inmediato el Señor reacciona a la fe de la mujer enferma diciendo: «¿Quién me ha tocado?» Los discípulos se extrañan ante la pregunta, ya que las multitudes que se arremolinan oprimen a Jesús. Sin embargo, dicha pregunta demuestra que hay una diferencia entre meramente oprimir al Señor y tocarle con fe para recibir.

El toque de la mujer fue desesperado. Muchos años probando remedio tras remedio habían fracasado, y su enfermedad la hacía ceremonialmente inmunda impidiéndole participar en el culto. Estaba violando la Ley Mosaica sólo con estar entre la multitud.

Pero su toque fue también un toque de fe: «Si tocare solamente su manto—se dijo—seré salva» (Mt 9.21). No deberíamos esperar hasta encontrarnos desesperados para acudir a Jesús; Él ha prometido responder a la fe.

Por último, su toque fue de conversión. «Alguien me ha tocado», dijo Jesús, y pasó a llamarla «Hija». Cuando uno viene a Jesús llega a ser alguien, se convierte en un hijo de Dios (1 Jn 3.1, 2).

No olvides ninguno de sus beneficios. Él es quien perdona todas tus iniquidades, el que sana todas tus dolencias. Salmo 103.2, 3

Esta es una promesa veterotestamentaria de sanidad corporal basada en el carácter de Jehová como el Sanador. Está claro que la dimensión de sanidad prometida aquí tiene que incluir específicamente la salud física. Ese texto refuerza el pacto de sanidad, ya que la palabra hebrea traducida por «dolencias» tiene la misma raíz que el término «enfermedad» en Éxodo 15.26.

Además, las palabras que significan «sanar» son las mismas en ambos pasajes y su sentido claro incluye la idea de remediar o curar. Ambos términos forman un fuerte lazo y dan testimonio en el Antiguo Testamento de que el Señor no sólo perdona las iniquidades, sino que también sana nuestras aflicciones físicas.

Si bajo el primer pacto la sanidad corporal fue inequívocamente incluida junto con los muchos otros beneficios del Padre, regocijémonos y descansemos en la fe, ya que la «gloria» del nuevo pacto supera todo lo del antiguo (2 Co 3.7-11) y podemos estar seguros de que Dios, en Cristo, ha hecho provisión completa para el bienestar de toda nuestra persona.

Por la fe celebró la pascua y la aspersión de la sangre, para que el que destruía a los primogénitos no los tocase a ellos. Hebreos 11.28

A menudo se hace referencia a Hebreos 11 como la «Galería de los famosos de la fe», porque recorre toda la Escritura nombrando grandes hombres y mujeres de fe. Leemos que por la fe, y en obediencia al mandamiento de Dios, Moisés celebró la Pascua, fiesta principal de la nación judía que se realizaba anualmente.

La visita del ángel de la muerte fue la última de una serie de plagas contra Faraón por negarse a liberar a los hijos de Israel de la cautividad de Egipto. A fin de proteger al primogénito de cada familia israelita había que aplicar la sangre de un cordero a los dinteles de las puertas declarando así que el cordero inocente había muerto en lugar del hijo mayor (Éx 12.1-14). Ya que el ángel de la muerte no tocó aquellos hogares, al cordero se le llamó el cordero de la Pascua (del hebreo pesakh, «pasar por alto»).

En su muerte Jesús cumplió el simbolismo de la Pascua (Lc 22.19, 20; 1 Co 5.7) y se convirtió en nuestro Cordero pascual, por medio del cual Dios «nos ha librado de la potestad de las tinieblas, y trasladado al reino de su amado Hijo» (Col 1.13).

«[Jesús contestó:] ¿Qué es más fácil, decir: Tus pecados te son perdonados, o decir: Levántate y anda? Lucas 5.23

Aunque no toda enfermedad es consecuencia de un pecado específico, en este caso sí, ya que las primeras palabras de Jesús fueron: «Tus pecados te son perdonados». En muchas ocasiones la oración por sanidad debería comenzar con la confesión de pecado y el arrepentimiento (Stg 5.16; 1 Jn 1.8, 9).

La forma en que Jesús relaciona la sanidad con el perdón es también una prueba de que a Él le preocupa la salud humana en todos sus aspectos. Obviamente nuestra mayor necesidad es el perdón de pecados, pero Cristo afirmó su interés por cada parte de nuestro ser al enseñar: «El Espíritu del Señor[...] me ha ungido para dar buenas nuevas a los pobres (salvación)[...] sanar a los quebrantados de corazón (salud emocional)[...] pregonar libertad a los cautivos (liberación) y vista a los ciegos (sanidad)» (Lc 4.18).

Jesús es plenamente capaz de satisfacer la necesidad que usted tenga, sea de espíritu, de alma o de cuerpo. ¿En qué aspecto de su vida necesita hoy el toque del Señor?

Él entonces descendió, y se zambulló siete veces en el Jordán, conforme a la palabra del varón de Dios; y su carne se volvió como la carne de un niño, y quedó limpio. 2 Reyes 5.14

Naamán no hubiera sabido nada acerca del poder sanador de Dios de no haber sido por una chica israelita sierva de su familia. Un día ésta habló a la mujer del general de la buena voluntad de Jehová Dios para curar a su marido de la lepra. Naamán fue a visitar al profeta Eliseo y recibió la sanidad cuando dio los pasos de obediencia que le prescribió el profeta. Así fue como un general pagano se convirtió en adorador de Jehová (2 R 5.17-19).

Los creyentes hacen bien cuando reconocen el poder de Jesús tanto para salvar como para sanar. Dios sabe cómo tratar con cada persona. A Naamán se le dijo que se sumergiese siete veces en el río Jordán, y esto le disgustó. Su impetuosidad humana y su orgullo oculto salieron a la luz, pero su obediencia y su sumisión abrieron el camino para la sanidad.

¡Qué sencillos y realizables son los mandamientos del Señor! Al igual que mandó a los israelitas en el desierto: «Mirad y vivid» (Nm 21.8) para que recibieran su sanidad, aquí el mandamiento es simplemente: «Lávate y sé limpio».

El camino a la vida

Cualquiera que fuere mordido y mirare a ella, vivirá. Números 21.8

La plaga de las serpientes ardientes enviada al pueblo de Dios era, en realidad, un castigo autoimpuesto, consecuencia de sus frecuentes murmuraciones. El juicio de Dios consistió en permitir aquello que la propia presunción del pueblo reclamaba. Sin embargo, en respuesta a su arrepentimiento, el Señor mandó que se levantara una serpiente de bronce a la cual todos podían mirar con fe y ser sanados.

Hoy en día contamos con la misma esperanza. Jesús dijo: «Como Moisés levantó la serpiente en el desierto, así es necesario que el Hijo del Hombre sea levantado, para que todo aquel que en Él cree, no se pierda, mas tenga vida eterna» (Jn 3.14). El Señor afirma con claridad que la serpiente de bronce era un tipo de su alzamiento en la cruz. Nuestra sanidad, tanto espiritual como física, viene de mirar al Cristo crucificado e identificarnos con Él, «por cuya herida fuisteis sanados» (1 P 2.24).

Al morir en la cruz Jesús nos ofreció un camino a la vida; todo cuanto necesitamos hacer es mirar y vivir. Sea lo que fuere aquello que usted necesita hoy —libertad para el alma o salud para el cuerpo—, la promesa está a su alcance.

Entró Pablo a verle, y después de haber orado, le impuso las manos, y le sanó. Hechos 28.8

He aquí una referencia a la sanidad divina a pesar de que Lucas, un médico, acompañaba a Pablo. Este hecho resulta tan problemático para los críticos de las sanidades milagrosas modernas que algunos han adelantado la teoría de que las sanidades mencionadas en el versículo 9 fueron realizadas por Lucas utilizando remedios médicos, aunque no se le menciona por nombre.

Esta teoría se basa en el uso de la palabra griega traducida como «sanó» (v. 8), la cual algunos insisten en que se refiere solamente a la terapia médica. El término, sin embargo, se utiliza treinta y dos veces en la Escritura para indicar la sanidad divina.

Con esto no queremos decir que el tratamiento médico sea malo, que no lo es, sino simplemente aclarar que este versículo no ofrece ninguna base para sustituir la oración por la terapia médica. Dios sana por muchos medios diferentes: la oración de fe, la capacidad natural de recuperación, la asistencia médica o las medicinas, los milagros... todas esas cosas son dones que proceden de Él (Stg 1.17).

Fuisteis rescatados[...] no con cosas corruptibles, como oro o plata, sino con la sangre preciosa de Cristo. 1 Pedro 1.18, 19

Otro nombre que reciben los cristianos es el de «los redimidos» (Is 62.12). Redimir significa comprar de nuevo, rescatar de la deuda o de la esclavitud, dejar libres mediante el pago de un precio.

El redentor paga un precio respetable para reclamar algo que antes poseyó. La humanidad fue en otro tiempo de Dios, por la creación, pero se perdió a causa del pecado. Ahora, Dios nos ofrece la sangre de Cristo como sacrificio sustituto y la acepta cuando se la ofrecemos de nuevo a Él. Nuestra transacción con Dios no es por lo tanto un negocio de oro y plata, sino de vida y muerte. Cristo dio la sangre de su vida para rescatarnos del pecado y de la muerte; su sangre es un precio digno y provee un vínculo imperecedero entre nosotros y Dios.

Por lo tanto podemos regocijarnos de que Jesús «se dio a sí mismo por nosotros para redimirnos de toda iniquidad y purificar para sí un pueblo propio, celoso de buenas obras» (Tit 2.14). ¡Alabémosle hoy! ¡Nosotros somos los redimidos!

Fue Abraham y tomó el carnero, y lo ofreció en holocausto en lugar de su hijo. Génesis 22.13

Dios ordenó a Abraham que ofreciera como sacrificio a su único hijo, Isaac. Como hombre de fe, Abraham se aprestó a obedecer al Señor a pesar de que ese mandamiento contradecía la promesa divina inicial de que su simiente constituiría una bendición para el mundo entero (Gn 17.1-3). Abraham creyó que Dios sería fiel a su pacto (Heb 11.17-19), y el Señor proveyó otro sacrificio: un carnero trabado en un zarzal.

Este es un anuncio dramático de la entrega que Dios haría de su Hijo unigénito para que muriese en nuestro lugar (Jn 3.16). El pacto de amor de Dios concedió a Abraham un hijo, y también proveyó un sacrificio sustituto para salvar a dicho hijo. Siglos después, ese amor llevaría a Dios a dar a su propio Hijo como sacrificio de sangre por los hijos de los hombres.

Ahora Él nos dice a cada uno: «El que no escatimó ni a su propio Hijo, sino que lo entregó por todos nosotros, ¿cómo no nos dará también con Él todas las cosas?» (Ro 8. 32). Vivamos hoy en la plenitud de esa promesa.

La[...] sangre hará expiación de la persona.
Levítico 17.11

A menudo se ha criticado a los creyentes en Cristo por el énfasis que ponen en la sangre de Jesús. Sin embargo, la palabra «sangre» aparece 360 veces en el Antiguo Testamento y más de cincuenta en el Nuevo en relación con la expiación. Moisés declara en Levítico que la vida está en la sangre, y que sólo ella puede hacer expiación por el pecado.

Desde aquella primera vez en que Dios mató algunos animales para cubrir a Adán y Eva, se han necesitado sacrificios para expiar el pecado. La verdad que esto trasmite es que un inocente sustituye al culpable. Romanos 6.23 declara que «la paga del pecado es muerte». Merecemos la muerte por nuestros hechos pecaminosos, pero Jesús dio su vida para que nosotros pudiésemos vivir, y ahora les ofrece esa vida a todos los que crean en Él.

No nos avergoncemos jamás del evangelio de la salvación por medio de la sangre de Jesús, sino más bien unámonos a la muchedumbre celestial en el cántico: «¡Redimidos hemos sido por la sangre del Cordero!»

Sanad a los enfermos que en ella haya, y decidles: Se ha acercado a vosotros el reino de Dios. Lucas 10.9

En este pasaje Jesús envía a setenta de sus seguidores para que prediquen el evangelio del reino y sanen a los enfermos. La venida del Reino de Dios y el ministerio de sanidad no se separan. Anteriormente Jesús había mandado a los doce discípulos con ese mismo mensaje (Lc 9.1, 2). Esto deja claro que su intención es que el ministerio de sanidad forme parte de la proclamación de la venida de su reino.

Jesús dedicó buena parte de su ministerio a sanar a los enfermos; este ministerio fue experimentado a lo largo de todo el libro de los Hechos. En Santiago 5.13-16 también se declara como una de las responsabilidades de los ancianos de la iglesia local. Los enfermos son sanados hoy, manifestándose así la presencia continua del Reino de Dios.

El Espíritu Santo se deleita en confirmar la presencia del Reino glorificando el poder del Rey y corroborando la obra de Jesucristo a través del ministerio de sanidad. Venga hoy a Él en busca de su curación. ¡Jesús lo está esperando!

Estando ya justificados en su sangre, por Él seremos salvos de la ira. Romanos 5.9

«No hay justo, ni aun uno», declara Romanos 3.10, estableciendo así que todo el mundo es injusto y por lo tanto merecedor de juicio. Pero el amor del pacto de Dios va más allá de la satisfacción de la justicia, y establece un lazo de comunión en la sangre de Jesucristo. Gracias a la obra expiatoria de Jesús ahora aparecemos como justos ante el Padre. Eso es en esencia la «justificación».

El concepto de justificación se menciona a lo largo de todo el Nuevo Testamento. Pablo dice que somos justificados por la fe (Ro. 5.1). Debemos creer en Cristo y, por la gracia (Ro 3.24), nuestra salvación es un don gratuito. Santiago (Stg 2.21) defiende la justificación por obras: nuestras vidas deben manifestar el cambio que Dios ha obrado en nuestras almas.

Sólo una vez en el Nuevo Testamento se nos dice que somos justificados por la «sangre», lo que significa que Cristo ha llevado nuestro pecado y nuestra culpabilidad en la cruz borrando toda la condenación que había contra nosotros. La fe en su sangre, no sólo produce nuestra liberación de la ira de Dios, sino que también es el medio para vivir victoriosamente a través de nuestra participación en su vida.

Y llamó Dios a la luz Día, y a las tinieblas llamó Noche. Génesis 1.5

Dios se revela desde el principio como un Dios que hace y guarda pactos. Jeremías mencionó la actividad divina en la creación como si se tratase de pactos (Jer 33.20), al hablar del «pacto de Dios con el día y con la noche». Por medio de esto se nos muestra cada día el inalterable carácter de Dios de un modo tan cierto como que el sol sale y se pone. Jeremías pasa luego a decir que Dios no podría violar su pacto de redención con su pueblo, de la misma manera que tampoco podría faltar al acuerdo que hizo con la naturaleza (v. 21)

Dios también ha hecho un pacto con todos aquellos que creen en su Hijo, el Señor Jesucristo, lo confiesan y lo aceptan. Dicho pacto fue sellado con la sangre de la cruz del Calvario. Todo lo que Dios ha prometido hacer por nosotros lo cumplirá.

Más tarde Jeremías escribió que las misericordias del Señor son nuevas cada mañana y que su fidelidad para con nosotros es grande (Lm 3.22, 23). ¡Alabe hoy al Señor porque guarda su pacto! Del mismo modo que estamos seguros de que el sol saldrá, lo estamos de su fidelidad para con nosotros.

Si puedes creer, al que cree todo le es posible.
Marcos 9.23

En este pasaje Jesús nos dice que «creer» es la condición para recibir una respuesta a la oración por sanidad. El padre del chico endemoniado contestó sollozando: «Creo —y luego añadió—, ayuda mi incredulidad». Puesto que la fe es un don, podemos orar por ella como lo hizo aquel padre. ¡Y fíjese con qué prontitud contestó la gracia de Dios!

Jesús reprendió a los discípulos porque no habían podido echar fuera al espíritu mudo llamándolos incrédulos (v. 19). En el relato que hace Mateo de este incidente, el Señor dice que si uno tiene fe como un grano de mostaza puede mover una montaña (Mt 17.20).

Pero hay otra lección más que aprender: cuando una atmósfera de incredulidad hace difícil la fe, deberíamos buscar un ambiente distinto. Incluso la capacidad de Jesús para hacer milagros se vio reducida cuando predominaba la incredulidad (Mt 13.58). A medida que vaya pasando este día no disminuyamos la capacidad de Cristo para obrar en nosotros. La oración y la alabanza proporcionan una atmósfera de fe en Dios y dan la bienvenida a su presencia en nuestras vidas.

No quiero sangre de bueyes. Isaías 1.11

La Biblia declara que sin derramamiento de sangre no hay remisión de pecado (Heb 9.22). Jesús confirmó esta verdad con su muerte en la cruz. ¿Cómo entendemos entonces la advertencia de Dios a Isaías?

Incluso hasta los actos más sagrados pierden su sentido cuando los efectuamos negligentemente si vivimos en desobediencia manifiesta a la voluntad de Dios. En los días de Isaías, los sacrificios y las fiestas se habían convertido en meras formas externas desprovistas de verdadera devoción y de una vida justa. Lo más importante en el sacrificio es la actitud del corazón. El propósito de la actividad divina al establecer los pactos no son las simples ceremonias sino unas relaciones correctas.

Nada mermará jamás la plenitud del sacrificio expiatorio de Cristo, pero contristamos al Espíritu Santo mediante una adhesión sin sentido a las formas sin un culto auténtico y un servicio inteligente.

Asegurémonos hoy de que nuestra actitud de corazón sea correcta delante del Padre mientras exclamamos como el salmista: «No quieres sacrificio[...] Los sacrificios de Dios son el espíritu quebrantado; al corazón contrito y humillado no despreciarás tú, oh Dios» (Sal 51.16, 17).

Y por medio de él reconciliar consigo todas las cosas[...] haciendo la paz mediante la sangre de su cruz. Colosenses 1.20

Cristo Jesús es el incomparable pacificador. Por medio de su muerte reconcilió a toda la creación con el Padre, y especialmente a una humanidad alejada de Él por el pecado. Jesús fue capaz de llevar a cabo tal reconciliación porque en Él habitaba «toda plenitud». Jesús era completamente Dios y completamente hombre. Él podía morir por la humanidad, porque no tenía pecados; y podía morir por la creación, porque como Creador tenía más valor que las cosas creadas. De modo fue capaz de proporcionar los medios para que la creación entera se reconciliase con Dios.

Puesto que el pecado quita la vida, se requiere vida para pagar las deudas del pecado. Jesucristo dio la vida que tenía en su sangre a fin de satisfacer todas las deudas del pecado humano y restaurar la paz del pacto entre Dios y los hombres. «Porque Él [Jesús] es nuestra paz, que de ambos[...] hizo uno, derribando la pared intermedia de separación» (Ef 2.14). Vivamos, pues, en esa paz, con el Príncipe de Paz como soberano (Is 9.6) y con su gobierno de amor como nuestra ley (Stg 2.8).

Mientras la tierra permanezca, no cesarán la sementera y la siega, el frío y el calor, el verano y el invierno, y el día y la noche. Génesis 8.22

Lo primero que hizo Noé después del diluvio fue construir un altar y ofrecer un sacrificio al Señor. Dios estaba contento con Noé e hizo promesas a la familia humana a través de la fe del patriarca. Una de dichas promesas fue la «Ley de la sementera y la siega»: «Mientras la tierra permanezca no cesará la sementera y la siega».

Cuando Dios creó al primer ser vivo le dio la capacidad de crecer y multiplicarse. ¿Cómo? A través del principio de la semilla y la cosecha. Su vida comenzó gracias a este principio, y desde su nacimiento usted ha actuado según el mismo. La siega es consecuencia de las buenas o malas semillas que usted haya sembrado, estuviera o no consciente de que sembraba.

El principio continúa vigente hoy en día. Para superar los problemas de la existencia, desarrollar sus posibilidades en la vida y que esta sea fructífera, se multiplique y rebose (es decir, salud, economía, renovación espiritual y familiar... en todo su ser), decídase a seguir la ley divina en cuanto a la sementera y la siega.

¡Siembre la semilla de la promesa divina en la tierra de su necesidad!

Y no se llamará más tu nombre Abram, sino que será tu nombre Abraham, porque te he puesto por padre de muchedumbre de gentes.
Génesis 17.5

A lo largo de sus páginas la Biblia nos enseña la importancia de las palabras que hablamos. En este versículo Dios cambia el nombre de Abram por Abraham y le promete que llegará a ser padre de muchas naciones. «Abram» significa «padre enaltecido» o «patriarca», mientras que «Abraham» quiere decir «padre de una multitud». Así dispuso Dios que cada vez que Abraham oyese o pronunciase su nombre recordara la promesa de Dios.

Mediante el cambio de nombre, Dios le prometía que el centro de atención de su vida no sería ni él ni su posición, ni siquiera lo que Dios haría de él. No, el objetivo de la vida de Abraham serían los demás, y el Señor lo usaría para tocar a innumerables personas con la vida y la bendición de Dios.

El principio está claro: Permita que las palabras de Dios, que indican la voluntad y la promesa de Él para su vida, se fijen en su mente y gobiernen su modo de hablar como lo hizo Dios al cambiar el nombre de Abraham para modelar el concepto que el patriarca tenía de sí mismo.

¡No se «llame» menos que lo que el Señor le llama!

EL CRECIMIENTO EN LA FE

Subamos luego, y tomemos posesión de ella; porque más podremos nosotros que ellos.
Números 13.30.

Caleb vio los mismos gigantes y las mismas ciudades amuralladas que los demás espías, pero los otros diez volvieron con un «informe negativo» de incredulidad. Sin embargo, Caleb hizo una declaración, una confesión delante de todo Israel: «Más podremos nosotros que ellos». Él y los demás observaron la tierra cuidadosamente; la había visto, así que su fe no era ciega. La fe no niega la realidad de la dificultad; por el contrario declara el poder de Dios frente a los problemas.

A pesar de que la mayoría rechazó el informe lleno de fe de Caleb, él permaneció firme en su fe y siguió mostrando compañerismo y apoyo para con aquellos cuya incredulidad retrasaba su propia experiencia. Caleb manifestó una combinación poco corriente de fe y de paciencia, y su posesión final de la tierra en una fecha posterior indica que aunque se producen retrasos la declaración de fe da la victoria al creyente.

Permita que la paciencia y la fe cooperen entre sí para ayudarle a resistir la lucha y alcanzar el cumplimiento de la promesa.

Vosotros no gritaréis[...] hasta el día que yo os diga: Gritad; entonces gritaréis. Josué 6.10

Aquí Josué manda a Israel que mantenga un silencio total mientras caminan alrededor de la ciudad de Jericó. El recuerdo de los cuarenta años de permanencia de Israel en el desierto por consecuencia de la murmuración en incredulidad del pueblo estaba sin duda en la mente de Josué. Los espías volvieron con un informe mayoritario motivado por lo que el hombre ve sin la visión del Espíritu Santo. Su falta de fe en cuanto a la posibilidad de tomar la tierra había sellado el destino de Israel en el desierto.

Aprendemos a ser cautelosos al recordar aquellas lecciones de la historia en que Josué manda a guardar silencio. Cuando nos enfrentamos a grandes desafíos no permitamos que nuestra lengua hable palabras de incredulidad. Aleje de sus labios los dichos desmoralizadores. Las palabras pueden atar o liberar, de ahí la orden de guardar silencio. Más tarde verían la salvación del Señor como consecuencia de su grito de triunfo (Jos 6.20).

No podemos hacer nada en cuanto a lo que vemos u oímos, pero nuestra negativa a expresar duda y miedo con nuestros labios mantendrá nuestros corazones más inclinados hacia lo que Dios puede hacer en vez de hacia aquello que no podemos realizar (Pr 30.32).

EL CRECIMIENTO EN LA FE

No ofreceré a Jehová mi Dios holocaustos que no me cuesten nada. 2 Samuel 24.24

Arauna intentó regalar al rey David tierra, bueyes y otras cosas para el sacrificio, pero David insistió en pagarle diciendo que no podía hacer a Dios una ofrenda que no le costase nada.

La esencia de la fe es que si usted no realiza algún sacrificio, no está en verdad dando. Mientras lo que dé no le cueste algo que represente una porción de su vida, no será un verdadero don ni producirá una buena cosecha. De modo que nuestras dádivas para el Señor deben tener estas tres características:

Primera: Deben ser lo mejor. Dios nos ha dado lo mejor de sí mismo, nosotros deseamos hacer lo mismo con Él.

Segunda: debemos darle a Dios *primero*. El primer pensamiento de nuestras mentes después de recibir algo debería ser: «¿Cómo puedo dar una porción de esta cosecha a la obra de Dios?»

Tercera: Debemos dar con una *generosidad* que brote libre y abundantemente de nuestro corazón. Jesús dijo: «De gracia recibisteis, dad de gracia» (Mt 10.8)

Y la harina de la tinaja no escaseó, ni el aceite de la vasija menguó, conforme a la palabra que Jehová había dicho por Elías. 1 Reyes 17.16

Este episodio (1 Reyes 17.8-16) nos enseña a invitar a Dios a obrar con su ilimitado poder en nuestras circunstancias y recursos limitados. Aquí se ejemplifican dos principios importantes:

Primero, debemos dar algo de nuestra necesidad. Esa es la clase de don que compromete a nuestra fe. Aquella mujer y su familia tenían una necesidad, pero dio para sustentar la vida de Elías, el profeta de Dios. Entonces Dios le devolvió su dádiva multiplicada.

Segundo, la viuda dio antes de intentar satisfacer sus propias necesidades. Su dádiva resultó en la provisión milagrosa de Dios fluyendo otra vez a su vida. Durante un período tal vez tan largo como tres años, Dios multiplicó la semilla que ella había sembrado.

Cuando damos de nuestra necesidad y ayudamos a otros primero, nos colocamos en la corriente vital que Dios ha determinado que obre a nuestro favor y no contra nosotros. Hemos sembrado en nuestra fe y segamos la cosecha de la fidelidad de Dios.

¡Siembre! ¡Déle a Dios algo que Él pueda multiplicar!

EL CRECIMIENTO EN LA FE

¿Qué, pues, se hará de los cien talentos que he dado al ejército de Israel? Y el varón de Dios respondió: Jehová puede darte mucho más que esto. 2 Crónicas 25.9

En la economía humana la ley de la oferta y la demanda regula el precio de los bienes y servicios. En épocas de exceso de provisión los precios caen, mientras que en tiempos de escasez sube el costo de las cosas. Nuestra economía fluctúa con las épocas y las estaciones.

La economía divina, en cambio, no tiene escasez de bienes y su provisión siempre excede a nuestra necesidad. Él no quiere que a su pueblo le falte, sino más bien que tenga abundancia «para toda buena obra» (2 Co 9.8). ¿Acaso pensamos que si le damos algo a Dios tendremos menos? ¡No! Jamás podemos ganar a Dios en generosidad. No importa cuánto le demos, Él siempre nos lo devolverá multiplicado en una medida mucho mayor que la nuestra.

Sin embargo, nuestra capacidad para recibir no es automática. La expectativa de recibir, como la libertad de dar, es un acto de nuestra fe. El agricultor aprende que tanto plantar la semilla como recibir la cosecha son actos de fe.

¿Hay algo que usted tiene que dar? Despréndase de ello en fe. ¿Hay algo que necesita recibir? Abrácelo en fe igualmente.

Tanto la siembra como la siega están en manos de Dios.

Este pueblo de labios me honra;
mas su corazón está lejos de mí. Mateo 15.8

Aquí Jesús cita Isaías 29.13 acusando a los dirigentes religiosos de su tiempo de dejar a un lado la Palabra de Dios por sus tradiciones. El Señor desecha la adoración de ellos porque sus corazones no van a la par con sus labios. La fe viva —la verdadera adoración— exige que la boca y el corazón tengan una unidad que impida cualquier vestigio de hipocresía.

Las alabanzas y la fe verdadera brotan de labios que las extraen de las profundidades del corazón. Cuando hablar en fe fluye como un principio vivo, las palabras no son una recitación ritual de versos. Tal recitación constituye meramente una actuación de la tradición humana y, como indica Jesús, es potencialmente hipócrita.

Del mismo modo que somos llamados a una alabanza y a una adoración genuinas, no como simuladores ni como actores rituales, debemos hacer también que nuestra confesión de las promesas de Dios sea sin hipocresía. Hablemos aquello que en verdad el Santo Espíritu de Dios ha engendrado en nuestros corazones y por lo tanto nos impulsa a decir fielmente con nuestra boca.

¿Ha dejado Dios caer una promesa en su corazón? Entonces exprésela con el valor de la fe convencida y vea cómo la cumple Aquel que se la dio.

De cierto os digo, que si tuviereis fe como un grano de mostaza, diréis a este monte: Pásate de aquí allá, y se pasará. Mateo 17.20

Cuando usted siembra una semilla, Dios cambia su naturaleza de tal manera que se convierte en una planta, y el poder de la vida se agita dentro de esa plantita tierna hasta tal punto que ni siquiera una montaña de tierra impediría que brote.

Jesús dijo que nuestra fe en Dios es como una semilla. Cuando la ponemos en acción, esto es, cuando dejamos que vaya a Dios, adopta una naturaleza totalmente nueva: la naturaleza de un milagro en marcha.

¿Qué montaña hay en su vida? ¿La soledad? ¿La pérdida de su empleo? ¿Una enfermedad? ¿Alguna relación dañada? ¿Problemas familiares? ¿Otra cosa? ¡Anímese! ¡Jesús nos enseña cómo quitar esa montaña! Dios dice que usted puede usar su fe para satisfacer sus necesidades diarias.

¿Cómo? Siembre su diminuta fe en una acción de amor, y una vez que la haya plantado y vaya creciendo, hable a su montaña y observe cómo Dios empieza a quitarla.

Tened fe en Dios[...] todo lo que pidiereis orando, creed que lo recibiréis y os vendrá.
Marcos 11.22, 24

De los mismos labios de Jesús recibimos la instrucción más directa y práctica en cuanto a nuestro ejercicio de la fe. Considere estos tres puntos:

1) La fe debe ser «en Dios». La fe que habla es primeramente fe que busca. El Todopoderoso es el origen y la base de nuestra fe y de nuestro ser. La fe sólo fluye hacia Él por la fidelidad que fluye de Él.

2) La fe no es ningún truco que realizamos con nuestros labios, sino una confesión hablada que brota de la convicción de nuestros corazones. La confesión de la fe no es una fórmula para conseguir cosas de Dios, pero Dios nos enseña aquí que esa fe que hay en nuestros corazones debe expresarse con palabras.

3) Las palabras de Jesús «todo lo que pidiereis» aplican este principio a cada aspecto de nuestras vidas. Los únicos requisitos son: que nuestra fe esté puesta en Dios y se halle en línea con su voluntad y con su Palabra, y que creamos y no dudemos.

Este «decir a la montaña» no es un ejercicio vano o supersticioso, ni ninguna concesión a la ciencia humanista de la mente, sino que en vez de ello se convierte en una liberación aplicada de la palabra como promesa creadora de Dios.

Yo he venido para que tengan vida, y para que la tengan en abundancia. Juan 10.10

Dios quiere darse por completo a usted y, además, quiere dar todo lo que Él representa y tiene. Inherente a la naturaleza completa de Dios es la verdadera plenitud: la posibilidad real de salud para todo su ser (cuerpo, mente, emociones, relaciones) y de que sus necesidades materiales sean satisfechas. Sobre todo, su plenitud incluye la vida eterna.

Jesús dijo que Él había venido para dar vida, no sólo una existencia ordinaria, sino vida en plenitud y abundancia (3 Jn 2). Por otro lado, el enemigo (Satanás) sólo viene para hurtar, matar y destruir. La diferencia es clara, por un lado tenemos a Dios con bondad, vida y abundancia de todo lo necesario para la existencia (véanse Jl 2.26; 2 P 1.3), y por otro está el enemigo de nuestras almas que viene para despojarnos de las bendiciones de Dios, oprimir nuestros cuerpos mediante enfermedades y accidentes, y destruir todo lo que nos es querido.

Usted empieza a experimentar esta plenitud bíblica cuando cree que se trata del mayor deseo de Dios para usted. Y aumenta en la plenitud divina al alinear sus mayores aspiraciones con los deseos de Dios para su persona.

Dad, y se os dará; medida buena, apretada, remecida y rebosando darán en vuestro regazo.
Lucas 6.38

Jesús hizo accesible para nosotros toda una manera nueva de dar. Él se dio a sí mismo, y por completo, a la gente y sus necesidades. Ya no necesitamos pagar o ganar con sacrificios nuestro acceso a la misericordia de Dios, porque Jesús ha pagado nuestra deuda ante Él y su cruz es una obra terminada en nuestro interés eterno.

Nuestro dar, por tanto, no es ya una deuda que tenemos que saldar sino una semilla que sembramos. Su vida y su fuente de poder están en Dios. Simplemente nuestra parte consiste en actuar según las posibilidades que Dios ha puesto en nosotros por su poder y su gracia.

Observe que cuando Jesús dijo: «Dad», también afirmó: «y se os dará». Dar y recibir van juntos, al hacer lo primero nos ponemos en posición de alargar la mano y recibir una cosecha.

Entre los principios de la siembra y la cosecha está el de que la cantidad de fruto resultante es desproporcionada respecto a las semillas que introducimos en la tierra. Por eso Jesús dijo que la siega sería de «medida buena, apretada, remecida y rebosando».

Con la misma medida con que medís, os volverán a medir. Lucas 6.38

Dirigiéndose a gente que conocía la agricultura y a los agricultores Jesús habló a sus oyentes de los principios de la siega. Les recordó que cuanta más semilla se planta, tanto más grano se recoge, una pinta de semilla no produce simplemente una pinta de grano. Uno de los principios de la siembra y la siega es que el resultado no guarda proporción con la causa. Por mucho que dé usted siempre recibirá más a cambio. Jesús dijo «apretada y rebosando».

Otra lección de la cosecha es que el producto recibido puede diferir mucho de la semilla que se siembra en cuanto a la forma. Por lo tanto, debemos en todo momento permanecer sensibles a los diferentes modos en que Dios es capaz de proporcionarnos nuestra cosecha. Puede llegar a nosotros como una idea, una oportunidad, una invitación o una asociación previamente desconocida o no identificada.

Espere vigilante las maneras en que quizás Dios le dé la cosecha «a su debido tiempo». Para usted tal vez sea hoy.

No tengo plata ni oro, pero lo que tengo te doy; en el nombre de Jesucristo de Nazaret, levántate y anda. Hechos 3.6

En este primer milagro de los discípulos que aparece en el libro de los Hechos, se nos da una clave para que todos los creyentes usen el ejercicio de la autoridad de la fe. A fin de traer sanidad al hombre cojo, Pedro emplea el nombre completo y el título de nuestro Señor: Jesucristo [Mesías] de Nazaret.

«Jesús» era un nombre corriente en la cultura judía del primer siglo y hoy en día se sigue usando en muchos lugares. Pero la declaración de su nombre completo con su título, acto digno de mención en Hechos, parece una lección buena y práctica para nosotros (véanse Hch 2.22; 4.10). Como confesión de fe y proclamación de poder, pronuncie su deidad y su señorío como el Cristo, el Mesías. Use el nombre precioso y personal de «Jesús el Salvador».

Invóquele como Señor Jesús, o Jesucristo, o Jesús de Nazaret, no hay ninguna exigencia legal o ritual al respecto. Pero al igual que oramos en el nombre de Jesús (Jn 16.24), también ejercemos toda autoridad por el privilegio de poder que Él nos ha concedido en su nombre (Mt 28.18; Jn 14.13, 14).

Y con gran poder los apóstoles daban testimonio de la resurrección del Señor Jesús, y abundante gracia era sobre todos ellos. Hechos 4.33

La mayoría de los creyentes conocen la definición usual de la hermosa palabra «gracia» como «el favor inmerecido de Dios». Esto es admirablemente cierto y se relaciona de un modo claro con nuestra salvación aparte de las obras o la energía de la carne (Ef 2.7-9).

Pero «gracia» como se utiliza en este versículo, y otros como Lucas 2.40 y Hechos 11.23, se refiere también a las «operaciones del poder de Dios». Así como Dios en su misericordia nos salva por su gracia, también esa gracia se manifiesta con gran dinamismo allí donde el Espíritu Santo obra con poder.

Zacarías 4.7 proporciona una ilustración veterotestamentaria de esta verdad. El profeta ordenó a Zorobabel que hablase «gracia» a la montaña, el impedimento al que se enfrentaba en la dura faena de reconstruir el templo de Dios. Hablar «gracia» a los obstáculos con los que nos enfrentamos es una acción de fe, basada en la operación del gran poder de Dios. Nosotros sólo hablamos, la obra es completamente suya, por su misericordioso poder y para su gran gloria.

Mientras pronunciamos la gracia de Dios frente a nuestras enormes imposibilidades, podemos ver en este día «gran poder» y «abundante gracia» manifestándose a nuestro favor.

Si confesares con tu boca que Jesús es el Señor, y creyeres en tu corazón que Dios le levantó de los muertos, serás salvo. Romanos 10.9

Aquí tenemos una lección fundamental de la importancia y el poder de declarar la fe propia. Este principio se establece en los mismos comienzos de nuestra vida en Cristo. Así como nos apropiamos de la salvación (la operación justa de Dios a nuestro favor) por la fe de corazón y por la confesión hablada, su continua obra en nuestras vidas se adelanta por esos mismos medios.

Dios permite, anima e incluso requiere nuestra participación activa en todos sus tratos misericordiosos con nosotros. Él no nos obliga como a esclavos a avanzar en contra de nuestra voluntad, sino que nos llama como a hijos e hijas en su familia a aceptar nuestro papel y la responsabilidad que tenemos.

De modo que, habiendo comenzado nuestra vida en Cristo en el espíritu de la fe salvadora, crezcamos ahora en una fe *activa,* creyendo en el poder extraordinario de Dios para todas nuestras necesidades, expresando con nuestros labios lo que reciben y creen nuestros corazones de las muchas promesas de su Palabra.

Aceptemos las promesas de Dios para todas nuestras necesidades dotándolas de nuestra fe confesada del mismo modo que cuando fuimos salvos.

No nos cansemos, pues, de hacer bien;
porque a su tiempo segaremos,
si no desmayamos. Gálatas 6.9

Dios tiene un horario para cada semilla que plantamos, pero el mismo no coincide siempre con el nuestro. A veces «a su tiempo» significa un rendimiento inmediato y otras un proceso o rendimiento lento que puede durar años e incluso toda una vida.

Pero de tres cosas podemos estar seguros. Primera, que Dios hará que se produzca una cosecha de las semillas que plantamos. Segunda, que Él jamás se adelanta ni llega tarde, sino que es siempre puntual y busca nuestro mejor interés. Tercera, que nuestra cosecha tendrá la misma naturaleza que las semillas que hayamos sembrado: la buena simiente produce una buena cosecha y la mala simiente una cosecha mala.

¿Qué debemos hacer durante el tiempo de crecimiento de nuestras semillas? Rehusar desanimarnos, porque Dios ha prometido una cosecha abundante. Decidir mantener viva y activa la fe permitiendo que florezca la esperanza plantada en nuestros corazones por el Espíritu. Dar y seguir dando, ya que sabemos que la cosecha está garantizada.

Así, pues, todas las veces que comiereis este pan, y bebiereis esta copa, la muerte del Señor anunciáis. 1 Corintios 11.26

Al igual que el bautismo en agua es la declaración exterior de una experiencia interna de salvación mediante la sangre del Señor Jesús, cada celebración de la Santa Cena es una ocasión poderosa para la confesión de nuestra fe. En este sacramento, el cristiano confiesa ante el cielo entero no sólo que ha creído, sino también que no ha olvidado. La expresión «en memoria» implica algo más que el mero recuerdo: sugiere un «activo traer a la mente».

Las palabras «así, pues» del versículo 26 introducen la razón de que se repita la Santa Cena. Se trata de un sermón representado, ya que proclama la muerte del Señor. El acto externo de fe, al tomarse el pan y la copa, supone una confesión continuada. Cada ocasión de participar constituye una oportunidad para decir, proclamar o confesar de nuevo: «Por este acto me apropio de todos los beneficios de la redención completa de Cristo para mi vida: perdón, integridad, fortaleza, salud, suficiencia».

La Santa Cena no es simplemente un recordatorio ritual, sino una poderosa proclamación mediante la cual traemos a la memoria de manera activa todo lo que Jesús proveyó y prometió por medio de su cruz, y nos apropiamos de ello para hoy.

Para que en el nombre de Jesús se doble toda rodilla[...] y toda lengua confiese que Jesucristo es el Señor, para gloria de Dios Padre. Filipenses 2.10, 11

Los eruditos bíblicos señalan que el verbo «confesar» significa «reconocer abierta y gozosamente, celebrar y alabar». Aquí se nos llama a todos a seguir la exaltación que Dios Padre ha hecho de su Hijo reconociéndole y admitiendo con gozo que Jesús es el Señor de nuestras vidas y de nuestra situación.

Todos los seres humanos, los ángeles y los espíritus demoníacos doblarán finalmente la rodilla ante Jesús rindiéndole pleno y definitivo homenaje. Esa confesión de cada lengua será oída algún día por todo oído al reconocerse el gobierno definitivo y completo de Cristo.

Pero hasta que ese día llegue, nuestra confesión de Jesucristo como Señor invita y recibe su presencia y su poder sobre todo el mal dondequiera que lo enfrentemos en la actualidad. Al reconocer nuestra impotencia y confesar nuestra total dependencia de Jesús mientras declaramos su señorío por la fe, su gobierno penetra los ambientes y las circunstancias de este día.

Cualquiera que dijere a este monte: Quítate y échate en el mar, y no dudare en su corazón, sino creyere[...] lo que diga le será hecho.
Marcos 11.23

Aquí Jesús hace un fuerte contraste entre el dudar y el creer, dos cosas que producen resultados opuestos. Cuando creemos que Dios existe y que nos ama y quiere satisfacer nuestras necesidades, entonces nuestro creer nos produce confianza en el corazón.

Por otro lado, la duda puede ser tan real como la fe. Al contrario de la fe, la duda nos dice que Dios no existe o que no es amante ni se preocupa por nuestras necesidades. Produce miedo, el cual nos trae aflicción en lugar de paz. La duda y el miedo nos separan del flujo de vida y de la bendición que Dios quiere enviarnos.

En contraste con esto la fe es apertura y receptividad para con Dios y todos sus beneficios. La expectación abre nuestra vida a Dios y nos coloca en una posición en la que recibimos salvación, gozo, salud, provisión económica o paz mental, todo aquello de lo que quiere privarnos la duda.

¡Crea y reciba todo lo bueno que anhela su corazón y más aún!

Mirándolo [lo prometido] de lejos, y creyéndolo y saludándolo, y confesando que eran extranjeros y peregrinos sobre la tierra. Hebreos 11.13

Hebreos 11 narra las gloriosas victorias de los héroes de la fe, sin embargo, aquí habla de aquellos que murieron «sin haber recibido lo prometido». Aun así murieron en la fe como habían vivido en ella.

La clave para comprender a este admirable grupo es que cuando recibían una promesa de Dios quedaban plenamente convencidos de que dicha promesa era verdad, así que la «saludaban» (le daban la bienvenida) en sus corazones. También confesaban (admitían y reconocían) que el enfoque de sus vidas estaba más allá de cualquier cosa que pudieran ver en este mundo; que eran extranjeros y peregrinos aquí.

Así, aunque cada una de esas personas obtuvieron muchas victorias por medio de la fe, el versículo dice que no recibieron todo lo prometido; pero ya sea que consiguiesen o no lo que habían pedido o esperado, en nada cambió su comportamiento ni su confianza resuelta en Dios.

Tampoco la adoración y el caminar de la fe depende para nosotros de oraciones contestadas o no respondidas. Nuestra confesión del señorío de Jesús en nuestras vidas debe ser constante: una celebración diaria con profunda gratitud.

Sean gratos los dichos de mi boca y la meditación de mi corazón delante de ti, oh Jehová, roca mía, y redentor mío. Salmo 19.14

Este versículo tan citado atestigua la importancia y lo deseable de que nuestras palabras y pensamientos sean coherentes con la Palabra y la voluntad de Dios. El texto dice literalmente: «Permite que lo que hablo y lo que murmura para sí mi corazón sea un deleite para ti, oh Dios». La verdad contenida en este versículo nos insta a hablar siempre la clase de palabras que confirman lo que creemos o pensamos en nuestros corazones acerca de nuestro Padre celestial, su amor y su poder.

Creer y al mismo tiempo contradecir nuestras creencias con palabras descuidadas de nuestras bocas no es aceptable a los ojos de Dios. Tales palabras no sólo llegan a estar desprovistas de fe y de provecho para nosotros, sino que pueden producir dudas en los demás, tanto creyentes como inconversos. Hechos 5.19, 20 nos da un mandamiento que vale tanto para nosotros como valía para los apóstoles: «Un ángel del Señor[...] dijo: Id, y puestos en pie en el templo, anunciad al pueblo las palabras de esta vida».

Hoy, mientras nos ocupamos de nuestras actividades diarias, pronunciemos las palabras de vida que deleitan al Señor.

Por la pesca que habían hecho, el temor se había apoderado de él, y de todos los que estaban con él. Lucas 5.9

Jesús enseñó cómo sembrar la semilla y la importancia que tiene hacerlo en buena tierra (véase Mc 4.1-20). Luego, a modo de ejemplo, dijo a aquel grupo de pescadores cansados y desanimados que con fe se hicieran a la mar dispuestos a realizar una pesca milagrosa.

Estos hombres acababan de dar a Jesús la posesión más grande que tienen los pescadores: su barca. En ella Cristo se había puesto en pie y predicado el evangelio. Así suplieron la mayor necesidad que Jesús tenía en aquel momento; e inmediatamente después el Señor les devolvió multiplicado, de la manera más práctica, el don que le habían hecho: satisfaciendo la mayor necesidad que tenían ellos.

Como pescadores comerciales, necesitaban peces a fin de poder ganarse la vida. Como hombres también precisaban ver a Dios obrando en sus vidas. Necesitaban conocer que Jesús era en realidad quien pretendía ser, e igualmente saber que la fe estaba actuando. ¡Jesús suplió todas esas necesidades!

Si usted le da todo al Señor, desde lo más sencillo hasta lo más importante, los beneficios que obtendrá serán increíbles. Y Él se le revelará con toda su gracia y su poder.

Cualquiera que[...] no dudare en su corazón, sino creyere que será hecho lo que dice, lo que diga le será hecho. Marcos 11.23

Muchos creyentes desean una «fe fácil», que obre como un amuleto de la buena suerte dónde y cuándo ellos quieran. Pero la Biblia enseña que la fe exigirá algo de nosotros, y debemos señalar varias condiciones a lo largo de la Escritura.

El presente versículo indica que no debemos dudar (Mc 11.22-24). Los que son de doble ánimo no recibirán nada (Stg 1.6-8). Además, Jesús sigue diciendo: «Y cuando estéis orando, perdonad, si tenéis algo contra alguno, para que también vuestro Padre que está en los cielos os perdone» (Mc 11.25). El gran impedimento para la fe que obra milagros es la falta de perdón. Esté o no justificada esa actitud por las circunstancias, el resentimiento, la amargura, los celos y la envidia constituyen los obstáculos para la liberación de la fe. La poderosa mano de Dios debe empezar en nuestras vidas quitando de nuestro propio corazón esa montaña de la falta de compasión. Para que veamos acción por medio de la fe hemos de mostrar perdón y amor.

Si oyeres atentamente la voz de Jehová tu Dios, e hicieres lo recto delante de sus ojos.
Éxodo 15.26

Dios nos pide que le oigamos. Debemos tener un oído atento para poder oírle. Dios siempre ha hablado a su pueblo y le hablará hoy a usted, pero tiene que cultivar el hábito de escuchar su voz. Él habla de muchas maneras: por medio de su Palabra, de sus siervos ungidos y de una revelación directa en el hombre interior (Ef 1.17, 18). Está buscando un pueblo que escuche su voz y que no trate de salir corriendo y esconderse de Él (Gn 3.8).

Dios también nos pide que hagamos «lo recto delante de sus ojos». Está buscando gente que no sólo *oiga* sus palabras, sino que las tome en serio y *actúe* en función de ellas. Él nos llama a ser personas que obedecen su palabra y no meros oidores (Stg 1.22-25).

Si le obedecemos se nos promete su bondad en abundancia, la cual espera a aquellos que «[siembran] para el Espíritu» (Gl 6.7-9), oyen la voz del Señor, y hacen lo que Él les dice que hagan.

Traed todos los diezmos al alfolí[...]
y probadme[...] dice Jehová de los ejércitos,
si no[...] abriré las ventanas de los cielos,
y derramaré[...] bendición. Reprenderé también
por vosotros al devorador. Malaquías 3.10, 11

En este pasaje de la Escritura, Dios realmente invita a su pueblo a probarle, a comprobar su fiabilidad, dando. Él nos ha dado una prueba cierta de su fidelidad, pero dicha prueba requiere un paso de fe por nuestra parte.

Dice que al desobedecerle en el diezmo, le robamos el privilegio de derramar grandes y sobreabundantes bendiciones. Con estas promesas hace un llamamiento renovado a dar. Primero, habrá «alimento» o recursos para la obra de Dios («en mi casa»).

Segundo, dice también que aquellos que ofrendan estarán en situación de recibir bendiciones grandes y sobreabundantes. ¡Nuestra obediencia libera su fidelidad! ¡Usted experimentará cómo las ventanas de los cielos verdaderamente se abren con bendiciones que no será usted capaz de recibir o contener!

Tercero, Dios dice que Él «reprenderá al devorador» por causa nuestra. Hará que toda bendición que lleva el nombre de usted le llegue y que el mismo Satanás no pueda impedirlo.

No tenga miedo de probar a Dios ofrendando; Él es Dios y cada vez saldrá airoso de la prueba.

EL CRECIMIENTO EN LA FE

Y ellos le han vencido por medio de la sangre del Cordero y de la palabra del testimonio de ellos. Apocalipsis 12.11

No hay una mayor declaración bíblica de la confesión de fe que la de aquellos que se enfrentan a los dolores catastróficos de los últimos días. Ellos soportan persecuciones en el poder victorioso de la sangre del Cordero y de la palabra de su transformadora fe en Cristo. La fe de estas personas es firme, fruto de una relación permanente con Jesucristo. Esta es la esencia de la confesión de fe basada en la Palabra de Dios y en la sangre del Cordero cuya victoria ha provisto la derrota eterna de Satanás.

Con la victoria de Cristo sobre el diablo, aquellos que han mantenido su confesión de fe comparten ahora el triunfo de Jesús. Con sus pecados borrados y la declaración de la obra redentora de Cristo en sus vidas, silencian los intentos del príncipe de las tinieblas de intimidar a los hijos de Dios. La acusadora voz de condenación y culpabilidad de Satanás queda ahogada en el triunfo del Calvario.

Declare su fe permanente y continúe en la victoria definitiva de Jesús, venciendo a Satanás por el poder de la cruz y la constancia de su confesión de fe en el triunfo de Cristo.

Grande es tu fidelidad. Lamentaciones 3.23

A menudo me he preguntado si nosotros los creyentes tendríamos más fe en el Señor y más confianza en su disposición de actuar a nuestro favor si reconociésemos verdaderamente la grandeza de su fidelidad. Un vistazo a la palabra hebrea *'emunah*, que se utiliza aquí, nos trae luz en cuanto a la base sobre la cual el Señor quiere que estemos firmes.

'Emunah significa literalmente firmeza, estabilidad, fidelidad, escrupulosidad, solidez, certeza; aquello que es permanente, resistente, inmutable. *'Emunah* procede de una palabra que significa «estar firme, seguro, establecido, fijo», y «Amén» se deriva también de dicha palabra y significa: «¡Es firme, verdaderamente lo es!» *'Emunah* se traduce con frecuencia por «fidelidad» o «verdad», ya que esta última se considera como algo definitivamente cierto, estable e inmutablemente fijado.

Sin importar lo que puede estar agitando hoy su vida, si se mantiene arraigado en la gran fidelidad de Dios estará seguro en Él.

Grande es tu fidelidad. Lamentaciones 3.23

El versículo anterior a este dice lo siguiente: «Por la misericordia de Jehová no hemos sido consumidos, porque nunca decayeron sus misericordias. Nuevas son cada mañana». Elevemos hoy nuestras voces en alabanza por la fiel, misericordiosa y sustentadora mano de Dios que nos fortalece y nos guía a lo largo de cada nuevo día, incluido hoy.

Oh Dios eterno, tu misericordia
Ni una sombra de duda tendrá;
Tu compasión y bondad nunca fallan
Y por los siglos el mismo serás.

La noche oscura, el sol y la luna,
Las estaciones del año también,
Unen su canto cual fieles criaturas,
Porque eres bueno, por siempre eres fiel.

Tú me perdonas, me impartes el gozo,
Tierno me guías por sendas de paz;
Eres mi fuerza, mi fe, mi reposo,
Y por los siglos mi Padre serás.

¡Oh, tu fidelidad! ¡Oh, tu fidelidad!
Cada momento la veo en mí.
Nada me falta, pues todo provees,
¡Grande, Señor, es tu fidelidad!

Si tuvierais fe como un grano de mostaza, podrías decir a este sicómoro: Desarráigate y plántate en el mar; y os obedecería. Lucas 17.6

El simbolismo de la semilla se utiliza a lo largo de toda la Biblia. En este versículo Jesús desafía a sus seguidores a tener fe como una «semilla». A Jesús se le llama la «simiente» [semilla] en Génesis 3.15; la Palabra de Dios también se designa como «semilla» [o «simiente»] (Lc 8.11; 1 P 1.23); el crecimiento del creyente se compara con una planta (Jn 15); y la evangelización del mundo con una siega (Mt 13.30). Esto no es sino el comienzo del simbolismo de la «fe simiente» en la Biblia.

Resulta del todo conveniente que captemos bien esta verdad, cuya esencia es que la escasez de lo que tenemos para traer a Dios no impone ningún límite a las posibilidades de la fe. Cuando le ofrecemos nuestra fuerza, nuestros recursos y nuestra capacidad, por muy pequeños que éstos sean, y los ponemos en sus manos —sembrados como una semilla—, el fruto y la cosecha futura están garantizados.

¿Hay algo en su vida que usted vacila en poner en las manos de Dios? ¡No tema! ¡Él es fiel y garantiza una siega abundante!

Sobre todo, tomad el escudo de la fe, con que podáis apagar todos los dardos de fuego del maligno. Efesios 6.16

Primera de Pedro 5.8 dice que nuestro «adversario el diablo, como león rugiente, anda alrededor buscando a quien devorar». Su ataque contra nosotros es implacable cuando trata de tentarnos (Mt 4.1), oponerse a nosotros (Zac 3.1), producir enfermedad (Job 2.7) e incitarnos a pecar (Hch 5.3). Es más, Juan 10.10 dice que todos los esfuerzos de Satanás tienen como objetivo tres cosas: robar, matar y destruir.

¡Mas no se nos ha dejado indefensos!

Este versículo nos desafía a tomar el escudo de la fe. La palabra griega significa literalmente «convicción, confianza, certeza, creencia». Pero, ¿en qué debemos poner nuestra confianza? En el Señor. El Salmo 3.3 dice: «Mas tú, oh Jehová, eres escudo alrededor de mí». Y más adelante ese mismo salmo habla de Dios, no sólo como defendiéndonos, sino persiguiendo a nuestros enemigos y salvándonos del lazo de éstos mediante la salvación (v. 4), el descanso (v. 5) y la liberación (v. 6).

Descanse hoy en esa promesa, nuestro escudo de fe es el Señor.

Pero quiero que sepáis que Cristo es la cabeza de todo varón, y el varón es la cabeza de la mujer, y Dios la cabeza de Cristo.
1 Corintios 11.3

La relación entre Dios como «cabeza» y Cristo como Hijo es un modelo para el marido y la mujer y nos proporciona principios que deben aplicarse a la relación marital.

Debemos compartir un mutuo amor (Jn 5.20; 14.31), vivir en unidad (Jn 10.30; 14.9, 11) y tenernos el uno al otro en la más alta estima (Jn 8.49, 54). En la descripción de la mujer virtuosa que hace Proverbios 31, el escritor señala que el marido se levanta y llama bienaventurada a su esposa y la alababa (Pr 31.28). Honrar, tener en estima y alabar a su cónyuge fomenta una confianza inconmovible del uno en el otro. Los maridos deben también cuidar de sus mujeres (Ef 5.28), mientras que estas han de ejercer la autoridad que se les ha confiado con humildad y sin entrar en competencia (Flp 2.3).

Si seguimos los principios ejemplificados en la relación entre Jesús y el Padre veremos nuestros matrimonios crecer en fe, inexpugnables a las estratagemas del enemigo y extendiendo el ministerio en el nombre de Jesús.

Te juramentaré por Jehová, Dios de los cielos y Dios de la tierra, que no tomarás para mi hijo mujer de las hijas de los cananeos.
Génesis 24.3

En los últimos días de Abraham su principal preocupación fue que su hijo contrajese matrimonio con una mujer de la misma fe. El siervo del patriarca obedeció a su señor y, guiado por Dios, encontró a Rebeca como esposa para Isaac.

El mandato de contraer matrimonio sólo dentro de su fe se le repitió a Israel a lo largo de todo el Antiguo Testamento (Dt 7.3; Neh 13.25). Las consecuencias de los matrimonios mixtos resultaron devastadoras. El informe bíblico acerca de Salomón, que se casó con muchas mujeres extranjeras, es que «sus mujeres inclinaron su corazón tras dioses ajenos, y su corazón no era perfecto con Jehová su Dios» (1 R 11.1, 4). El tema sigue en el Nuevo Testamento, donde se nos dice: «No os unáis en yugo desigual con los incrédulos» (2 Co 6.14).

Nosotros ya no vivimos en una cultura en la que los padres disponen el matrimonio de sus hijos, pero podemos orar. Las oraciones pidiendo una mujer o un marido piadoso deberían comenzar cuando nuestros hijos nacen, a fin de que al empezar la vida conyugal tengan un compañero en la fe que fortalezca su corazón en el Señor.

Y los dos serán una sola carne. Marcos 10.8

Un día los fariseos probaron a Jesús con el tema del divorcio. Como respuesta el Señor repitió el relato de la creación y de la unión entre el varón y la mujer: «Por esto dejará el hombre a su padre y a su madre, y se unirá a su mujer, y los dos serán una sola carne; así que no son ya más dos, sino uno» (Mc 10.7, 8).

La unión conyugal fue ordenada por Dios. Desde el comienzo se enseñó al hombre que debía dejar a su familia para unirse a su mujer. El verbo griego para «unir» significa «encolar o pegar entre sí, mantener pegados, adherir, unir firmemente». En el matrimonio, la unión del hombre y la mujer implica permanencia, y el hecho de que sea Dios quien los une refuerza ese concepto (Mr. 10.9).

Cuando los dos llegan a ser uno se establece una unidad tanto espiritual como carnal. La unión ante Dios debe permanecer a través del gozo y la adversidad, en compromiso mutuo, y con su Creador, del esposo y la esposa.

Si Jehová no edificare la casa, en vano trabajan los que la edifican. Salmo 127.1

Construir la casa de sus sueños es un proyecto emocionante. Desde su planificación y diseño hasta decorarla y mudarse a ella, pasando por observar cómo se va construyendo, todo ello forma parte de que se haga como usted quiere que sea. Todos dedicamos mucho tiempo a pensar en nuestras casas, pero la Escritura nos dice que tenemos una residencia más permanente.

Dios, el maestro constructor sabe cómo edificar nuestros hogares espirituales. Él es el arquitecto. Fue Él quien trazó los planos. Su diseño es perfecto y eterno. Cuando intentamos construir nuestros hogares o nuestras familias sin consultar con el arquitecto principal trabajamos en vano, pero si colaboramos con Él en el proceso de edificación, si consultamos sus planos —la Palabra de Dios— y buscamos su consejo en oración, el resultado es duradero.

Jesús dijo: «Cualquiera, pues, que me oye estas palabras, y las hace, lo compararé a un hombre prudente, que edificó su casa sobre la roca» (Mt 7.24). Cuando construimos nuestros hogares sobre la Palabra de Dios, nuestra casa resiste mientras otras caen, porque su cimiento está sólidamente puesto en el mismo Cristo.

Vosotros, maridos, igualmente, vivid con ellas sabiamente[...] como a coherederas de la gracia de la vida, para que vuestras oraciones no tengan estorbo. 1 Pedro 3.7

Este pasaje de la Escritura empieza con un mandamiento para las esposas de que vivan de una manera tan cristiana que sus maridos inconversos sean atraídos irresistiblemente a Cristo (3.1), y concluye animando a los esposos a comprender y honrar a sus mujeres.

Pedro sigue diciendo que si no vivimos honrando y comprendiendo nuestra relación con Dios puede verse entorpecida y nuestras oraciones quedar sin respuesta. Es cuando nuestras vidas reflejan las acciones y las actitudes de Cristo que el canal con Dios permanece abierto en toda su amplitud. Nuestra salud y nuestro crecimiento espiritual están entonces garantizados, y llegamos a ser coherederos de la gracia de la vida. La palabra «coheredero» denota una participación conjunta o la posesión con otro de un terreno u otro bien.

Nuestra herencia en Dios es «la gracia de la vida», una vida fructífera aquí y por la eternidad con el Señor. Ahora Él nos llama, juntamente con nuestro cónyuge, a ser copartícipes en nuestro propósito y recipientes conjuntos de su promesa.

Y vino Jehová y se paró, y llamó como las otras veces[...] Entonces Samuel dijo: Habla, porque tu siervo oye. 1 Samuel 3.10

Desde una edad muy temprana Samuel amaba al Señor y tenía oídos sensibles a su voz: «El joven [niño] Samuel ministraba en la presencia de Jehová» (1 S 2.18).

Como padres debemos enseñar a nuestros hijos a tener oídos espirituales sensibles que puedan discernir la voz del Señor. Jesús exclamó repetidas veces: «El que tiene oídos para oír, oiga» (Mt 11.15; 13.43; Mc 4.23; Lc 8.8). Elías aprendió a escuchar el «silbo apacible y delicado de Dios» (1 R 19.12). La vida del apóstol Pablo fue transformada en un momento cuando oyó la voz del Señor (Hch 9.4), y recibió simultáneamente la salvación y la dirección para su vida.

Podemos enseñar a nuestros hijos a oír la voz de Dios compartiendo con ellos ocasiones en las cuales nosotros la hemos oído y explicándoles cómo hemos respondido a ella. Dios nos habla de muchas formas distintas en el transcurso de cada día. Pidámosle que nos dé oídos sensibles para oír su voz y sabiduría para enseñar esas mismas lecciones a nuestros hijos.

Y amó Isaac a Esaú, porque comía de su caza; mas Rebeca amaba a Jacob. Génesis 25.28

Dios había bendecido a Isaac y Rebeca con mellizos. A medida que los chicos fueron creciendo se desarrollaron de manera distinta. Esaú se convirtió en un cazador, un verdadero aventurero, lo cual atraía a Isaac; mientras que Jacob trabajaba en los campos cerca de casa, de modo que pasaba mucho tiempo con Rebeca. La parcialidad de sus padres pronto quedó patente, incluso se hace referencia a Esaú como el hijo de Isaac (Gn 27.5) y a Jacob como el hijo de Rebeca (Gn 27.6). Esto habría de convertirse en una maldición para la familia, trayendo engaño y división.

La parcialidad no tiene sitio en nuestros hogares. No hará sino herir, dividir y destruir las relaciones. Como padres debiéramos seguir el ejemplo de Dios, quien «no hace acepción de personas» (Hch 10.34).

La parcialidad es «tomar partido, mostrar favoritismo, discriminar, tratar a una persona mejor que a otra». El amor y la gracia de Dios están disponibles para todos, sin parcialidad alguna, y nosotros deberíamos amar a nuestros hijos de la misma manera. Si crecen y aprenden a descansar seguros en nuestro amor, también sabrán descansar del mismo modo en el amor del Padre.

Pero Elí era muy viejo; y oía de todo lo que sus hijos hacían con todo Israel, y cómo dormían con las mujeres que velaban a la puerta del tabernáculo de reunión. 1 Samuel 2.22

¿Qué salió mal con aquellos hijos de un piadoso sacerdote? La Biblia nos dice que aunque Elí ministraba delante del Señor, sus hijos eran «impíos» y su pecado «muy grande» (1 S 2.12, 17).

No sabemos todo lo que llevó a los hijos de Elí a aquella terrible situación, pero sí se nos dice que no conocían al Señor (1 S 2.12) ni hacían caso en absoluto de la amonestación de su padre para que se arrepintiesen (1 S 2.25). Dos veces Elí fue advertido de que su familia sería destruida por causa de los pecados de sus hijos, pero la respuesta que el viejo sacerdote dio fue desalentadora: «Jehová es [expresó]; haga lo que bien le pareciere» (1 S 3.18). Elí se había rendido.

Tenemos una promesa concerniente a la salvación de nuestros hijos (Pr 22.6), pero también el encargo de parte de Dios de instruirlos en su conocimiento.

¡No se rinda! Aun cuando la situación parezca desalentadora, permita que el amor inagotable de Dios fluya a través de usted para con ellos, atrayéndolos a la familia de los redimidos.

Yo, pues, lo dedico también a Jehová; todos los días que viva, será de Jehová. 1 Samuel 1.28

Una de las lecciones más difíciles que los padres tienen que aprender es no aferrarse a sus hijos, ya que estos pertenecen al Señor. Ana es el ejemplo por excelencia de una madre que no se aferró a su hijo. Ella había prometido que se lo devolvería al Señor «todos los días de su vida» (1 S 1.11), y cumplió su promesa llevando a Samuel para que viviera y sirviese en el tabernáculo. La palabra «dedicar» que aquí se emplea significa entregar incondicionalmente en consagración al Señor.

En Lucas 2 vemos otro ejemplo de unos padres que dan su hijo al Señor cuando María y José presentan al recién nacido Jesús en el templo de Jerusalén. Al hacerlo, no sólo estaban declarando el derecho prioritario del Señor sobre la vida del niño, sino también comprometiéndose ellos mismos a educarlo en los caminos de Dios.

Nosotros, como padres, deberíamos seguir el mismo ejemplo al dedicar nuestros hijos a Dios. No es cosa nuestra en qué manera el Señor decida utilizarlos, pero Él nos permite ser colaboradores suyos en cuanto a dirigirlos hacia el propósito que tiene para ellos.

Herencia de Jehová son los hijos; cosa de estima [o recompensa] el fruto del vientre.
Salmo 127.3

Las palabras del Creador para con el hombre y la mujer recién creados fueron: «Fructificad y multiplicaos» (Gn 1.28). Los hijos son el resultado de ese mandamiento. Este versículo de los Salmos nos dice que los hijos son «herencia de Jehová». Los heredamos de Dios mismo, quien nos los confía del mismo modo que uno encomienda una fortuna a sus herederos.

También se hace referencia a los hijos como «recompensa». Una recompensa es algo que se nos da a cambio de cierta cosa realizada. Cuando los padres reciben a sus hijos en realidad no se los han ganado; es al amarlos y al cuidar de ellos, y al verlos madurar en el Señor, cuando se obtiene la recompensa.

El mundo promueve una actitud completamente distinta hacia los hijos. Los considera cargas en vez de bendiciones. La próxima vez que nos veamos tentados a sentir frustración por nuestros hijos, recordemos que la Escritura promete: «Corona de los ancianos son los hijos de los hijos» (Pr 17.6, Biblia de las Américas). La recompensa de Dios es perpetua y continúa generación tras generación.

Y estas palabras que yo te mando hoy, estarán sobre tu corazón; y las repetirás a tus hijos.
Deuteronomio 6.6, 7

Una de nuestras responsabilidades principales como padres es enseñar a nuestros hijos el camino del Señor. Las Escrituras nos dicen que ese debería ser un proceso constante y continuado: «Hablarás de ellas estando en tu casa, y andando por el camino, y al acostarte, y cuando te levantes» (v. 7).

Jesús dijo que la ley dependía de dos mandamientos: Ama al Señor tu Dios y ama a tu prójimo (Mt 22.27-40). Las palabras que Él citó vienen inmediatamente antes del mandamiento dado aquí de enseñar a nuestros hijos: «Amarás a Jehová tu Dios de todo tu corazón, y de toda tu alma, y con todas tus fuerzas» (Dt 6.5). Esto es lo que debemos enseñar a nuestros hijos por encima de todo.

¿Qué les estamos enseñando? ¿Estamos viviendo de tal manera que ellos se sientan atraídos al Señor? Ojalá que nuestras palabras y acciones traigan honra a Cristo y vida a nuestros hijos mientras los guiamos en los caminos de Dios.

Y vosotros, padres, no provoquéis a ira a vuestros hijos, sino criadlos en disciplina y amonestación del Señor. Efesios 6.4

¡Qué contraste! Provocar a nuestros hijos a ira o criarlos en disciplina y amonestación del Señor. El punto sobre el que gira el asunto es decisivo: estamos apartando a nuestros hijos de Dios o los estamos guiando a Él. ¡Esto impone una gran responsabilidad sobre nosotros los padres!

En un hogar donde reinan la ira, la crítica, el sarcasmo, la intimidación y el miedo, no hay amor manifestado y los hijos se «desconectarán» de Dios y se «conectarán» con la ira. Los mismos rasgos que manifestamos en nuestras vidas pronto se verán en ellos.

Sin embargo, en una familia donde hay paz, ánimo, paciencia, coherencia, gozo, diligencia y amor, los hijos aprenden del Señor de un modo natural porque ven las características divinas vividas ante sus ojos, y puede establecerse un fundamento espiritual firme para que los niños crezcan en el conocimiento y la comprensión del Señor.

Pablo escribía a Timoteo: «Desde la niñez has sabido las Sagradas Escrituras, las cuales te pueden hacer sabio para salvación por la fe que es en Cristo Jesús» (2 Ti 3.15). ¡Que pueda decirse lo mismo de nuestros hijos!

Y cualquiera que haga tropezar a alguno de estos pequeños que creen en mí, mejor le fuera que se le colgase al cuello una piedra de molino[...] y que se le hundiese en lo profundo del mar. Mateo 18.6

Jesús reprendió severamente a sus discípulos cuando intentaron impedir que los padres trajesen a Él a sus hijos. «Viéndolo Jesús, se indignó, y les dijo: Dejad a los niños venir a mí, y no se lo impidáis; porque de los tales es el Reino de Dios[...] Y tomándolos en los brazos, poniendo las manos sobre ellos, los bendecía» (Mc 10.14, 16). ¡El valor de los niños es grande para el Señor!

Según el salmista, los hijos son una herencia del Señor (Sal 127.3). La Escritura recuerda repetidas veces a los padres que deben amar, enseñar, disciplinar y proteger a sus hijos (Ef 6.4; Dt 6.6, 7; Pr 13.24; Heb 12.11). Esta advertencia a los que hagan pecar a un niño es severa, pero supone un recordatorio de nuestra responsabilidad ante el Señor en cuanto a nuestros hijos.

Como padres debemos guardar nuestras palabras y acciones de modo que jamás hagamos que nuestros hijos tropiecen o pequen. Más bien, por amor a ellos, todo lo que hagamos y digamos debe reflejar el amor, la Palabra y los caminos de Dios (Dt 6.6, 7).

Dijo la hija de Faraón: Lleva a este niño y críamelo, y yo te lo pagaré. Y la mujer tomó al niño y lo crió. Éxodo 2.9

Obviamente los padres de Moisés aprovecharon el poco tiempo con el que contaban para enseñar a su hijo acerca de su Dios.

Habían desafiado la orden de Faraón de arrojar a su hijo recién nacido al río. En vez de eso lo escondieron durante tres meses y lo colocaron luego en una cestita entre los juncos que crecían junto a la orilla del Nilo. El gran milagro sucedió cuando la hija de Faraón encontró al bebé y, sin saberlo, recurrió a la madre de este para que fuera su nodriza. Después de varios años se lo devolvió a la hija de Faraón como hijo suyo.

¡Los padres de Moisés debieron hacer un trabajo a fondo! El escritor de Hebreos nos dice que, aunque educado en la corte de Faraón, Moisés, al llegar a la madurez, escogió sufrir con el pueblo de Dios antes que disfrutar de los deleites del pecado y de los tesoros en Egipto (Heb 11.25, 26).

El tiempo que tenemos para estar con nuestros hijos es corto. ¿Cómo lo estamos aprovechando? ¿Será adecuada la enseñanza espiritual que les estamos dando? Oremos para que las lecciones que les enseñamos calen hondo en sus corazones y los hagan fuertes para resistir las seducciones del mundo.

Yo me alegraré en Jehová, y me gozaré en el Dios de mi salvación. Habacuc 3.18

La palabra «gozo» significa regocijo y alegría. El término hebreo incluye una insinuación a «bailar o saltar de gozo, dar vueltas con movimiento enérgico». ¿Qué trae esta clase de gozo a un individuo, un matrimonio o una familia? ¿Son nuestras posesiones, nuestros trabajos o incluso nuestros amigos o familia?

El profeta Habacuc miró a su alrededor y vio los resultados desoladores de la invasión babilónica, llegando a la conclusión de que podían despojarlo de todo y aún conservaría su gozo. Él había aprendido que el gozo no procede de cosas que pueden perderse con tanta facilidad, sino que el gozo eterno viene del Señor, del Dios de nuestra salvación.

¡Qué lección para nosotros que tan fácilmente nos dejamos absorber por los empleos, las posesiones y los problemas del tiempo presente! ¿Están aprendiendo nuestros hijos a vivir en el estrés del mundo o en el gozo del Señor? ¡Enséñeles! Levántelos y baile, salte y dé vueltas con ellos. ¡Proclame el gozo del Señor y su salvación!

El que detiene el castigo, a su hijo aborrece;
mas el que lo ama, desde temprano lo corrige.
Proverbios 13.24

La disciplina es la otra cara de la enseñanza. El hijo con espíritu dócil todavía precisará de explicaciones minuciosas, mucha paciencia y oportunidades para probar y experimentar, incluyendo el derecho de aprender cometiendo errores. Sin embargo, el hijo voluntarioso que se aferra a la desobediencia (Pr 29.15), la rebeldía (1 S 15.23) o la terca insensatez (Pr 22.15), hace inútil la enseñanza eficaz y rompe la armonía familiar. La solución de Dios para esto es una disciplina firme y amorosa.

La Biblia hace una distinción clara entre disciplina y malos tratos. Jamás debemos dañar a un niño (Pr 23.13), pero a veces el dolor puede formar parte de una corrección eficaz.

Dios se describe a sí mismo como alguien que disciplina con rigor. Siempre nos castiga por amor y para nuestro propio beneficio (Heb 12.5-11). De igual manera, Dios exige que los padres corrijan debidamente a sus hijos. El castigo expulsa la necedad del corazón del niño (Pr 29.15), da sabiduría (Pr 29.15), y produce justicia en la vida del hijo (Heb 12.11). Incluso el destino eterno de un niño puede depender de la disciplina piadosa proporcionada por sus padres (Pr 23.14).

Por demás es que os levantéis de madrugada, y vayáis tarde a reposar, y que comáis pan de dolores; pues que a su amado dará Dios el sueño. Salmo 127.2

Aunque escribió hace dos mil quinientos años, el salmista obviamente había experimentado la competencia despiadada de nuestros días. Este tema es apropiado para hoy. Esposos y esposas sostienen un ritmo frenético simplemente para mantener a la familia económicamente solvente. Se levantan temprano y salen disparados hacia la oficina. Trabajan muchas horas; y cuando al fin llegan otra vez a casa están demasiado agotados para dormir. Así que se sientan hasta tarde, por lo general frente a la televisión, esperando a que por fin llegue el sueño. El diálogo significativo brilla por su ausencia. El centro de atención está en el trabajo, no en el hogar, en el salario no en las relaciones. ¿Y para qué? Salomón conocía la respuesta: «Para nada». Comen su pan con angustia.

Pero «a su amado [da] Dios el sueño». Cuando andamos en el camino del Señor no tenemos por qué ser arrebatados en esa vida acelerada, ya que Él proveerá lo que necesitemos y puede hacer que tengamos ratos provechosos con nuestras familias. Entonces comemos nuestro pan con gozo, y no con angustia, y nos es posible descansar en vez de estar corriendo sin parar.

Porque tú formaste mis entrañas; tú me hiciste en el vientre de mi madre. Salmo 139.13

Todos nosotros necesitamos confianza en lo referente a quiénes somos. A menudo surgen las dudas. ¿Quién soy yo? ¿Por qué estoy aquí? Y tal vez esto pueda decirse aún más de nuestros hijos.

Leer las anteriores palabras del salmista puede proporcionarnos confianza, seguridad y autoestima. Fue Dios quien nos hizo. Su obra comenzó en el vientre, donde Él, hábilmente, entretejió nuestros blancos huesos, azuladas venas y rojas arterias en un hermoso bordado. Ese mismo pensamiento se repite en el versículo 15, donde «entretejido» significa «recamado en diversos colores». Su obra acabada es imponente, maravillosa, extraordinaria.

El apóstol Pablo escribiría más tarde: «Porque somos hechura suya, creados en Cristo Jesús para buenas obras» (Ef 2.10). La palabra «hechura» viene del griego poiema, que significa «lo que se fabrica, un producto, un diseño producido por un artesano», y destaca el hecho de que Dios es un maestro arquitecto, el Creador del universo y Creador del hombre. Nosotros somos su hechura: fuimos formados por el maestro diseñador en persona y sus obras son maravillosas.

Escogeos hoy a quién sirváis[...] pero yo y mi casa serviremos a Jehová. Josué 24.15

Cerca del fin de su vida el gran guerrero Josué se dirigió a los hijos de Israel. Ahora que estaban en la tierra prometida tendrían que decidir a quién iban a dar su lealtad espiritual, si al Dios de sus padres o a los dioses de la tierra recién conquistada. Josué proclamó con valentía que él había hecho ya su elección: él y su familia servirían al Señor.

Cada matrimonio debe tomar esta decisión por su familia, ya que la misma no sólo determina el futuro de los cónyuges sino también el de sus hijos. Escoger servir al Señor traerá paz y bendición a la familia tanto ahora como en el futuro. «Y todos tus hijos serán enseñados por Jehová; y se multiplicará la paz de tus hijos» (Is 54.13). «Camina en su integridad el justo; sus hijos son dichosos después de él» (Pr 20.7). La influencia alcanza incluso más allá de nuestros hijos, hasta «los hijos de los hijos» (Sal 103.17; Is 59.21).

En este día escojan ustedes mismos a quién quieren servir, y que la elección sea servir al Señor.

En el temor de Jehová está la fuerte confianza;
y esperanza tendrán sus hijos.
Proverbios 14.26

La palabra «refugio» aparece veinte veces en el Antiguo Testamento, y significa «amparo o protección, fortaleza, lugar de confianza, abrigo contra la tormenta».

Los escritores bíblicos usaban a menudo la imagen de Dios como su refugio. «El eterno Dios es tu refugio» (Dt 33.27), prometió Moisés. «Dios es nuestro amparo y fortaleza, nuestro pronto auxilio en las tribulaciones» (Sal 46.1), escribía el salmista. Y el profeta Isaías describió a Dios como un «refugio contra el turbión» (Is 25.4).

Las familias piadosas de hoy no son inmunes a las tormentas de la vida, las cuales parecen llegar con frecuencia y muchas veces sin previo aviso. La tormenta actual puede ser una enfermedad, el quebranto causado por un hijo descarriado, un revés económico, la muerte de un amigo o una relación truncada. Pero los hijos de Dios aún tienen un lugar de refugio, un abrigo contra la tormenta.

Como los fieles de otros tiempos, nosotros debemos transmitir a nuestros hijos la confianza que tenemos en el Señor, a fin de que ellos también sean capaces de capear los temporales de la vida una vez que hayan abandonado el refugio de nuestro hogar.

Y cuando aún estaba lejos, lo vio su padre, y fue movido a misericordia, y corrió, y se echó sobre su cuello, y le besó. Lucas 15.20

La parábola del hijo perdido es uno de los relatos más conmovedores de toda la Biblia. Una historia de insensatez, arrepentimiento, compasión y perdón. Después de haber descendido a las profundidades del pecado, el hijo desertor vuelve en sí y se acuerda de su padre. Sólo hay una cosa que hacer: regresar a casa y suplicar el perdón.

Mientras tanto el amor del padre no ha menguado. El hombre otea el horizonte a diario en busca de su hijo descarriado. Hasta que un día sucede: su hijo aparece a lo lejos. El padre entonces corre hacia él y este empieza a confesar sus pecados; pero su progenitor lo interrumpe y llama a una celebración (Lc 15.24).

La enseñanza es clara: se trata de nuestro propio regreso a nuestro compasivo Padre celestial. «Mas Dios muestra su amor para con nosotros, en que siendo aún pecadores, Cristo murió por nosotros» (Ro 5.8). Esta también es una promesa para los padres y sus hijos inconversos. A pesar del pecado de estos últimos, quiera Dios que siempre tengamos corazones amantes, compasivos y perdonadores que les permitan volver.

Sed imitadores de mí, así como yo de Cristo.
1 Corintios 11.1

La vida de Pablo coincidía hasta tal punto con sus palabras que pudo hacer esta osada declaración, Y aquellos que imitaron su vida llegaron a ser más como Cristo.

Como padres deberíamos seguir a Jesús tan de cerca que pudiéramos decir a nuestros hijos: «Imitadme como yo imito a Cristo». Somos los primeros modelos y los más cercanamente observados de nuestros hijos. Esto no significa que tengamos que ser perfectos; pero sí que nuestras vidas deberían estar abiertas a fin de que ellos pudieran ver todo lo que Jesús hace en nosotros al confiar en su fuerza para nuestra obediencia, y en su redención respecto a nuestros fallos.

En su carta a los Filipenses, Pablo escribía: «Lo que aprendisteis y recibisteis y oísteis y visteis en mí, esto haced; y el Dios de paz estará con vosotros» (Flp 4.9). ¿Qué han aprendido y recibido nuestros hijos de nosotros? ¿Qué nos han oído decir? ¿Qué cosas nos han visto hacer? Si estamos imitando a Cristo, ellos le habrán conocido, recibido, oído y visto a Él. Y la promesa es que la paz de Dios estará en sus corazones.

Hijos, obedeced en el Señor a vuestros padres, porque esto es justo. Efesios 6.1

La obediencia es un rasgo que nosotros los padres deberíamos inculcar a nuestros hijos desde una edad muy temprana. Las lecciones comienzan por lo general para su protección y seguridad: «No toques la estufa»; «No cruces la calle». A medida que los niños van creciendo, la obediencia a nuestra palabra debería llegar a ser algo natural en ellos, y nuestros hijos tendrían que empezar a obedecernos por amor y por confianza en nosotros.

La palabra «obedecer» viene del griego hupakauo, que significa «oír como un subordinado, escuchar atentamente, obedecer como un súbdito, contestar y responder, y someterse sin reservas». El término incluye las ideas de oír, responder y obedecer.

Pablo termina este versículo diciendo: «Porque esto es justo». La palabra griega traducida por «justo» es *dikaious,* que implica «conforme a las leyes de Dios y de los hombres». Enseñando a nuestros hijos a que obedezcan nuestras órdenes, estaremos instruyéndoles para obedecer a Dios y a su Palabra. Y es esa obediencia la que importa para la eternidad.

Honra a tu padre y a tu madre[...] para que te vaya bien, y seas de larga vida sobre la tierra.
Efesios 6.2, 3

En este versículo Pablo encarga a los hijos que den honra a sus padres. Honrar significa «apreciar en gran manera o mostrar respeto».

No podemos enseñar a nuestros hijos a honrarnos y respetarnos, eso tenemos que ganárnoslo. Cuando nuestros hijos, que son nuestros más atentos observadores, contemplan nuestras vidas y escuchan nuestras palabras, su respeto por nosotros crece o disminuye, según el caso. La actitud que ellos tengan hacia nosotros estará moldeada por lo que nos vean hacer o nos oigan decir. Aprenderán a respetar a otros viendo cómo lo hacemos nosotros. Nos verán relacionarnos con nuestros propios padres y actuarán en consonancia. Si damos honra a nuestros progenitores, ellos aprenderán que el mandamiento de honrarlos es para toda la vida; eso no acaba cuando nos vamos de casa y comenzamos nuestras propias familias.

Al ganar el respeto de nuestros hijos y dar honra a nuestros propios padres todos llegaremos a ser los recipientes de la promesa divina y nos irá bien y «seremos de larga vida sobre la tierra».

Fíate de Jehová de todo tu corazón, y no te apoyes en tu propia prudencia. Reconócelo en todos tus caminos, y él enderezará tus veredas.
Proverbios 3.5, 6

Este versículo da un triple curso de acción para guiar a nuestros hijos hacia el plan de Dios para sus vidas.

Primero, deben confiar en el Señor con todo su corazón. Esa certidumbre vendrá determinada por cómo les hayamos enseñado y hayamos vivido nuestra confianza en Él. Nuestra certidumbre debe ser igualmente franca si queremos trasmitir esa característica a la siguiente generación.

Segundo, no pueden depender de su prudencia o comprensión en cuanto a imaginar la voluntad de Dios para sus vidas. El camino del Señor no siempre puede ser explicado racionalmente, ya que sus caminos son más altos que nuestros caminos (Is 55.8, 9). Ayudar a nuestros hijos a aprender a oír la voz de Dios por ellos mismos abre la puerta a la confianza en Él incluso cuando las cosas no tengan sentido.

En tercer lugar, debemos enseñar a nuestros hijos a reconocer a Dios en todo lo que hacen. «Reconocer» supone que uno debería estar plenamente consciente del Señor y en comunión con Él.

El resultado será una dirección segura. La palabra «enderezará» sugiere que Dios hará derecha la senda de sus siervos. Eso es lo que queremos para nosotros mismos y para nuestros hijos.

Instruye al niño en su camino, y aun cuando fuere viejo no se apartará de él. Proverbios 22.6

Muchas veces pensamos que basta con que nuestros hijos observen nuestro caminar con Cristo para que esa forma de vivir se les pegue. Necesitamos ser conscientes de cómo vivimos ante nuestra progenie, pero Dios exige más de nosotros en lo tocante a preparar a nuestros hijos para la vida. Él nos manda que los instruyamos.

La «instrucción» requiere que los padres impartan sabiduría, amor, educación y disciplina a sus hijos de modo que estos lleguen a estar plenamente equipados para el Señor y comprometidos con Él. «En su camino» significa que la instrucción debería darse de acuerdo con la personalidad, los dones y las aspiraciones particulares de cada niño. También quiere decir que se tendría que enseñar a los hijos a evitar cualquiera de sus tendencias naturales que pudiera impedirles hacer un compromiso total con Cristo.

Para que la instrucción sea eficaz los hijos deben poner en práctica lo que se les enseña. Hay que darles la oportunidad de demostrar sus habilidades espirituales, a fin de que cuando se presenten los verdaderos desafíos puedan pasar la prueba, tanto en este tiempo como durante toda su vida.

Raíz de todos los males es el amor al dinero, el cual codiciando algunos se extraviaron de la fe. 1 Timoteo 6.10

La Biblia enseña claramente que el mal uso del dinero puede conducir a la degeneración física, moral y espiritual. Según este versículo, el amor al dinero es la fuente de toda clase de males, puede hacer que los individuos se extravíen de su fe y es capaz de producir muchos dolores. El versículo anterior había afirmado que quienes desean ser ricos caen en tentaciones, lazos y codicias necias y dañinas que llevan a la destrucción.

Se trata de advertencias solemnes, y debemos tomar buena nota de ellas. También hemos de instruir a nuestros hijos para que aprendan a mantener el dinero en la perspectiva correcta, diezmando y ofrendando como base de su seguridad económica (Mal 3.7-10). La Escritura habla además en detalle sobre temas prácticos tales como el ahorro (Pr 21.10), el controlar las deudas (Pr 22.7) y el dar a los pobres y los necesitados (Pr 22.9).

Enseñar a nuestros hijos para que lleguen a ser fieles mayordomos en lo económico se convierte en el fundamento para que aprendan cómo entregar sus vidas en amor al Señor y en ministerio a este mundo.

¿No le has cercado alrededor a él y a su casa y a todo lo que tiene? Job 1.10

El que pregunta es Satanás y el interrogado es Dios. El tema de la conversación era Job, a quien se describe como un «hombre perfecto y recto, temeroso de Dios y apartado del mal» (Job 1.1). El diablo argüía que si la barrera protectora de Dios para con Job se quitaba, este no seguiría sirviendo al Señor sino que le maldeciría. Satanás estaba equivocado. Después de verse despojado de familia y posesiones Job declaró: «Aunque Él me matare, en Él esperaré» (Job 13.15).

Durante los pocos y breves años en los que tenemos la custodia de nuestros hijos debemos enseñarles a confiar en el Señor. Vendrá un tiempo cuando ya no podremos estar a su lado constantemente, y entonces deberemos orar para que Dios los guarde de las seducciones del adversario (Ef 6.11).

A medida que nuestros hijos crezcan en el Señor, primero bajo nuestra protección y luego bajo la de Dios, irán llegando a conocer la presencia de Él y, como Job, confiarán en Él sin reservas.

No las encubriremos a sus hijos, contando a la generación venidera las alabanzas de Jehová, y su potencia, y las maravillas que hizo.
Salmo 78.4

El Antiguo Testamento nos exhorta con frecuencia a relatar a nuestros hijos la fidelidad y las obras poderosas de Dios. El Señor le dijo a Moisés: «Para que cuentes a tus hijos y a tus nietos las cosas que yo hice en Egipto» (Éx 10.2). Moisés indicó a los hijos de Israel: «Las cosas que tus ojos han visto[...] las enseñarás a tus hijos y a los hijos de tus hijos» (Dt 4.9). Nuestros hijos necesitan oír esas cosas «a fin de que pongan en Dios su confianza, y no se olviden de las obras de Dios; que guarden sus mandamientos» (Sal 78.7).

Dios sigue haciendo cosas maravillosas, y nosotros debemos expresarlas a nuestros hijos. Si les referimos que el poder de Dios nos salvó, sanó, proveyó y protegió —a nosotros y a nuestras familias—, ellos también pondrán su confianza en el Señor. Su fe se verá fortalecida y estarán firmes en Cristo, sabiendo que Él les contestará de igual manera cuando tengan necesidades.

En mi corazón he guardado tus dichos, para no pecar contra ti. Salmo 119.11

El Salmo 119 exalta la Palabra del Señor más que ningún otro pasaje de la Escritura. Se hace referencia a la Palabra en cada versículo y con muchos nombres distintos: la Ley, los mandamientos, los testimonios, los estatutos, los preceptos, los juicios, la ordenanza, la Palabra y el camino.

Los beneficios de la Palabra son numerosos: «Los que guardan sus testimonios[...] no hacen iniquidad» (vv. 2, 3). Sus estatutos previenen la vergüenza (v. 6) y el pecado (v. 11), y pueden ser nuestros cánticos (v. 54). Sus testimonios traen deleite (v. 24). Su Palabra vivifica (v. 25), sustenta (v. 28) y limpia (v. 9); trae salvación (v. 41) y misericordia (v. 58); da vida (v. 50) y esperanza (v. 74); y nos guarda de descarriarnos (v. 67). Sus mandamientos proporcionan entendimiento (v. 73). ¡Y eso es sólo el comienzo!

No hay mayor don que podamos dar a nuestros hijos que la sed, el aprecio y el amor por la Palabra de Dios. Si ellos guardan esa Palabra en sus corazones esta les proporcionará una base firme para la vida: «Consideré mis caminos, y volví mis pies a tus testimonios. Me apresuré[...] en guardar tus mandamientos» (vv. 59, 60).

Entrad por sus puertas con acción de gracias, por sus atrios con alabanza. Salmo 100.4

El hombre fue creado para vivir y respirar en una atmósfera de adoración llena de alabanza a su Creador. La vía de afluencia sostenida del poder divino hacia el hombre debía mantenerse abierta por la efusión constante de alabanza gozosa y humilde de este hacia su Hacedor.

Al cortarse el lazo de bendición mediante la obediencia, por causa del pecado, silenció la comunión llena de alabanza del hombre con Dios e introdujo el egocentrismo, la autocompasión y la queja (véase Gn 3.9-12). Pero al recibir la salvación y la vida por medio de Cristo, el vivir diario nos llama a la oración y a la Palabra para gozar de comunión y sabiduría.

Nuestro acercamiento diario a Dios en esa comunión debe ser preparado con alabanza: «Entrad por sus puertas con acción de gracias, por sus atrios con alabanza». Ese caminar receptivo lleno de alabanza hacia Él producirá en nosotros una profunda devoción, una obediencia fiel y un gozo constante.

Podemos comenzar cada día sabiendo que un camino de alabanza no es algo fanático e insincero, ni tampoco se reduce a mero ritualismo, sino que aquellos que creemos en Jesús tenemos a nuestra disposición una senda de poder que libera vida.

LA SENDA DE LA ALABANZA

Entonces cantó Israel este cántico: Sube, oh pozo; a él cantad. Números 21.17

La alabanza es una cura para los «tiempos de sequedad» que experimenta todo creyente. Aquí, en la peregrinación de Israel por el desierto, la alabanza a Dios hizo que las aguas brotaran de un pozo. El Señor dio al pueblo tanto mandamiento como promesa: «Reuníos y os proporcionaré agua». Cuando se congregaron en la unidad y el poder que asiste a los encuentros colectivos, vieron a Dios cumplir su promesa de traer vida: agua sustentadora del pozo. La responsabilidad del pueblo era simplemente cantar y ver cómo Dios hacia el milagro.

En épocas de presión, ansiedad o desaliento no debemos permanecer solos. Reunámonos con el pueblo de Dios; particularmente con el pueblo que le alaba. A pesar de nuestros sentimientos personales, unámonos en una alabanza audible y cantemos a nuestro pozo: el Dios vivo que suple toda nuestra necesidad. ¡Que nuestro cántico sea de acción de gracias por las bendiciones pasadas y de fe por las promesas divinas para el presente y el futuro!

Cantemos como Israel en nuestros «lugares secos», y veamos cómo Dios nos desborda con sus generosas bendiciones.

Y cuando comenzaron a entonar cantos de alabanza, Jehová puso contra los hijos de Amón, de Moab y del monte de Seir, las emboscadas de ellos mismos que venían contra Judá, y se mataron los unos a los otros. 2 Crónicas 20.22

Aquí tenemos una gran lección acerca del poder de la alabanza. Judá se enfrentaba a enemigos mortales: Moab y Amón. El pueblo buscó a Dios en oración y con fe en su Palabra (2 Cr 20.1-14), y entonces llegó la palabra del profeta: «No temáis[...] porque no es vuestra la guerra, sino de Dios» (v. 15).

La victoria se obtuvo de una forma extraña pero poderosa. Los levitas se pusieron en pie y alabaron «a Jehová el Dios de Israel con fuerte y alta voz» (v. 19). Luego se designó a algunos de ellos para que precedieran al ejército mientras este se dirigía a la batalla. Mientras iban, los levitas debían cantar al Señor y alabarle en la hermosura de la santidad.

El resultado de aquella alabanza poderosa fue una victoria completa. Cuando comenzaron a cantar y a alabar a Dios con la esperanza de que Él lucharía por ellos, los enemigos cayeron derrotados. Este incidente no es un caso único, sino que tiene sus paralelos en otras victorias del Antiguo Testamento (véanse Jos 6.10, 20; Jue 7.18-22; 2 R 7.3-16; 19.35). En el lugar y en el momento en que su pueblo le alaba, el Señor reina entre ellos y hace cosas milagrosas a su favor.

Pero a medianoche, orando Pablo y Silas, cantaban himnos a Dios; y[...] entonces sobrevino de repente un gran terremoto[...] y las cadenas de todos se soltaron. Hechos 16.25, 26

Este versículo es un ejemplo del poder de la alabanza, incluso en situaciones difíciles. A los azotes y el encarcelamiento, Pablo y Silas respondieron cantando un himno de alabanza, directamente de su corazón a Dios. La relación entre su cántico de loor y la liberación sobrenatural que experimentaron por medio del terremoto no puede pasarse por alto. La alabanza dirigida a Dios es capaz de abrir de una sacudida las puertas de la cárcel. A consecuencia de ello un hombre se convirtió, su casa fue salvada y la esclavitud satánica quedó trastornada en Filipos.

Y este no es el único ejemplo de una alabanza triunfante en la Escritura. Considere a Gedeón guiando a su compañía de soldados a la batalla mientras grita: «¡Por la espada de Jehová!» (Jue 7.1-22). Josafat puso a los adoradores delante de su ejército cuando marchaban a la guerra (2 Cr 20.1-24); y David, el «dulce cantor de Israel», entremezcló repetidamente los temas de alabanza y de victoria en sus salmos (Sal 9.1-3; 28.7-9; 71.8-11; 142.6, 7).

También hoy en día la alabanza hará que toda cadena de esclavitud se desvanezca. Cuando esté sirviendo a Dios y las cosas no vayan como ha planeado, aprenda de estos ejemplos. ¡La alabanza triunfa gloriosamente!

Partiendo el pan en las casas, comían juntos con alegría y sencillez de corazón, alabando a Dios, y teniendo favor con todo el pueblo.
Hechos 2. 46, 47

La iglesia de Jesucristo puede definirse como una comunidad adoradora. Uno de los actos más fundamentales y básicos del pueblo de Dios es la adoración. Ya que Dios hace lo que hace —salvar, sanar, restaurar, renovar, refrescar—, nosotros hacemos lo que hacemos: dar culto, dar gracias, adorar, alabar. Respondemos con adoración, obediencia y servicio al Dios que nos ha llamado a sí mismo.

Obtenemos nuestra definición de nuestra relación con Dios: Somos el pueblo del Señor, y porque lo somos, le adoramos. Al adorar al único Dios verdadero llegamos a ser personas de verdad; cumplimos nuestro destino final. Muchos aspectos de esta vida se quedarán atrás cuando entremos en el mundo venidero, pero hay algo que permanecerá: por toda la eternidad seguiremos adorando al Señor que nos redimió en amor y a su Cristo que nos salvó por gracia.

Entreguémonos hoy también a ser gente de alabanza, y unámonos así a la comunidad de adoradores en este mundo y en el venidero.

Y perseverando unánimes[...] alabando a Dios, y teniendo favor con todo el pueblo.
Hechos 2.46, 47

Como pueblo de Dios adoramos, y cuando lo hacemos, lo hacemos juntos. Por lo tanto la Iglesia constituye una comunidad de adoración. Nuestro significado primordial procede de nuestra relación con Dios como gente que le adora. Pero parte de dicho significado viene de nuestra relación con los demás mientras la comunidad adora junta.

Nuestra vida juntos se basa en el culto común. Descubrimos que lo que se aplica a toda la iglesia vale también para cada una de sus partes. Cada segmento del Cuerpo de Cristo cobra realidad como comunidad cuando sus miembros adoran. Los cónyuges encuentran una nueva dimensión de unidad al adorar juntos. Los padres que oran con sus hijos fortalecen los lazos ya existentes. Los grupos pequeños, los comités, las juntas y los grupos de trabajo, van más allá de la afinidad natural y de la labor común para entrar en la unidad sobrenatural cuando adoran. El coro que se prepara para dirigir a la congregación en alabanza descubre un nuevo grado de armonía si parte de su preparación consiste en adorar juntos.

Así nos regocijamos alegremente unos con otros y experimentamos ese lazo que une nuestros corazones en el amor cristiano.

LA SENDA DE LA ALABANZA

Cada día te bendeciré, y alabaré tu nombre eternamente y para siempre. Salmo 145.2

David declara que él bendecirá a Dios cada día de su vida.

¿Y cómo bendecimos a Dios? ¿Acaso no es Él el «Bendecidor» y nosotros siempre los «bendecidos»? Ambas ideas de dar y recibir una bendición coinciden en la palabra que usa aquí David para «bendecir»: barach en hebreo, que procede de *berech*, «rodilla». En tiempos veterotestamentarios uno se ponía de rodillas cuando iba a proferir o a recibir palabras de bendición.

En cuanto a Dios, Él es quien bendice, aquel que proporciona la capacidad de vivir una vida plena y fecunda. El primer acto del Creador hacia el hombre y la mujer recién creados fue bendecirlos (Gn 1.28). La bendición aarónica (Nm 6.22-27) reafirma la promesa continua de Dios de bendecir a su pueblo.

Nosotros, por nuestra parte, somos quienes nos arrodillamos delante de Dios nuestro Creador y recibimos su poder, que nos capacita para vivir este día en paz equipados para cualquier eventualidad por su provisión. Seguidamente, también de rodillas, respondemos a su bendición elevando nuestras palabras de alabanza y dándole gracias.

LA SENDA DE LA ALABANZA

Mas vosotros sois linaje escogido, real sacerdocio, nación santa, pueblo adquirido por Dios, para que anunciéis las virtudes de aquel que os llamó. 1 Pedro 2.9

Este versículo no sólo decreta alabanza sino que también representa una revelación básica de la Biblia: Dios quiere un pueblo que ande con Él en oración, marche en su compañía alabándole, le dé las gracias y le adore. Observe en la descripción de Pedro cómo la gente del pueblo del Nuevo Pacto debe progresar.

Primero, se nos llama «linaje escogido»: un pueblo que comienza con la elección de los «Doce» por parte de Jesús, los cuales se convierten en ciento veinte, a los que se les añaden miles en Pentecostés. Somos parte de ese linaje en continua expansión, «escogidos» cuando recibimos a Cristo. Seguidamente somos un «real sacerdocio». Bajo el Antiguo Pacto el sacerdocio y la realeza estaban separados. En Cristo somos «reyes y sacerdotes» (Ap 1.6), preparados para caminar con Él en la luz o para pelear a su lado contra las huestes de las tinieblas. Luego se nos denomina «nación santa», nacida de la sangre de Jesús y perteneciente a todas las naciones bajo el cielo.

Por último Él nos llama su pueblo escogido. Su intención ha sido siempre convocar a un pueblo que proclame sus alabanzas y propague su bendición por toda la tierra. Hagámoslo hoy.

Excelso sobre todas las naciones es Jehová, sobre los cielos su gloria. Salmo 113.4

El término «eminencia» se refiere a la elevada posición de Dios. «¿Qué Dios como tú?», pregunta el profeta Miqueas (Mi 7.18). No recibe ninguna respuesta. No hay nadie como Dios.

Dios está muy por encima de toda la gente de la tierra. Piense en el poder que puede descansar sobre una persona: un general, un rey o un presidente. Dios sobrepasa en mucho a cualquiera de ellos en poder. «¿Quién como Jehová nuestro Dios, que se sienta en las alturas, que se humilla a mirar en el cielo y en la tierra?» (Sal 113.5, 6). Nuestro exaltado Señor mira hacia abajo desde su trono, no sólo a la tierra sino también al cielo.

Aquí hay por lo tanto una razón para alabar al Señor. Él no está confinado a nuestros límites ni atado por nuestro tiempo. Sus recursos son ilimitados, su poder y su autoridad no tienen igual. La autoridad de un rey acaba en la frontera de su nación, y el poder de un general alcanza sólo al número de sus tanques y sus aviones. Así que, ¡gloria a Dios! porque la perspectiva del Señor es correcta y su poderío grande.

Él levanta del polvo al pobre, y al menesteroso alza del muladar. Salmo 113.7

La «inmanencia» de Dios tiene que ver con su venida a morar entre los hombres. Este es el corazón de la Biblia. Dios ha descendido, el Verbo se ha hecho carne. El Dios creador celestial es el Dios redentor que ha venido al mundo. El Señor que está sentado en las alturas (v. 5) es el mismo que extiende su mano hasta el polvo. El Señor cuya gloria está sobre los cielos (v. 4) es también Aquel que levanta al menesteroso del muladar.

La palabra «menesteroso» tiene aquí un significado técnico. No se refiere simplemente a alguien sin dinero; sino a aquel que, faltándole los recursos de este mundo, llega a poner su confianza en Dios y lo convierte en su ayuda. Si somos pobres y menesterosos, alabemos a Dios, ya que Él está buscando gente así para levantarla y restaurarla. Dios no se encuentra tan por encima de nosotros que no nos pueda extender su mano allí donde estamos. Él está sentado en las alturas, pero mira hacia abajo y nos ve. Por lo tanto le adoramos.

Bendice, alma mía, a Jehová, y no olvides ninguno de sus beneficios. Salmo 103.2

Bendecir a Dios es recordar su bondad y reconocer que Él es el dador de toda cosa buena. Él perdona, sana, rescata, corona, sacia y rejuvenece (vv.3-5). El Salmo 103 concluye con la misma exhortación con la que comienza: «Bendice, alma mía, a Jehová».

Desde el «bendice a Jehová» del versículo 1 hasta ese otro en el versículo 22 el salmista ensancha su visión considerablemente. En el versículo 1 la alabanza brota de un contexto de bienestar personal resultante de la liberación de Dios. En el 22 la adoración se eleva desde el conocimiento del gobierno universal del Señor, ya que «su reino domina sobre todo» (v. 19). Así que lo que comenzó con un individuo se ha combinado con el poderoso coro de alabanza a Dios de toda la creación.

Bendecid a Jehová, vosotros todos sus ejércitos,
Ministros suyos, que hacéis su voluntad.
Bendecid a Jehová, vosotras todas sus obras,
En todos los lugares de su señorío.
Bendice, alma mía, a Jehová.

El hecho asombroso es que la voz del salmista no se pierde para Dios en tan atronadora alabanza. ¡Unámonos también nosotros al coro!

LA SENDA DE LA ALABANZA

Sed llenos del Espíritu, hablando entre vosotros con salmos, con himnos y cánticos espirituales, cantando y alabando al Señor en vuestros corazones. Efesios 5.18, 19

Cuando la iglesia llena del Espíritu adora, da gracias constantemente. Todo lo que les sucede a los creyentes es motivo de acción de gracias. Esa acción de gracias al Señor se enfoca en Cristo: Él es el don supremo de Dios para la Iglesia. En su nombre, y debido a lo que el Padre ha dicho al mundo por medio de Él, el pueblo de Dios encuentra una razón para regocijarse en todo lo que pasa (v. 20). La Iglesia llena del Espíritu adora a Dios en el nombre de Jesucristo.

La Iglesia llena del Espíritu da culto a Dios congregada. El Espíritu ha producido una unidad y una comunión entre sus miembros, y estos se hablan los unos a los otros y luego se dirigen juntos a Dios. Cantan y oran en común. No hay nota discordante entre ellos. ¿Por qué? El versículo 21 da la razón de su armonioso culto: tienen un aprecio los unos por los otros y una sumisión unos a otros nacidos del Espíritu. Nadie intenta competir con otro, sino que más bien se humilla delante de su hermano. La adoración en común está basada en la vida juntos.

Alegraos, oh justos, en Jehová; en los íntegros es hermosa la alabanza. Salmo 33.1

La alabanza y la persona íntegra van unidas. Resulta absolutamente imposible pensar en la una aparte de la otra. El Señor se deleita en las alabanzas de su pueblo, y hay una clara belleza no sólo en la forma de adorar y alabar, sino también en las cualidades transformadoras de ello en la vida del adorador. La alabanza con acción de gracias y la adoración que sale del corazón proporcionan un ropaje visible desde el exterior y una belleza que puede verse en el interior de la persona.

El salmista declara que ha sido vestido de alegría (Sal 30.11), y en Isaías 61.3 se nos ordena que nos pongamos «manto de alabanza» [Biblia de las Américas]. La alabanza es el atuendo acostumbrado de los íntegros. ¡Si dejásemos de alabar sería como si estuviésemos desnudos!

El Salmo 33.1 declara: «En los íntegros es hermosa la alabanza». ¡Tal vez esta nos haga sencillamente un poco más apuestos! Desde luego eso es cierto en lo tocante a nuestras actitudes y relaciones. Los que alaban no suelen ser buenos quejumbrosos; de modo que siga creciendo como un santo que alaba. ¡A Dios le gusta y a usted le queda bien!

LA SENDA DE LA ALABANZA

Contando a la generación venidera las alabanzas de Jehová, y su potencia, y las maravillas que hizo. Salmo 78.4

Una palabra clave aquí es «generación». El programa de Dios es amplio y largo: abarca toda la tierra y todo el tiempo. Dios tiene planes que nos incluyen a nosotros y a nuestros hijos.

El asunto interesante que aquí se destaca es la continuación del programa de Dios confiada a los padres (v. 5). Estos tienen la obligación de transmitir a sus hijos lo que Dios ha hecho y dicho. Él ordenó a nuestros padres que enseñasen a sus hijos, y los padres deben instruir a su progenie aunque ellos mismos hayan fracasado en su compromiso con el camino del Señor (v. 8). Esto debería indicarnos dos cosas. Primera, que los padres no son relevados de la responsabilidad de enseñar a sus hijos aunque hayan seguido de un modo imperfecto el plan de Dios. Segunda, que el Señor no ha perdido la esperanza en su pueblo.

A Dios le interesa nuestra generación y la siguiente. Y la que viene después, y la otra. Al alabar al Señor por sus obras grandiosas y sus poderosos hechos aseguramos para nuestros hijos el patrimonio de ser el pueblo de Dios.

Fuera de ti nada deseo en la tierra.
Salmo 73.25

En este versículo oímos un grito de completa satisfacción por parte del salmista. Ha llegado al punto en su relación con Dios en el cual su corazón puede decir: «Fuera de ti no deseo ninguna otra cosa».

El pasaje que rodea al versículo 25 nos recuerda algunas facetas de esa satisfacción. El 23, por ejemplo, menciona que la continua presencia de Dios con nosotros es una cura para la soledad. En el siguiente versículo hay provisión para la guía y la ayuda cuando tomamos decisiones. Esto no es algo que le guste hacer a mucha gente, y ¡qué consolador resulta saber que Él nos guía con su consejo!

En el versículo 26 se nos promete su fortaleza para todas aquellas ocasiones en las que nos damos cuenta de que no podemos seguir adelante sin Él. Dios se preocupa por nuestro futuro. Él es nuestra porción para siempre.

El versículo 25 resume todo esto. Lo que satisface no es lo que Dios nos da, sino Dios mismo. El Señor es tan abrumadoramente importante para nuestras vidas que poco importa todo lo demás. Acerquémonos a Dios en este día y conozcámosle. Entonces podremos decir como el salmista: «Fuera de ti no deseo ninguna otra cosa».

Bendice, alma mía, a Jehová, y no olvides ninguno de sus beneficios. Salmo 103.2

¿Cómo bendecimos a Dios? Él es bendecido cuando recordamos y enumeramos sus beneficios. La verdadera alabanza no necesita ser elaborada, es la consecuencia natural de recordar los beneficios de Dios para con nosotros. Consideremos algunos de esos beneficios que aparecen en este salmo.

Entré con una carga de pecado e inmundicia, pero Él me limpió y salí íntegro (v. 3). ¡Bendito sea Dios!

Entré tullido por dolencia y enfermedad. Él me liberó y me curó, y salí sano (v. 3). ¡Bendito sea Dios!

Entré como quien viaja por un camino descendente hacia la sepultura, la destrucción y el infierno. Él me arrebató de dicho camino, me cambió por completo y salí caminando por la senda que asciende en dirección a la vida eterna (v. 4). ¡Bendito sea Dios!

Me dio una categoría regia: Soy un hijo del Rey y disfruto de los beneficios del reino (v. 4). ¡Bendito sea Dios!

Él cambió mi insatisfacción por cosas buenas, y ahora mis anhelos están cumplidos (v. 5). ¡Bendito sea Dios!

Jehová[...] se regocijará sobre ti con cánticos.
Sofonías 3.17

Cuando estamos conscientes del gran amor que Dios nos tiene, nuestros corazones responden con adoración. Conocer y recibir el don de su amor y su aceptación producirá en nosotros un desbordamiento de acción de gracias a Él. Cuando comprendemos que Dios realmente interpreta un cántico de amor en nosotros y lo hace en voz alta y con exuberancia, nuestros corazones desean responderle cantando. Nos sorprende que Él se deleite en nosotros.

Los términos hebreos traducidos por «regocijarse» y «gozo» implican dar vueltas sin parar con una expresión de felicidad en el rostro, o de un caballo saltarín retozando en el prado con total despreocupación. El verbo hebreo sus significa «regocijarse, estar contento, sentirse sumamente alegre». De dicho verbo se deriva *sason,* un sustantivo que quiere decir «gozo, regocijo, alegría», y que describe un regocijo que es la antítesis del duelo: un gozo penetrante e irresistible.

Respondamos hoy al Señor con un cántico de amor; cantemos y bailemos delante de Aquel que tan completamente se deleita en nosotros.

Entonces Jehová dijo a Josué: Desde este día comenzaré a engrandecerte delante de los ojos de todo Israel, para que entiendan que como estuve con Moisés, así estaré contigo. Josué 3.7

Josué aprendió lo que significa comenzar de nuevo. Moisés había partido, pero ahora Dios iba a utilizar a Josué para comenzar de nuevo.

La misma naturaleza atestigua la verdad de los nuevos comienzos. Cada amanecer y cada nueva luna nos recuerdan que Dios nos da oportunidades para que comencemos otra vez. El viejo día pasa con sus éxitos y sus fracasos; termina una estación y otra comienza brindando una nueva esperanza. Cada vez que arrancamos las páginas de nuestro calendario tenemos ante nosotros el don de un nuevo día.

Al alabar al Señor por los nuevos comienzos, déle gracias porque Él no nos confina en nuestro pasado, sino que su fidelidad para comenzar otra vez en nosotros es nueva cada mañana (Lm 3.22, 23).

¿Nunca leísteis: De la boca de los niños y de los que maman perfeccionaste la alabanza?
Mateo 21.16

Respondiendo a las críticas suscitadas contra la pujante alabanza que se le estaba dando, Jesús cita el Salmo 8.2 y nos recuerda un gran secreto: ¡La alabanza perfecta producirá fortaleza! ¡Es poderosa!

En el mismo momento en que los dirigentes políticos y religiosos rechazan a Jesús, la alabanza ofrecida por aquellos jóvenes se hace más poderosa que la circunstancia presente. Mientras los líderes tratan de arrojar dudas sobre la autoridad de Jesús, los niños se sienten cautivados por la comprensión repentina de quién es el Señor. Captar esta revelación acerca de Cristo hace brotar una sonora y vigorosa alabanza y cesar las acusaciones.

La alabanza perfecta no sólo actuará poderosamente en ciertas situaciones, sino que también producirá fortaleza en nuestras vidas. Repetidas veces los salmos nos recuerdan que «Jehová es la fortaleza de mi vida» (Sal 27.1; 46.1; 73.26; 118.14). ¿Hay algún área en la cual necesite usted fortaleza en este día? ¡Levante su voz con alabanza y vea cómo el Señor le fortalece en Él!

Ofrezcamos siempre a Dios, por medio de Él, sacrificio de alabanza, es decir, fruto de labios que confiesan su nombre. Hebreos 13. 15

¿Por qué es un sacrificio alabar a Dios? La palabra «sacrificio» (en griego thusia) viene de la raíz *thuo*, un verbo que significa «quitar la vida o matar con un propósito». A menudo la alabanza exige que «matemos» nuestro orgullo, temor o indolencia; cualquier cosa que amenace con disminuir nuestra adoración al Señor o interferir con ella.

También descubrimos aquí la base de toda nuestra alabanza: el sacrificio de nuestro Señor Jesucristo. Es a través de Él, en Él, con Él, para Él y por Él que ofrecemos nuestro sacrificio de alabanza a Dios. La alabanza jamás se verá obstaculizada si la mantenemos enfocada en Él, el Autor y Consumador de nuestra salvación.

Pablo, dirigiéndose a nosotros, nos recuerda: «Que presentéis vuestros cuerpos en sacrificio vivo, santo, agradable a Dios, que es vuestro culto racional» (Ro 12.1). La cruz de Jesús, su sangre, su don amoroso de la vida y el perdón para nosotros nos recuerda que debemos ofrecer una alabanza continua como sacrificio vivo delante de Dios.

[Que] se les dé gloria en lugar de ceniza, óleo de gozo en lugar de luto, manto de alegría en lugar del espíritu angustiado. Isaías 61.3

El manto de la alegría es algo más que una prenda de vestir que se nos echa sin darle importancia sobre los hombros. La alabanza nos envuelve y nos cubre sin dejar ninguna abertura a través de la cual pueda penetrar ningún elemento hostil. Este manto de alegría repele y sustituye al espíritu angustiado. Este mensaje que Isaías predicó, ofrece instrucción y esperanza para aquellos oprimidos por el temor y la duda.

En el Nuevo Testamento Pablo describe otro atavío que proporciona la misma clase de cobertura protectora y lo llama «armadura» (Ef 6.10-18). Sin embargo, esa armadura que el apóstol nos recomienda que vistamos ofrece las mismas ventajas: cobertura, protección y su uso como arma. Pablo nos exhorta a vestirnos «toda la armadura de Dios, para que podáis estar firmes contra las asechanzas del diablo» (v. 11).

¡Hagámoslo hoy! Permitamos que la alabanza se convierta en nuestra armadura, «vistámonos» ese manto. Un caliente abrigo de nuestro armario sólo resiste al viento frío cuando nos lo ponemos. Si está usted desalentado, ¡tome aliento vistiéndose de alegría y alabanza! ¡Actúe según la Palabra de Dios!

LA SENDA DE LA ALABANZA

Porque mejor es tu misericordia que la vida; mis labios te alabarán. Salmo 63.3

Los primeros cinco versículos del Salmo 63 nos enseñan de qué manera la alabanza expresada libera la *bendición* de la alabanza. Observe que no se trata de una oración silenciosa: «Con labios de júbilo te alabará mi boca» (v. 5). Y el fruto de dicha alabanza es evidente: «Dios, Dios mío eres tú»: una relación afirmada; «de madrugada te buscaré»: prioridades claras; «mi carne te anhela»: profunda intensidad; «te he mirado en el santuario[...] para ver tu poder y tu gloria»: adoración conjunta con el pueblo de Dios. Porque mejor es tu misericordia que la vida; mis labios te alabarán»: gratitud apropiada.

Esta liberación de alabanza comienza con un hambre y una sed genuinas de Dios mismo. Nuestra búsqueda de Él nos trae una visión del poder divino en el santuario que supone simplemente una dimensión más de su poder en el desierto. Cuando le buscamos experimentamos algo más que simplemente poder. Recibimos su amor. Ese amor es lo que hace que cualquier vida valga la pena de ser vivida. Así que ¡alábele con expresiones de júbilo!

Te alabaré más y más. Salmo 71.14

El salmista hace un firme compromiso: «Te alabaré más y más». La idea expresada es hermosa: «Encontraré formas nuevas y frescas de expresar a Dios mi alabanza». El Señor nos ha sustentado desde el vientre (v. 6), y no nos abandonará ni siquiera en nuestra vejez (v. 18). Como Dios está dispuesto a derramar nueva bendición sobre nosotros en cada momento trascendental de nuestra vida, y es capaz de hacerlo, nuestra comprensión de su amor y de su poder crecen. Lo mismo debe suceder con nuestra alabanza.

Esto no significa que debamos abandonar las viejas formas de alabar, sino que hemos de llegar a ser tan creativos alabando a Dios como Él lo es satisfaciendo nuestras necesidades. Si seguimos alabándole por las nuevas bondades que nos muestra cada día, jamás caeremos en una alabanza descuidada o condicionada que se haga aburrida y termine siendo meras frases recitadas. El salmista declara: «Mi boca publicará[...] tus hechos de salvación todo el día, aunque no sé su número» (v. 15). De manera que ¡estén nuestras alabanzas llenas de esperanza y sean incontables!

A fin de que pongan en Dios su confianza, y no se olviden de las obras de Dios; que guarden sus mandamientos. Salmo 78.7

En lo referente a instruir a nuestros hijos en el camino de la alabanza y la acción de gracias, el Señor expresa varias expectativas acerca de ellos: Que «no sean como sus padres» (v. 8) y que «pongan en Dios su confianza» (v. 7). Los hijos que esperan tener unos padres perfectos siempre se verán decepcionados. En un momento u otro sus progenitores fallarán. Pero Dios todavía utiliza a los padres para guiar a sus hijos a la infalible fuente de la esperanza: Él mismo. La generación que aparte su confianza de cualquier cosa de esta vida y la afirme en Dios triunfará.

En un mundo empeñado en atribuir la culpa de la infelicidad o el fracaso en la vida a las circunstancias y a la gente de nuestro pasado, el Señor nos ofrece una senda distinta. Si nos concentramos en la fidelidad divina para con nuestros padres, Dios nos da su promesa incuestionable de que garantizará tanto nuestro presente como nuestro futuro. Su amor por nosotros es real y está a nuestro alcance todos los días. Aprenda a alabar al Señor por todo lo que Él es, por lo que ha hecho y por el futuro que ha prometido iluminar con su presencia.

¿No volverás a darnos vida, para que tu pueblo se regocije en ti? Salmo 85.6

La pasión de David por el avivamiento se basa en su deseo de que el pueblo se regocije en Dios. Él no busca el regocijo en las bendiciones divinas sino en la gloria del Señor. David tiene más anhelo del Dador que de los dones; está más deseoso del Padre Dios que de los evidentes actos de amor y de bondad que recibe de Él. Esa es la verdadera esencia del avivamiento.

En cierta ocasión hubo dos chicos que crecieron juntos en una granja. Uno de ellos estaba determinado a hacerse rico y lo logró, llegando a ser millonario. El otro permaneció en la granja, se casó con una mujer que lo amaba y crió hijos que también lo querían. Años después los dos hombres se encontraron en un hotel de los más lujosos. El granjero iba acompañado de su esposa y de dos hijas, el millonario estaba solo, su esposa se encontraba en París, su hija en Londres y su hijo en un yate. El hombre deseaba contar con alguien que le quisiese no por lo que tenía, sino simplemente por sí mismo. Más tarde murió de tristeza y solo.

Dios desea que nosotros le amemos, no por lo que nos da sino por quién es Él.

Pero tú eres santo, tú que habitas entre las alabanzas de Israel. Salmo 22.3

No hay duda de que una de las cosas más notables y estimulantes en cuanto a la alabanza franca y sincera es lo que se enseña aquí: que ella nos trae la presencia de Dios.

Aunque Dios está presente en todas partes, hay una manifestación diferente de su gobierno que se da en el ambiente de la alabanza. He aquí el remedio para cuando usted se encuentre solo, abandonado o deprimido. ¡Alabe! Permita que esta verdad produzca fe y confianza, y lleve a la liberación de los acosos, tormentos y ataduras de Satanás. Por simples que sean, componga su cántico y su testimonio de la bondad de Dios en su vida.

El resultado: ¡Dios entra! Su presencia vive (viene a residir) en nuestras vidas. La palabra hebrea traducida por «morar» quiere decir «sentarse, permanecer, establecerse o casarse». Dicho de otro modo: cuando le alabamos, Dios no simplemente nos visita sino que su presencia se queda con nosotros y participamos de una relación creciente con Él.

Invitemos hoy a Dios para que se haga presente en nuestra situación inmediata. ¡Él quiere venir y permanecer donde nosotros estamos ahora mismo!

He aquí, el impío concibió maldad[...] Alabaré a Jehová conforme a su justicia. Salmo 7.14,17

Este breve pasaje contiene dos verdades esenciales acerca de la alabanza y cómo podemos aplicarla cuando nos enfrentamos a la tentación o al ataque del enemigo.

Primero, la alabanza es la solución cuando la maldad y la iniquidad vienen contra el creyente. La tentación al pecado así como a vivir inicuamente pronto desaparecen frente a una sincera, vigorosa y audible alabanza. Esto no sólo trae la gloriosa presencia de Jesús, sino que también expulsa el deseo de identificarnos con un determinado acto o pensamiento pecaminoso. El Salmo 18.3 dice: «Invocaré a Jehová, quien es digno de ser alabado, y seré salvo de mis enemigos». El adversario no puede resistir frente a nuestra alabanza.

En segundo lugar, en el versículo 17 (Sal 7) el escritor declara: «Alabaré a Jehová». La alabanza es un acto de la voluntad; no se trata meramente de un exuberante desbordamiento con palabras sino de una declaración de acción de gracias autoinducida, de un sacrificio. El que alaba decide hacerlo.

Sin importar aquello a lo que usted se enfrente en este día, ofrezca al Señor una acción de gracias de alabanza en medio de ello. ¡Se trata de la mejor protección que pueda usted obtener!

LA SENDA DE LA ALABANZA

Entrad por sus puertas con acción de gracias, por sus atrios con alabanza; alabadle, bendecid su nombre. Salmo 100.4

El Salmo 100 nos ordena que hagamos un ruido jubiloso, sirvamos al Señor, entremos en su presencia, crucemos sus puertas, le demos gracias y bendigamos su nombre. Estos mandamientos están basados en la verdad eterna: Dios nos ha hecho; somos suyos; somos su pueblo; el Señor es bueno; su constante amor nunca cesa; y su fidelidad es para todas las generaciones. Nuestra capacidad de alabar, servir o disfrutar de la presencia de Dios brota de nuestra comprensión de quién es el Señor y quiénes somos nosotros con respecto a Él.

Todo lo que soy se lo debo a Él. Mi adoración, mi servicio y mi comunión con el Creador dependen de la comprensión que tengo de mí mismo. ¿Cómo puedo alabar si sigo siendo el centro de mi propio mundo?

Además, no conocer al Señor estorba mi alabanza. ¿Cómo es posible alabar a quien temo? ¿O bendecir a quien pienso que es malo? ¿O dar gracias a quien considero caprichoso? ¡Para bendecir y servir al Señor debo conocerle! Aquí está la prioridad: ¡Conoce al Señor y adórale con gozo!

Alzad, oh puertas, vuestras cabezas,
y alzaos vosotras, puertas eternas,
y entrará el rey de gloria. Salmo 24.7

En este salmo David hace dos preguntas escudriñadoras: «¿Quién subirá[...] y quién estará en su lugar santo?» (v. 3), y «¿Quién es este rey de gloria?» (v. 8). Una inquiere sobre los requisitos del adorador; la otra, es la antigua pregunta de quién es el Dios al cual adoramos.

¿Quién estará en su presencia? «Los que le buscan» (v. 6). Aquellos que tienen manos limpias y corazón puro; los que no han elevado sus almas a ningún ídolo ni jurado con engaño. Esos serán quienes estén allí. Los que vienen a Dios reciben bendición y son vindicados.

¿Quién es el rey de gloria? Es Dios, nuestro Creador (vv. 1, 2). Y la tierra es del Señor. Pero Él es también el Dios personal de Jacob (vv. 3-6). Un Dios conocible y disponible en persona. Él hace exigencias personales a la gente, bendice y salva personalmente.

Él es Dios el Rey, el Dios triunfante (vv. 7-10). Fuerte, poderoso en batalla, ¡el Rey de gloria! ¡Alzad vuestras cabezas y entrará el Rey de gloria!

Cantad a Jehová, vosotros sus santos, y celebrad la memoria de su santidad. Salmo 30.4

La vida está llena de altibajos. Las alturas del regocijo pueden conducirnos al «baile» por las grandes cosas que Dios ha hecho a favor nuestro. Los momentos bajos sólo se pueden describir como la «sepultura» (v. 9). Pero Dios es fiel para con su pueblo y nos da motivos para alabar y cantar.

David declara: «Me has exaltado, y no permitiste que mis enemigos se alegraran de mí» (v. 1); «Hiciste subir mi alma del Seol; me diste vida» (v. 3); «Su favor [de Dios] dura toda la vida[...] Y a la mañana vendrá la alegría» (v. 5); y «Has cambiado mi lamento en baile; desataste mi cilicio y me ceñiste de alegría» (v. 11).

El Señor que ama a su pueblo es el que rescata, libera y acaba con aquello que jamás nosotros solos podríamos hacer. Nuestra alabanza debe brotar de lo profundo de nuestros corazones. Por lo tanto, David sigue diciendo: «A ti cantaré, gloria mía, y no estaré callado. Jehová, Dios mío, te alabaré para siempre» (v. 12).

Alabad a JAH, porque es bueno cantar salmos a nuestro Dios; porque suave y hermosa es la alabanza. Salmo 147.1

¡La alabanza es hermosa! Observe las palabras del ángel cuando trasmite al mundo el mensaje de salvación de Dios: «¡Gloria a Dios en las alturas, y en la tierra paz, buena voluntad para con los hombres!» (Lc 2.14). Escuche el testimonio de la Escritura en cuanto a los pastores: «Volvieron los pastores glorificando y alabando a Dios por todas las cosas que habían oído y visto» (v. 20). ¡Habían oído al ángel y visto a Jesús!

Después de Pentecostés los discípulos estaban «alabando a Dios» en medio del glorioso nacimiento de la Iglesia (Hch 2.47). El hombre cojo fue sanado y estuvo «andando, y saltando, y alabando a Dios» (Hch 3.8). Pero eso no es todo.

También alabaron a Dios en ocasiones de aflicción. Pablo y Silas fueron encarcelados en una prisión de Filipos, llevados a juicio, castigados con muchos azotes, echados en la mazmorra de más adentro, asegurados sus pies con cepos, ¡y siguieron alabando a Dios! Nuestra alabanza abre las ventanas de la bendición y deleita a nuestro Padre celestial: «Bueno es cantar salmos[...] porque suave y hermosa es la alabanza».

LA SENDA DE LA ALABANZA

Porque no quiero la muerte del que muere, dice Jehová el Señor; convertíos, pues, y viviréis.
Ezequiel 18.32

Dios fue quien sopló la vida en el hombre. Este fue creado a «imagen» y «semejanza» de Dios (Gn 1.26; 9.6). El hombre era la criatura única, espiritual, inmortal e inteligente del Señor; por lo tanto, Él ordena: «No matarás» (Éx 20.13). Quitar la vida a un ser humano es atacar a la imagen de Dios en el hombre. La vida humana se debe respetar y reverenciar. Dicha vida, incluso antes del nacimiento, constituye siempre un milagro, y nadie debe pensar que tiene derecho a derramar la sangre de una persona inocente. En Génesis 9.5, la palabra «demandaré» indica que Dios estaba haciendo algo más que dictar una regla: estaba diciendo que Él realmente perseguiría o buscaría la vida del hombre que hubiera acabado con una vida humana inocente.

¿Cuándo han comenzado los «valores del mundo» a conformar nuestros pensamientos? No debemos permitir que la falta de respeto por la vida humana invada la mente de nadie. Proclamemos más bien el valor y el carácter sagrado de la vida del hombre. ¡Adoptemos los valores de Dios y así convirtámonos y vivamos!

Y de una sangre ha hecho todo el linaje de los hombres, para que habiten sobre la faz de la tierra. Hechos 17.26

Aquí se declara abiertamente la unidad de todo el género humano, ya que por medio de Adán y Eva (Gn 3.20), y luego de los hijos de Noé (Gn 9.19), surgieron todas las razas y nacionalidades de los hombres. La humanidad es una familia universal: «¿No tenemos todos un mismo Padre? ¿No nos ha creado un mismo Dios?» (Mal 2.10). Vivimos en una única comunidad mundial. No hay raza, nación o individuo que tenga derecho a menospreciar a otro o a desentenderse de él.

El apóstol Pedro dijo: «A mí me ha mostrado Dios que a ningún hombre llame común o inmundo[...] En verdad comprendo que Dios no hace acepción de personas, sino que en toda nación se agrada del que le teme y hace justicia» (Hch 10.28, 34, 35). La humanidad sólo está dividida en dos grupos: los salvos y los no salvos; otras diferencias son simplemente epidérmicas o culturales.

No seamos hoy culpables de la exclamación de Caín: «¿Soy yo acaso guarda de mi hermano?» La respuesta a dicha pregunta es «Sí», y nos exige que tendamos nuestra mano al mundo.

El cuerpo es uno, y tiene muchos miembros[...] así también Cristo. 1 Corintios 12.12

El cuerpo humano es un organismo de exquisita perfección. Los científicos no pueden reproducirlo ni llegan a comprenderlo del todo. Es una síntesis de muchas partes: cada miembro del cuerpo está relacionado con las otras partes del mismo y depende de ellas, contribuyendo al bienestar del todo.

Esto se aplica también a todos los creyentes en su calidad de miembros del Cuerpo de Cristo. Los cristianos deberíamos funcionar en el cuerpo del Señor como lo hacen las partes de un organismo humano. Al igual que la amputación de un miembro perjudica a todo el cuerpo, no hay hermano cristiano a quien no necesitemos. La palabra griega traducida por «cuerpo» guarda relación con el término que significa «sanar, preservar, hacer cabal». Este término muestra con claridad que nuestras vidas se hallan íntimamente ligadas unas con otras en el Cuerpo de Cristo y que el bienestar de uno depende del que disfrutan los demás (Ro 14.7).

¿Hay una relación rota o tensa entre usted y algún hermano o hermana en Cristo? Vaya a él o a ella hoy mismo. Permita que Jesús los una en su Iglesia.

En esto conocerán todos que sois mis discípulos, si tuviereis amor los unos con los otros.
Juan 13.35

El hecho de que Cristo nos haya ordenado amar indica que el amor no es simplemente un sentimiento o una preferencia, sino la manera en que uno elige relacionarse con los demás. Se trata de una decisión, un compromiso, una acción...

Jesús afirma que el mundo conocerá que somos sus discípulos si nos comportamos de un modo amoroso los unos con los otros. Los cismas, las disputas, las críticas despiadadas y la difamación del carácter son contrarias al espíritu de Cristo. Su amor es un amor sacrificial (Jn 3.16), incondicional (Ro 5.8), constante y autoalimentado (Jer 31.3). Ese amor provee lo mejor para los amados, y Jesús nos manda que nos amemos unos a otros como Él lo ha hecho.

Ya sea que se trate de la relación con nuestro cónyuge, un hijo, un padre, un hermano o un amigo; o que implique fallos, heridas, pecado, desesperación o desaliento, el mandato sigue siendo el mismo: «Amaos los unos a los otros». Traiga a Jesús esas heridas y permítale que sane y restaure sus relaciones.

De cierto os digo que en cuanto lo hicisteis a uno de estos mis hermanos más pequeños, a mí lo hicisteis. Mateo 25.40

A lo largo de toda la Escritura se nos manda que tengamos conciencia y preocupación social. Los versículos anteriores a este nos refieren específicamente las palabras de Jesús al respecto y señalan el criterio por el que seremos juzgados: nuestro trato de aquellos que están hambrientos, no tienen hogar, son pobres, están enfermos o se hallan en la cárcel (Mt 25.37-39).

No podemos divorciar la preocupación social del caminar cristiano. «Y si un hermano o una hermana están desnudos, y tienen necesidad del mantenimiento de cada día[...] pero no les dais las cosas que son necesarias para el cuerpo, ¿de qué aprovecha? Así también la fe, si no tiene obras, es muerta en sí misma» (Stg 2.15-17). No debemos permitir que el caminar cristiano sea sólo una empresa espiritual sin relación con nuestro servicio a la humanidad. Cuando no nos preocupamos por las necesidades sociales omitimos dar a los otros el valor que tienen, disminuyendo nuestro propio mérito a los ojos del Señor e incitando su condenación.

Aquí Jesús equipara nuestro trato de aquellos que están necesitados o afligidos con el que le damos a Él. Lo que hacemos por los demás lo hacemos por Cristo. ¿Qué piensa usted hacer hoy por Jesús?

Digo, pues, [...] a cada cual que está entre vosotros, que no tenga más alto concepto de sí que el que debe tener. Romanos 12.3

Puesto que la Biblia enseña que los seres humanos están hechos a imagen de Dios, debemos respetar la posición de cada individuo bajo el Señor. Este versículo no dice que los creyentes tengamos que considerarnos a nosotros mismos como seres insignificantes o sin valor, sino más bien que deberíamos darnos unos a otros la atención que necesitamos. La posesión de distintos talentos o dones no indica diferencia en dignidad, ya que todos forman parte del único cuerpo y los unos de los otros. Además son interdependientes (Ro 12.4, 5).

Pensar de otro modo es distorsionar la realidad. Cuando ponemos en tela de juicio el valor de alguna otra parte del Cuerpo de Cristo estamos abriéndonos a la insensatez de cuestionar al Altísimo. Aunque ninguno de nosotros es perfecto, el Señor nos ha colocado a cada uno donde Él quiere que estemos, y podemos descansar sabiéndolo (1 Co 12.18).

No restemos valor al ministerio ni al lugar de los demás teniendo más alto concepto de nosotros mismos del que deberíamos tener, sino vivamos como hermanos. Cada individuo posee un valor y una dignidad intrínsecos; además, todos somos iguales delante de Dios y en Cristo.

EL VALOR DEL SER HUMANO

Pero un samaritano, que iba de camino, vino cerca de él, y viéndole, fue movido a misericordia. Lucas 10.33

Jesús vivió en una cultura llena de prejuicios. Los había contra los romanos, contra los dirigentes religiosos y contra las mujeres. También existía una tensión racial entre judíos y samaritanos (Jn 4.9). Estos no tenían trato frecuente entre sí, y en algunos casos mostraban una hostilidad y un odio declarados.

En esta parábola Jesús empleó al despreciado samaritano para ilustrar la compasión, que era tanto más encomiable por cuanto la persona a quien este ayudó probablemente no le habría dirigido siquiera la palabra en circunstancias normales.

Pero Jesús trajo siempre la vida de Dios a los marginados dentro de su cultura. Lo vemos cuando ministra a la mujer samaritana (Jn 4.1-26) y al centurión romano (Lc 7.1-10).

Cristo, con su venida, ha derribado la pared intermedia de separación entre nosotros y Dios (Ef 2.14). Cuando aceptamos su vida, Él echa abajo aquellas otras barreras que existen entre unos y otros. ¡Permítale hoy que le libere y restaure la confianza y las relaciones!

El ladrón no viene sino para hurtar y matar y destruir; yo he venido para que tengan vida, y para que la tengan en abundancia. Juan 10.10

Cristo vino al mundo para defender la vida. Mediante sus palabras y sus acciones se opuso a cualquier cosa, fuerza o persona que pretendiera restar valor a la misma. De igual manera nos llama a hacer cuanto esté en nuestra mano para preservar y mejorar las vidas de aquellos que nos rodean. Proverbios 31.8 dice: «Abre tu boca por el mudo en el juicio de todos los desvalidos».

Por encima de su defensa de la vida, sin embargo, Jesús vino también para liberar de la muerte y traer vida abundante. Aunque Él quiere que nos extendamos en un ministerio a los demás, también desea llenar nuestras vidas de propósito y satisfacción. Por su muerte y su resurrección, Cristo ha abierto una nueva dimensión de vida para toda la humanidad en la que «todas [las cosas] son hechas nuevas» (2 Co 5.17).

¿Hay algún área en su vida en la cual el «ladrón» haya entrado para hurtar, matar o destruir? Vuélvase hoy al Señor Jesús «que es poderoso para hacer todas las cosas mucho más abundantemente de lo que pedimos o entendemos» (Ef 3.20).

Sabiendo que fuisteis rescatados[...] no con cosas corruptibles[...] sino con la sangre preciosa de Cristo. 1 Pedro 1.18, 19

El valor del ser humano puede inferirse del alto precio que se pagó para redimirlo (Jn 3.16; 1 Co 6.20). Dios el Hijo, la Persona divina por medio de la cual se crearon los mundos, se hizo carne y murió por los pecados de la humanidad. El hecho de que voluntariamente Él vertiera su sangre y muriera por nosotros revela, no sólo el valor que Dios otorga a la personalidad humana, sino también la necesidad desesperada que teníamos de salvación.

Por medio de Cristo los creyentes son perdonados, contados como justos y renovados a la imagen de Dios. Los hombres y las mujeres caídos sólo pueden producir las obras de la carne, y únicamente el Espíritu, en virtud del nuevo nacimiento, es capaz de renovar y recuperar aquello que fue destruido por la Caída (Jn 3.5, 6).

Para desarrollar todo nuestro potencial, tener vida abundante, recibir perdón y ser libres de la condenación, vivir en comunión con nuestro Padre Dios y encontrar un propósito renovado en la vida, debemos aceptar a Jesucristo por la fe.

Si hacéis acepción de personas, cometéis pecado, y quedáis convictos por la ley como transgresores. Santiago 2.9

El valor del ser humano no puede equipararse con raza, sexo, riqueza, posición social o trasfondo educativo alguno. Toda la gente es importante y valiosa en el orden de Dios, y Él nos desafía a dar valor a cualquier vida por muy malgastada que podamos considerarla.

El endemoniado gadareno es un caso a propósito (Lc 8.26-39). Si alguna vez hubo una existencia sin finalidad, parecía ser aquella. Sin embargo, Jesús, en su gran compasión, vio valor y propósito en la vida de aquel hombre. Le ministró, le dio libertad, le vistió y le proveyó un objetivo.

Considerar a una raza, un grupo o un individuo como menos importante que otro es pecado, si tenemos en cuenta que Cristo murió por todo el mundo y por cada persona en particular. Al pie de la cruz todos somos iguales, tanto en nuestro valor para Dios (Él envió a su Hijo a morir por cada uno de nosotros) como en nuestra necesidad de aceptar su don de salvación. Aprendamos a respetar y honrar a cada persona y cada pueblo. La redención es para todos.

EL VALOR DEL SER HUMANO

En tu libro estaban escritas todas aquellas cosas que fueron luego formadas, sin faltar una de ellas. Salmo 139.16

Cerré los ojos para orar cuando el pastor a propósito citó aquel versículo de mi sobrinita en el momento de su dedicación al Señor. Esperaba con impaciencia ver el plan de Dios para su vida y la manera en que Él la tomaría de la mano y la guiaría durante todos los días de su existencia.

Cuando contaba ocho años de edad la tomé en mis brazos mientras lloraba por la prematura muerte de su padre, y al hacerlo comprendí que la promesa de Dios era igual de cierta entonces, como lo fue en su nacimiento. Hasta ese día Dios había ido por delante de nosotros dos; Él ya sabía nuestra necesidad, nuestro dolor, nuestra rabia y nuestras dudas, y estaba allí aún sosteniendo nuestras manos.

¡Qué consuelo es saber que aunque nuestro futuro pueda a veces parecer, en el mejor de los casos, confuso y, en el peor de ellos, fútil, Dios sabe precisamente lo que tenemos por delante! Las cosas desastrosas que nos sobrevienen en la vida son resultado de una humanidad caída que vive en un planeta quebrantado; pero a través de todo ello la mano de Dios sigue siendo igual de firme, y Él nos guiará.

[Echad] toda vuestra ansiedad sobre Él, porque Él tiene cuidado de vosotros. 1 Pedro 5.7

Efesios 2.14 nos enseña que «Él es nuestra paz, que de ambos[...] hizo uno, derribando la pared intermedia de separación». La muerte de Jesús quitó la barrera que nos separaba del Padre y ahora nos garantiza el derecho a echar sobre Él nuestra ansiedad.

A menudo guardamos nuestras cargas, bien porque no creemos que nadie más pueda o quiera ayudarnos, bien porque nos da demasiada vergüenza o somos demasiado orgullosos para permitir que alguien lo haga. Pero el Señor nos conoce y sabe nuestras necesidades, y todavía nos ama y quiere ser Él quien lleve esas cargas.

Saber simplemente que hay Alguien a quien le interesamos nos produce una gran paz. Usted le importa tanto que Él envió a su Hijo. ¡Rompió las barreras para llegar hasta usted! Él es nuestra paz y toma voluntariamente nuestras cargas sobre sí mismo si estamos dispuestos a ponerlas en sus manos.

¿Dónde están hoy sus cargas, en las manos del Señor o en las suyas?

Mas el Dios de toda gracia, que nos llamó a su gloria eterna en Jesucristo,[...] os perfeccione, afirme, fortalezca y establezca. 1 Pedro 5.10

Un padre que ama verdaderamente a su hijo lo disciplinará (Heb 12.5, 6) para que llegue a ser todo lo que debería. Dios, nuestro Padre celestial, no es diferente; y en medio del sufrimiento o de la prueba se nos anima a reconocer su misericordiosa mano refinándonos y preparándonos para ser vasos para su gloria.

Este versículo nos dice que el sufrimiento tiene por objeto perfeccionarnos, afirmarnos, fortalecernos y establecernos. Los términos griegos que aquí se emplean nos ayudan a comprender lo que Dios quiere llevar a cabo por medio de este proceso. Katartizo (perfeccionar) significa completar lo que falta; *sterizo* (afirmar) apunta hacia un giro resuelto en determinada dirección; *sthenoo* (fortalecer) quiere decir confirmar en conocimiento y poder espirituales, y *themelioo* (establecer) se refiere a echar los cimientos.

¡Aliéntese hoy! El sufrimiento o la prueba, en cualquier área de la vida en que lo esté experimentando, será utilizado para adelantar los propósitos de Dios para con usted. Él le está haciendo completo, afirmándole en el camino del Señor, llenándole de fortaleza espiritual y echando los cimientos de su futuro.

Prosigo, por ver si logro asir aquello para lo cual fui también asido por Cristo Jesús.
Filipenses 3.12

No somos nosotros quienes le hemos escogido a Él, sino Él a nosotros (Jn 15.16). El Señor le ha seleccionado a usted personalmente. Incluida en el término «iglesia» está la idea de ser llamados afuera. Él nos ha llamado a salir de los planes que teníamos para nuestra vida y de la confusión de nuestro pasado.

Luego, una vez que nos ha sacado, Dios nos insta también a entrar en la excelencia de su reino, la comunión con Él y sus planes para nuestras vidas.

A veces puede parecer que el plan divino se halla justo a la vuelta de la siguiente esquina en nuestro caminar espiritual con Cristo, está simplemente fuera de nuestro alcance, o no se encuentra muy bien definido. Pero «proseguimos» a fin de echar mano del plan de Dios para nosotros; ese plan que Él tenía en mente cuando nos «asió».

¡Siga adelante! ¡Él tiene un plan para usted! Y usted encontrará su propósito más firme, su realización más profunda y su gozo más elevado en dicho plan.

Antes que te formase en el vientre te conocí, y antes que nacieses te santifiqué. Jeremías 1.5

Dios nos conocía antes de que naciéramos. Él tiene una perspectiva prenatal de la vida que Él creó para que le sirviese y para bendecir al mundo. El Padre nos aparta con la intención de que cumplamos un propósito específico en su magnífico plan. Más adelante, en este mismo capítulo, el Señor expresa: «He aquí he puesto mis palabras en tu boca[...] Yo apresuro mi palabra para ponerla por obra» (vv. 9, 12). Dios no sólo nos llama a servirle, sino que también nos llena con su Espíritu para que el resultado esté garantizado antes incluso de que comencemos.

Dios nos ha creado para sí, y su plan trasciende a la duración de nuestra vida. Apocalipsis 20.6 nos promete que después del regreso de Cristo «[reinaremos] con Él mil años». Somos un tesoro precioso, creado exclusivamente para servir de instrumento de bendición en el servicio del Padre.

A medida que el día vaya pasando descansemos sabiendo que, desde antes de ser concebidos, tenemos garantizado el amor de Dios; que nuestro propósito ha sido fijado; y que se nos promete el poder para llegar a la meta.

¿Qué provecho tiene el hombre de todo su trabajo con que se afana debajo del sol?
Eclesiastés 1.3

Lo que busca el escritor de Eclesiastés es un valor fijo («provecho») en esta vida que pueda servir como base. Él examina y desecha como totalmente exenta de valor real una cosa tras otra. El significado de la vida no se encontrará ni en la sabiduría humana, ni en el placer, ni en la riqueza, ni en los grandes logros, ni en el materialismo. Incluso la vida humana misma, en cualquier sentido secular y humanista que se tome, no puede ser el «beneficio» que busca Salomón.

¿Estamos entonces abocados a la desesperación cuando buscamos significado en la vida? ¡No! Sustentando toda la búsqueda del escritor está la convicción de que el significado de la vida ha de encontrarse no «debajo del sol», sino por encima de él (Ec 12.13).

Como en el caso del predicador de Eclesiastés, el desafío para aquellos que vivimos en esta era de codicia y materialismo no consiste en hallar un valor verdadero en las cosas terrenales y los estilos de vida holgados, sino en concentrarnos en las cosas de arriba (Col 3.1). Sólo encontraremos nuestra realización en Dios.

Porque no hay diferencia entre judío y griego, pues el mismo que es Señor de todos, es rico para con todos. Romanos 10.12

Pablo nos encarga repetidamente que demos a todo el mundo la misma honra. En 1 Timoteo 5.21 expresa: «Te encarezco[...] que guardes estas cosas sin prejuicios, no haciendo nada con parcialidad». Y en Gálatas 2.6 afirma que Dios, a quien debemos parecernos, «no hace acepción de personas».

En ocasiones esto amarga nuestra alma. Tenemos favoritismos y vivimos con la intolerancia a la que nuestra humanidad nos conduce cada día. El prejuicio está profundamente arraigado en nuestra naturaleza de pecado y puede basarse en cualquier cosa: desde la marca «inadecuada» de zapatos deportivos hasta el color «incorrecto» de la piel. También se nos advierte esconder simplemente nuestros prejuicios de la vista del público, pero no permitir que supuren en nuestros corazones: «Él os reprochará de seguro, si solapadamente hacéis acepción de personas» (Job 13.10). Los prejuicios no tienen cabida en la vida del creyente.

Traiga hoy sus prejuicios y miedos al Señor. Él quiere purificar nuestras almas a fin de que podamos «[amarnos] unos a otros entrañablemente, de corazón puro» (1 P 1.22).

Los bendijo Dios, y les dijo: Fructificad y multiplicaos; llenad la tierra, y sojuzgadla.
Génesis 1.28

¡No hay nada en esta tierra más valioso que usted! Ninguna otra forma de vida terrena desempeña un papel tan cósmico como la humanidad. El mundo, literalmente, se mantiene o se cae por las acciones de los hombres. Sólo el hombre tiene el poder para agotar los recursos de la tierra y contaminar su atmósfera. El pecado de un hombre, Adán, fue lo que corrompió el mundo (Gn 6.12, 13).

Como contraste, la obediencia de un Hombre, Jesucristo, trajo justificación y justicia a muchos (Ro 5.18, 19). Si nosotros, sus redimidos, anduviésemos perfectamente en esa justificación y justicia, podríamos hacer que el mundo floreciese y floreciese. Dios quiere revelar su verdad y su belleza al mundo a través de la humanidad redimida.

Todos los creyentes tenemos una importancia estratégica en nuestras propias esferas y podemos elevar al máximo el impacto del bien al tiempo que animamos a otros a hacer lo mismo. Podemos tener y tendremos una influencia importante en nuestro mundo por el poder de Aquel que vive en nosotros.

Entonces dijo Dios: Hagamos al hombre a nuestra imagen, conforme a nuestra semejanza. Génesis 1.26

El hombre es distinto al resto de las criaturas. Dios determinó que el hombre tuviese su «imagen» y «semejanza». El hombre es un ser espiritual y posee alma y espíritu de un modo único. También se trata de un ser moral, cuya inteligencia, percepción y autodeterminación exceden en mucho a aquellas de ningún otro ser terreno.

Estas diferencias otorgadas por Dios que posee la humanidad, y la prominencia del hombre en el orden creado, implican un valor intrínseco, no sólo de la familia humana sino de cada individuo perteneciente a ella. La posesión de alma y espíritu constituye la esencia de lo que significa ser responsable ante Dios. Jamás deberíamos contentarnos con un nivel de existencia más bajo que aquel que Dios ha hecho posible para nosotros. Tendríamos que luchar por la excelencia, por alcanzar el máximo de nuestras posibilidades, por lo más alto del Señor. Hacer menos que eso supone ser administradores infieles de la vida que se nos ha confiado.

¿En qué aspecto de su vida se ha conformado usted con algo menos que lo mejor de Dios? Hoy Él quiere guiarle a más.

EL VALOR DEL SER HUMANO

Porque yo sé los pensamientos que tengo acerca de vosotros, dice Jehová, pensamientos de paz, y no de mal, para daros el fin que esperáis.
Jeremías 29.11

En medio de la prueba, la inquietud o la indecisión podríamos querer clamar al Señor como Jesús en la cruz: «¿Por qué me has desamparado?» Tal vez nos parezca que estamos enfrentándonos a la situación solos, pero este versículo nos proporciona una idea tierna de la intención de Dios con nosotros. Sus pensamientos para con nosotros no son malos, sino que están llenos de expectación, esperanza y paz.

El salmista también escribió acerca de los pensamientos de Dios hacia nosotros: «Jehová se acordó de nosotros; nos bendecirá» (Sal 115.12). «¡Cuán preciosos me son, oh Dios, tus pensamientos! ¡Cuán grande es la suma de ellos! Si los enumero se multiplican más que la arena; despierto y aún estoy contigo» (Sal 139.17, 18).

Todos nos enfrentamos a situaciones en las que somos tentados a pensar que Dios nos ha abandonado o que ya no tiene interés por nosotros. Pero pierda cuidado, sus pensamientos acerca de nosotros son innumerables y están llenos de bendición, esperanza, paz, amor y propósito.

EL VALOR DEL SER HUMANO

Y por el conocimiento tuyo, se perderá el hermano débil por quien Cristo murió.
1 Corintios 8.11

Este versículo se refiere al hecho de que hemos de vivir de un modo que edifique a los demás, y no que los haga tambalearse en su fe. Nuestra responsabilidad con los demás es innegable y obligatoria.

La primera epístola de Juan afirma además que «si alguno dice: Yo amo a Dios, y aborrece a su hermano, es mentiroso. Pues el que no ama a su hermano a quien ha visto, ¿cómo puede amar a Dios a quien no ha visto? Y nosotros tenemos este mandamiento de Él: El que ama a Dios, ame también a su hermano» (1 Jn 4.20, 21).

La elección del amor exige que mantengamos en equilibrio los dos principios fundamentales que constituyen el vivir como hermanos: la libertad del Señor y el servicio unos a otros. «No uséis la libertad como ocasión para la carne, sino servíos por amor los unos a los otros» (Gl 5.13).

¿En qué nos está exigiendo hoy el Señor que amemos? ¿En qué nos desafía a servir?

Le has hecho [al hombre] poco menor que los ángeles, y lo coronaste de gloria y de honra. Le hiciste señorear sobre las obras de tus manos.
Salmo 8.5, 6

No sólo es el hombre intrínsecamente distinto del resto de las criaturas, sino que le ha sido dada autoridad sobre la tierra y sobre todo lo que hay en ella. ¡El hombre fue hecho para gobernar!

Aunque los creyentes en Jesucristo a menudo enfocamos nuestra calidad de gobernantes en las esferas espirituales (Ef 2.6, 7), el primer encargo que recibió la humanidad fue el de reinar y velar por el bienestar de nuestro planeta.

Los recursos minerales, el agua y el aire, la vida animal, e incluso los recursos humanos de la tierra están todos bajo nuestra responsabilidad y deberían ser la preocupación de todo gobierno e individuo. ¿Podemos permitirnos el pasar por alto las formas de vida terrenas que el Creador ha puesto aquí y nos ha encomendado que cuidemos? ¿Nos arriesgaremos a contaminar la creación de Dios? ¿Osaremos permitir el sufrimiento innecesario y el que se quite la vida a los seres humanos? Demos hoy un «No» rotundo en nuestros corazones mientras nos hacemos cargo de nuestra posición de gobierno ordenada por Dios.

Os digo que así habrá más gozo en el cielo por un pecador que se arrepiente, que por noventa y nueve justos que no necesitan de arrepentimiento. Lucas 15.7

A veces todos nos enfrentamos con la sensación de estar «perdidos entre la multitud». Nos preguntamos si alguien se fija en nosotros. Estamos seguros de que no le importamos a nadie; pero el Señor nos ve y nos persigue con un amor sin inhibiciones.

Para ilustrar hasta qué punto Él anhela que cada uno de nosotros le conozca, Jesús contó una serie de parábolas. Habló del pastor que busca la oveja perdida mientras las noventa y nueve restantes permanecen seguras en el redil; de la mujer que barrió y limpió su casa hasta encontrar la única moneda extraviada; y luego, como si el hablar de objetos inanimados o de ganado no revelase lo suficiente su corazón, contó la historia del padre que estuvo vigilando tierna y diligentemente hasta que su hijo perdido volvió. «Hagamos fiesta —exclamó aquel padre—, porque este mi hijo muerto era, y ha revivido; se había perdido, y es hallado» (Lc 15.24).

La próxima vez que se sienta tentado a pensar que no le importa a nadie, recuerde que nuestro Padre nos espera pacientemente y que, mediante el Espíritu Santo, nos sigue con amor.

Espere cosas extraordinarias

Clama a mí, y yo te responderé,
y te enseñaré cosas grandes y ocultas
que tú no conoces. Jeremías 33.3

Sabemos que si invocamos al Señor Él nos contestará. A menudo, sin embargo, nuestras expectativas son demasiado pequeñas, y pedimos en función de aquello que sabemos es posible. Pero ¡Él es el Dios de lo imposible! El Señor ve la situación desde todos los ángulos y tiene un plan mucho mayor de lo que ninguno de nosotros podamos soñar.

Él no nos escogió para hacer cosas pequeñas. Nos escogió para tocar a la gente con su amor (Lv 19.34), para cambiar vidas (Lc 4.18, 19), para educar a la siguiente generación del pueblo de Dios (Dt 6.7), para mostrar su vida en todo lo que hacemos y decimos (Ro 8.9, 10), para vivir como reyes y sacerdotes del Dios Altísimo (Ap 1.6), y para gobernar y reinar con Él para siempre (2 Ti 2.12; Ap 22.5).

¡Regocijémonos hoy y esperemos que el Señor haga algo grande por medio de nosotros! Ya que «cosas que ojo no vio, ni oído oyó, ni han subido en corazón de hombre, son las que Dios ha preparado para los que le aman» (1 Co 2.9).

Mas Dios muestra su amor para con nosotros, en que siendo aún pecadores, Cristo murió por nosotros. Romanos 5.8

Cuando nos encontrábamos en nuestro peor momento Dios nos dio lo mejor que tenía. Es consolador saberlo mientras nos enfrentamos a la prueba o si hemos caído en la tentación. Dios nos amó cuando aún éramos pecadores, y no va a darse por vencido ahora en lo referente a nosotros. «El que comenzó en vosotros la buena obra, la perfeccionará» (Flp 1.6).

El apóstol Pablo nos recuerda además que «Dios, que es rico en misericordia, por su gran amor con que nos amó, aun estando nosotros muertos en pecados, nos dio vida juntamente con Cristo» (Ef 2.4, 5). El Señor no sólo nos ama, sino que nos da una vida completamente nueva. No se rinde, porque ve todas nuestras posibilidades.

También nos llama a extender esa vida a aquellos que nos rodean. Primera de Juan 4.11 nos recuerda que «si Dios nos ha amado así, debemos también nosotros amarnos unos a otros». Mientras nos regocijamos hoy en el amor de Dios, extendámoslo a aquellos que están en necesidad.

Amaos los unos a los otros con amor fraternal; en cuanto a honra, prefiriéndoos los unos a los otros. Romanos 12.10

Este versículo nos exhorta a tres clases de amor: el afecto, el amor fraternal y la preferencia otorgada a los demás.

En griego, la palabra «afecto» se deriva de la raíz que significa amigo e implica el aprecio por los familiares naturales de uno. «Amor fraternal» sugiere que debemos amar a nuestros hermanos y hermanas en Cristo. Y «dar preferencia» requiere de nosotros que mostremos cortesía a los demás. El sentido literal de esta palabra es «enseñar el camino a otros».

¿Estamos haciendo estas cosas en nuestras vidas? ¿Vivimos amando con afecto a nuestros parientes, honrando a nuestros padres y cuidando de nuestras familias? ¿Estamos amando a nuestros hermanos, o los criticamos y calumniamos constantemente? ¿Damos preferencia a aquellos que nos rodean? ¿Estamos viviendo de tal manera que otros puedan llegar a conocer a Jesús como Salvador y a seguirle?

Pidamos al Señor que haga brotar y crecer esas tres áreas de amor en nuestras vidas, mientras extendemos la mano a nuestros familiares, al Cuerpo de Cristo y al mundo.

No me elegisteis vosotros a mí, sino que yo os elegí a vosotros, y os he puesto para que vayáis y llevéis fruto, y vuestro fruto permanezca.
Juan 15.16

En el momento de nuestra salvación el énfasis está en que tomemos la decisión de servir al Señor. Vamos al altar. Nos arrepentimos. Nos volvemos a Él. Pero, como en el viejo refrán que dice que la chica deja que el chico la persiga hasta que ella lo caza, Dios tiene el ojo puesto en nosotros mucho antes de que nos volvamos a Él. ¡Él nos escogió!

A veces nos vemos tentados a pensar que somos esa única persona de cuya creación Dios se arrepiente. O que Él se sorprendió cuando nacimos. O que tenemos un pasado tan deshecho que no hay esperanza para nuestro futuro. Sin embargo, en el sistema de cosas divino nada está fuera del alcance de su misericordioso plan de redención. Él nos ama con amor eterno (Jer 31.3), y nos atrajo a sí mismo con tiernas cuerdas de amor (Os 11.4). ¡Él nos escogió!

Y nos escogió con un propósito. Este versículo dice que Él nos ha puesto para que llevemos fruto y nuestro fruto permanezca. Vivamos con la confianza de que Dios sabía lo que estaba haciendo cuando nos escogió.

La oración eficaz del justo puede mucho.
Santiago 5.16

El Padre se deleita en asociarse con nosotros para establecer su voluntad aquí en la tierra; pero nosotros una y otra vez nos sentimos perdidos en cuanto a *cómo* ser sus socios en la tarea. Este versículo no sólo nos proporciona una clave para que se confirme dicha asociación, sino también un ejemplo tangible de la manera en que podemos vivirla en la práctica.

El pasaje declara que «Elías era hombre sujeto a pasiones semejantes a las nuestras» (v. 17). No se trataba de alguien distinto a usted o a mí. Simplemente se puso en línea con el propósito del Padre y oró con fervor para que se cumpliera la voluntad divina. La ferviente plegaria del profeta rompió las cadenas de la sequía. Jesús amplía esto diciendo: «Todo lo que atares en la tierra será atado en los cielos; y todo lo que desatares en la tierra será desatado en los cielos» (Mt 16.19). Nuestra responsabilidad es clara: nosotros oramos y Él libera.

¿Qué cosas necesitan ser cambiadas hoy en su mundo? Tráigaselas al Señor en oración y observe luego cómo Él libera la respuesta en toda su promesa y bendición.

Porque de tal manera amó Dios al mundo,
que ha dado a su Hijo unigénito,
para que todo aquel que en Él cree, no se pierda,
mas tenga vida eterna. Juan 3.16

No podemos siquiera empezar a sondear el gran sacrificio que Dios hizo por nosotros al enviar a su Hijo, ni a considerar tan desinteresado amor. La palabra que aquí se traduce por «amor» es agapao. Con mucha frecuencia lo identificamos como *ágape,* y se trata de un término singularmente cristiano. En los días del Nuevo Testamento los escritores que no pertenecían a la comunidad creyente prácticamente no lo empleaban.

Agapao es la palabra que describe el amor incondicional de Dios. Es un amor por elección. No necesita de ninguna «química», afinidad o sentimiento. El término denota una benevolencia invencible y una buena voluntad inquebrantable. El *agapao* jamás buscará algo que no sea el mayor bien de la humanidad.

Dios sabía, en su amor infinito e incondicional por nosotros, que el mayor bien para la humanidad requeriría la muerte de su Hijo, el sacrificio por excelencia que puede hacer un padre. Sin embargo, Padre e Hijo hicieron voluntariamente dicho sacrificio a causa de su gran amor por nosotros.

Mientras vivimos en la vida del amor de Dios, vivamos también en una alabanza constante por la muerte de Jesús a nuestro favor y por el don del Padre para nosotros.

El amor no hace mal al prójimo;
así que el cumplimiento de la ley es el amor.
Romanos 13.10

Este versículo indica que cuando mostramos amor los unos por los otros cumplimos automáticamente la ley. Si amamos de veras, no haremos nada que sea dañino para otros; mantendremos todo en la prioridad debida y llegaremos a ser sensibles a las necesidades de los demás.

Primera de Corintios 13 se conoce como el capítulo del amor, y nos proporciona una definición clara de cómo se comporta dicho amor: «El amor es sufrido, es benigno; el amor no tiene envidia, el amor no es jactancioso, no se envanece; no es indecoroso, no busca lo suyo, no se irrita, no guarda rencor; no se goza de la injusticia, mas se goza de la verdad. Todo lo sufre, todo lo cree, todo lo espera, todo lo soporta. El amor nunca deja de ser» (1 Co 13.4-8).

Extendamos la mano a la gente que nos rodea con la ley divina de amor que trae sanidad, consuelo y gozo.

*Mirad cuál amor nos ha dado el Padre,
para que seamos llamados hijos de Dios.
1 Juan 3.1*

Nuestra cultura nos dice que nadie es tan especial que no se pueda sustituir. Sin embargo, a cada uno de nosotros Dios nos creó como individuos únicos, y nos ama tanto que el Rey de reyes ha escogido adoptarnos y llamarnos hijos suyos. ¡Eso nos hace parte de la realeza!

Las familias reales de nuestro mundo disponen de una increíble riqueza, se mezclan con el «jet set» y poseen fama mundial; pero también tienen que enfrentarse a su incapacidad para cambiar la situación mundial y habérselas con el escándalo, el chismorreo y la falta de privacidad. No pueden decir que sus vidas les pertenezcan.

Lo mismo pasa con nosotros. Las Escrituras nos dicen que hemos sido comprados por precio (1 Co 7.23) y que ahora pertenecemos al Padre Dios. Formamos parte de dignísimo linaje real: el Padre nos ha convertido en sus nobles y virtuosos hijos (Sal 45.13). Seguimos la ley de otro reino (Stg 2.8) y cumplimos con un nuevo llamamiento para nuestras vidas (1 P 2.9).

Conduzcámonos hoy como conviene a los hijos del Rey.

Satanás os ha pedido para zarandearos como a trigo; pero yo he rogado por ti, que tu fe no falte. Lucas 22.31, 32.

Cada día vivimos una eterna lucha en nuestros corazones, familias y lugares de servicio. No nos sorprende que el adversario se nos oponga. Jamás son mejor recibidas las palabras de nuestro Salvador: «He orado por ti», que en esos momentos.

El Intercesor celestial, nuestro Creador y Redentor, afirma que ha visto el plan del adversario para acabar con nosotros y está preparando un contraataque a nuestro favor a fin de quebrantar el poder del enemigo. Habiendo vencido al diablo en el Calvario, Jesús acoge con satisfacción la oportunidad de derrotarlo también en el campo de batalla de nuestras vidas. A pesar de las incursiones temporales que hace en nuestro carácter, donde la contemporización puede introducirse subrepticiamente sin que casi nos demos cuenta de ello, en nuestras relaciones —que muestran las heridas no sólo de los malentendidos humanos, sino también del claro ataque demoníaco—, y en nuestro pecado —estimulado por el orgullo y el miedo—, nuestra fe en Cristo no fracasará.

Jesús comprende la naturaleza de nuestra condición y la ferocidad del combate. Sólo Él es el garante, siempre dispuesto, de nuestra vida y nuestro futuro en Él.

LA GUERRA ESPIRITUAL

No tengas miedo, porque más son los que están con nosotros que los que están con ellos.
2 Reyes 6.16

En ese momento Eliseo y su criado están rodeados por el gran ejército de Siria. En la guerra de Israel contra ese país, la percepción espiritual de Eliseo ha hecho fracasar constantemente las estrategias bélicas de los sirios, cuyo ejército está tratando de poner fin a la ventaja profética de los israelitas.

El punto decisivo y esencial de todo este pasaje es la oración. Primeramente, por medio de ella se disciernen las estrategias del adversario. En segundo lugar, ella es la clave para disipar el pánico del siervo de Eliseo. Después de afirmar que los sirios son menos en número que ellos dos, Eliseo ora. No le pide al Señor que muestre a su criado otro milagro más, sino que le permita ver en otra dimensión.

La respuesta llega de inmediato: «Y he aquí que el monte estaba lleno de gente de a caballo, y de carros de fuego alrededor de Eliseo» (v. 17). Estos siempre habían estado allí: el Señor tenían prevista la necesidad de Eliseo y su criado y la había suplido. Sin embargo, no fue sino a través de unos ojos de fe en la esfera espiritual que esos recursos pudieron verse. Así que, hoy, ¡no tenga miedo! Mire con ojos de fe. ¡El Señor es más numeroso que los enemigos a los que se enfrenta!

Y cuando comenzaron a entonar cantos de alabanza, Jehová puso contra los hijos de Amón, de Moab y del monte de Seir, las emboscadas[...] y se mataron los unos a los otros. 2 Crónicas 20.22

En este pasaje Judá está a punto de ser aplastado por una confederación de tres ejércitos enemigos. Sus soldados son una minoría desesperada y van a una derrota segura. Pero Dios tiene un plan... ¡que adoren!

La adoración coloca a Dios en su lugar como Creador del universo, Redentor de nuestra vida y Proveedor de cuanto necesitamos. Como sabemos a quién adoramos, nuestra adoración da lugar para que el Señor cumpla su propósito en nosotros. La adoración no es ignorancia extática ni vana superstición frente a la necesidad presente, sino una confirmación del deseo de Dios de obrar en las vidas de su pueblo.

¡El poder espiritual se libera con alabanza! Los enemigos de Judá («alabanza» en hebreo) se confunden y empiezan a matarse entre sí cuando el pueblo de Dios comienza a cantar y adorar. Josafat, el rey judío, no llega a mandar al combate a su ejército: ¡Solamente al coro! Asimismo Dios promete que si enfrentamos cada desafío con alabanza, confundirá y esparcirá a nuestros enemigos.

Traiga lo que traiga el día de hoy, por grande que sea el obstáculo, el punto de penetración inicial es la adoración.

LA GUERRA ESPIRITUAL

Como Príncipe del ejército de Jehová he venido ahora. Entonces Josué, postrándose sobre su rostro en tierra, le adoró. Josué 5.14

Recién cruzado el Jordán, pisando ya la tierra prometida, Josué y el pueblo de Israel inician el proceso de posesión de la promesa que había comenzado una generación antes, cuando Dios sacó a Israel de la esclavitud de Egipto. El Señor mismo está ahora delante de Josué, ataviado para el combate y listo para guiar a Israel a la batalla. Lógicamente, no habría conquista sin pelea. Pero la escena nos resulta familiar.

Una generación antes Moisés había estado delante de la zarza ardiente en el Sinaí y el Señor le había hablado ordenándole que sacara a Israel de la esclavitud. Al igual que ahora sucede con Josué, a él también se le mandó: «Quita tu calzado de tus pies». El encargo del Príncipe tenía que comenzar con adoración.

Apoyarse en planes diseñados por el hombre, en la fuerza humana o en el deseo carnal jamás producirá la liberación de la esclavitud del pecado ni la posesión de la promesa de Dios para nuestras vidas. Nuestra dependencia descalza, vacía de manos y postrada sobre el rostro en tierra ante el Señor es el único camino seguro para la libertad definitiva en nuestras vidas personales y para la victoria de los líderes.

No podrás hacer frente a tus enemigos, hasta que hayáis quitado el anatema de en medio de vosotros. Josué 7.13

La codicia de Acán por los tesoros había traído la calamidad a Israel en su proceso de conquistar la tierra prometida. Por lo tanto el Señor dice: «No podrás hacer frente a tus enemigos». En este caso el pecado de un hombre interrumpió temporalmente el avance de una nación entera. El horrible poder del pecado para corromper al pueblo de Dios y detener el propósito divino entre ellos queda claramente ilustrado en este pasaje.

Sin embargo, Romanos 5.17 nos recuerda de un modo triunfante: «Pues si por la transgresión de uno solo reinó la muerte, mucho más reinarán en vida por uno solo, Jesucristo, los que reciben la abundancia de la gracia y del don de la justicia». El poder del pecado de un hombre —Adán, Acán, usted o yo— queda completamente quebrado por la justicia del Hijo único de Dios.

Siempre que nos sintamos descalificados o inhabilitados por el pecado, podemos recibir gracia si nos arrepentimos, perdón si respondemos con fe, y futuro de promesa redimida si nos humillamos para recibirla.

[Ellos] tocaron las trompetas, y quebrando los cántaros tomaron en la mano izquierda las teas[...] y gritaron: ¡Por la espada de Jehová y de Gedeón! Jueces 7.20

Un puñado de guerreros rompiendo cántaros, portando antorchas y haciendo un ruido ensordecedor —y que no llegaron nunca a lanzar una flecha, arrojar una lanza o esgrimir una espada—, ponen en fuga al enemigo de Israel. Aquí la simple obediencia a las instrucciones divinas trae liberación al pueblo de Dios. La contienda espiritual no se ganó en términos humanos en el sudoroso y apretado terreno del combate, ni mediante fuerza de hombres a través de un innumerable ejército adiestrado y endurecido para la batalla. Se decidió en función de la respuesta fiel a lo que Dios había hablado a Gedeón.

La naturaleza humana nos exige que acumulemos cosas a nuestro favor, haciendo acopio de todo recurso natural posible para afrontar los desafíos. Y mientras lo hacemos, el Espíritu Santo no deja de recordarnos que nuestra suficiencia está sólo en Él.

Nuestras posibilidades de lograr el éxito en la vida tienen poco que ver con los arreglos que seamos capaces de hacer y mucho con la invitación al Señor para que obre en nosotros y por medio de nosotros por su gracia. Todo lo que Él demanda es que seamos fieles a sus mandamientos.

Clama a mí, y yo te responderé, y te enseñaré cosas grandes y ocultas. Jeremías 33.3

¡Qué promesa tan absolutamente increíble! Si Jeremías ora, Dios le promete que no sólo le contestará, sino que le revelará «cosas grandes y ocultas». Se trata de cosas que no podrían conocerse de ningún otro modo. Dios está ofreciendo un discernimiento de revelación basado en una búsqueda de Él en la plegaria.

Toda empresa espiritual fructífera está fundada en la comprensión clara de las fuerzas que se oponen a nosotros y en la dirección necesaria para tratar con esas influencias. La mente carnal no es apropiada para la guerra espiritual. Lo que puede hacer a lo sumo nuestra percepción natural humana es llevarnos al umbral de la comprensión, pero jamás hacérnoslo cruzar. Incluso las victorias espirituales antiguas y la experiencia de un caminar con Cristo durante años no es sustituto del discernimiento espiritual fresco que viene de nuestro andar diario con Él en la oración.

¿Cómo está hoy su vida de oración? Vuélvase ahora al Señor y Él le proporcionará todo lo que necesite: dirección, discernimiento, fortaleza... y «cosas grandes y ocultas».

Fíate de Jehová de todo tu corazón,
y no te apoyes en tu propia prudencia.
Reconócelo en todos tus caminos,
y Él enderezará tus veredas. Proverbios 3.5, 6

No podemos fiarnos de alguien a quien no conocemos. Estos versículos contienen dos palabras clave para descubrir a un amante y fidedigno Señor obrando en nuestras vidas.

Debemos reconocer a Dios en todos nuestros caminos. La palabra que aquí se traduce por «caminos» es la hebrea derek, que significa «una senda, un curso o un modo de acción», y que sugiere oportunidades específicas que una persona puede encontrar con regularidad. El ver la mano de Dios obrando en las cosas corrientes abre nuestros corazones a la confianza en los momentos de la prueba más profunda.

«Reconocer», en hebreo *yada*, significa «conocer por observación, investigación o experiencia de primera mano». El nivel más alto de conocimiento es el contacto íntimo directo, y aquí este término se refiere a la intimidad procreadora del matrimonio. Aplicado a nuestras vidas espirituales sugiere que la oración concibe y da a luz bendiciones y victorias.

Según se desprende de este texto, si todos nuestros días mantenemos contacto con Dios, Él promete dirigir nuestras sendas hacia empenos fructíferos y generadores de vida.

Oh Jehová, de mañana oirás mi voz;
de mañana me presentaré delante de ti,
y esperaré. Salmo 5.3

La oración constante y diaria, o «mañana tras mañana», como puede traducirse el versículo 3, es un punto de arranque para la eficacia espiritual en la oración. David utiliza la palabra hebrea 'arak, «presentaré», declarando que dirigirá sus peticiones a Dios diariamente. *'Arak* se utiliza muy frecuentemente en los escritos de Moisés respecto a la «puesta en orden», por parte de los sacerdotes, de los sacrificios que deben presentarse cada día delante del Señor (Éx 40.4). También describe un ejército que se pone en orden de batalla (Jue 20.20-22), e indica una estrategia ordenada para la pelea. Así, David declara que tiene un orden bien meditado para sus plegarias: una estrategia diaria de oración llena de propósito y significado.

¡Qué gozo es traer cada día delante del Señor un nuevo sacrificio de nuestras vidas (Ro 12.1) y prepararnos sistemáticamente para la guerra espiritual! Nuestras mayores victorias pocas veces las ganamos en un instante; más bien se consiguen mañana tras mañana en la aplicación de su verdad y su poder, lo cual derriba las fortalezas de las tinieblas en nuestro mundo y garantiza el cumplimiento de su propósito en nosotros.

LA GUERRA ESPIRITUAL

La oración eficaz del justo puede mucho.
Santiago 5.16

«Eficaz» es *energeo* en el griego. El apóstol Pablo utilizó esta misma palabra para describir el poder de la Palabra de Dios en nuestras vidas: «La recibisteis no como palabra de hombres, sino según es en verdad, la palabra de Dios, la cual actúa [eficazmente] en vosotros los creyentes» (1 Ts 2.13). La obra de Dios en nosotros crece porque la fuerza de esta nueva vida es el poder del Espíritu Santo, que sigue cambiándonos según la imagen de nuestro Salvador, Jesucristo. *Energeo* describe un proceso que es mucho más que dinámico; que logra su objetivo.

El fervor de la oración descrita en este versículo no está basado en un emocionalismo inútil. Es una pasión en la plegaria que confía en un cumplimiento seguro, y que se fundamenta en la certeza de la participación de Dios para traer el gobierno de su reino a nuestro mundo mientras oramos.

Cuando oremos hoy hagámoslo creyendo. El Espíritu Santo proporciona el *energeo* que sigue actuando hasta que el propósito justo de Dios ha prevalecido. ¡Nuestras oraciones dan resultado!

Y busqué entre ellos hombre que hiciese vallado y que se pusiese en la brecha delante de mí[...] y no lo hallé. Ezequiel 22.30

¡Hubiese bastado con sólo una persona! Y Dios buscaba esa persona. ¿Cuántas situaciones se dan hoy en nuestro mundo en las cuales el Señor está buscando a una persona que simplemente enfrente la corriente de la horrible destrucción causada por el pecado? Él no busca una persona perfecta, sino solamente alguien que se ponga delante de Él a favor de la gente que no puede hacerlo por sí misma.

El diablo, el príncipe del mal, nos acobardaría a todos si tuviéramos que presentarnos solos delante de él; pero la invitación que se hace al intercesor es para estar delante del trono de gracia y amor, con Jesús sentado a la diestra del Padre. Allí defendemos nuestra causa como intercesores.

El Hijo de Dios (el Abogado final de todos nosotros) confirma nuestra intercesión, y el poder divino se libera para fluir hacia los lugares donde la desolación está actuando y la redención de Dios se recibe ahora con gusto. Y sólo se precisa una persona. Aprendamos a administrar nuestro privilegio con sensibilidad y a responder cuando Él nos busca para que seamos aquel que se pone en la brecha.

LA GUERRA ESPIRITUAL

Vestíos de toda la armadura de Dios, para que podáis estar firmes contra las asechanzas del diablo. Efesios 6.11

¿Guerra espiritual? ¿Tinieblas demoníacas? ¿Dones del Espíritu? ¿Son todos esos temas nuevos en la Iglesia? Siga leyendo:

> Castillo fuerte es nuestro Dios, defensa y buen escudo; con su poder nos librará en este trance agudo. Con furia y con afán acósanos Satán. Por armas deja ver astucia y gran poder. Cual Él no hay en la tierra.
>
> Nuestro valor es nada aquí, con él todo es perdido; mas por nosotros pugnará de Dios el Escogido. ¿Sabéis quién es? Jesús, el que venció en la cruz, Señor de Sabaoth; y pues Él sólo es Dios, Él triunfa en la batalla.
>
> Aunque estén demonios mil prontos a devorarnos, no temeremos, porque Dios sabrá aun prosperarnos. Que muestre su vigor Satán, y su furor; dañarnos no podrá; pues condenado es ya por la Palabra Santa.

¡Diga «Amén» a estas palabras de Martín Lutero escritas hace cuatro siglos y medio!

Y todos fueron llenos del Espíritu Santo,
y hablaban con denuedo la palabra de Dios.
Hechos 4.31

La palabra griega traducida por «denuedo» es *parhesia,* que significa «declaración abierta y sin reservas, libertad de expresión, franqueza, candor, valor alegre, lo opuesto de cobardía». Aquí se trata de la capacitación divina de la gente común, quienes exhiben poder y autoridad espiritual. *Parhesia* no es una cualidad humana, sino el resultado de haber sido lleno del Espíritu Santo.

Anteriormente, en el versículo 29, los creyentes habían orado diciendo: «Señor[...] concede a tus siervos que con todo denuedo hablen tu palabra». Tenga cuidado con lo que pide orando, porque eso será lo que reciba. Mientras oraban, el lugar tembló y todos fueron llenos del Espíritu Santo. Entonces hablaron con *parhesia.*

En la actualidad hay gente que está esperando a que usted hable con denuedo; no palabras de consuelo humano, sino las poderosas palabras de Dios que pueden liberarlos. Atado por el pecado, confundido por la falta de sentido en sus vidas, sin esperanza y necesitado de amor, el mundo que nos rodea clama por alguien que le ayude. ¡Proclamemos con denuedo a Jesús y manifestemos la preocupación todopoderosa y todoamorosa del Señor por ellos!

LA GUERRA ESPIRITUAL

Y la multitud de los que habían creído era de un corazón y un alma. Hechos 4.32

La liberación del verdadero poder del Espíritu Santo está directamente relacionada con la unidad de los creyentes. Jesús oró por la unidad en Juan 17 y nos enseñó, en Mateo 18.19, que la oración en común acuerdo no tiene límites en cuanto a su capacidad de liberar el poder de Dios. Y aquí, en el libro de los Hechos, vemos la unidad como el resultado directo de la plenitud del Espíritu: «La multitud de los que habían creído era de un corazón y un alma».

El orgullo humano es el culpable de dividir a los hermanos y hermanas en el Cuerpo de Cristo, y constituye la principal estratagema del adversario para bloquear el flujo del poder de Dios trayendo descrédito a la Iglesia en un mundo que observa.

El orgullo tiene los mismos efectos devastadores en las familias. Hay matrimonios que se rompen, y niños que se pierden, a causa del orgullo sin amor que divide los hogares. El verdadero poder del Espíritu Santo enternece nuestros corazones y nos trae a la unidad del alma. Aunque dicho poder no garantice la universalidad de pensamiento, llegamos a ablandarnos en amor y nos movemos juntos en un solo corazón por su ilimitada potencia.

Y con gran poder lo apóstoles daban testimonio de la resurrección del Señor Jesús, y abundante gracia era sobre todos ellos. Hechos 4.33

La reunión tembló con el poder de Dios, pero la intención de aquella sacudida era liberar a toda la ciudad. Cargados de poder sobrenatural, los apóstoles predicaron el evangelio y confrontaron a las fuerzas espirituales que mantenían a Jerusalén en oscuridad y temor. Aunque intimidados con el encarcelamiento y amenazados por la misma estructura de poder que crucificó a Jesús, el Espíritu Santo llena constantemente a los discípulos. El avivamiento que comenzó en Pentecostés, y que siguió con señales y prodigios milagrosos, ahora limita a las fuerzas de las tinieblas a las vanas amenazas ante el poder auténtico de una Iglesia viva en acción.

Las amenazas mentirosas del diablo no pueden competir con el inequívoco poder del Espíritu Santo. Los demonios nos intimidarán hasta silenciarnos, nos atormentarán con miedos y nos llevarán a la desesperación utilizando las circunstancias, a menos que como creyentes llenos del Espíritu Santo recibamos una nueva obra del poder del Espíritu cada día. Pida ese poder y sea renovado para el desafío de hoy. Quiera Dios que el poder de Jesucristo traiga «abundante gracia» sobre cada uno de nosotros en este mismo instante.

Porque ha sido lanzado fuera el acusador de nuestros hermanos, el que los acusaba delante de nuestro Dios día y noche. Apocalipsis 12.10

El diablo es un mentiroso, pero eso no es todo. ¡Es un mentiroso derrotado! Aunque nos acusa delante de Dios por nuestra debilidad y nuestro pecado, la respuesta de Jesús en favor de nosotros es espectacular e instantánea: «Padre, perdónalos». Negado en el cielo, el trabajo del acusador se promociona ahora entre los oídos carnales de personas vulnerables a la crítica de los hermanos y hermanas en el Cuerpo de Cristo; o sus palabras queman en las mentes de aquellos que se sienten culpables por el fracaso de sus propias vidas.

¡Pero regocijaos, amados! «Ninguna condenación hay para los que están en Cristo Jesús» (Ro 8.1). El acusador ha sido arrojado. Confiese su pecado y sea sano; pero rechace las palabras mentirosas de un enemigo derrotado. Nuestra deuda está saldada, nuestro rescate completo y nuestra vergüenza cubierta por la gracia de Dios. Regocíjese, ya que Aquel que nos salva es el mismo que nos acepta, y que por la acción de su Espíritu Santo sigue adelante renovando su obra en nosotros.

Respondiendo Jesús, les dijo: Tened fe en Dios.
Marcos 11.22

Estas palabras de nuestro Señor siguen a su maldición de la higuera, e indican una pasión en la oración y en la fe que necesitamos aprender. Más tarde, cuando los discípulos repararon con sorpresa en que el árbol se había secado (v. 20), Jesús respondió con una orden clara: «Tened fe en Dios». Y luego, llamando a sus seguidores a «hablar a las montañas», los guió a prepararse para aquellas situaciones en las que les sería necesario tomar directamente autoridad en el reino espiritual para influir en las cosas del reino natural.

La cuestión no está nunca en nuestra capacidad de «mover montañas», sino en la fe en Aquel que hizo esas montañas. Visualizar una victoria o fabricar un «sentimiento» de fe es un intento patético del ser humano de conseguir que algo suceda. La verdadera fe echa mano del Dador de esa fe (Ef 2.8), el cual ostenta todo el poder para cada necesidad, y espera que Él conteste a la oración como prometió que lo haría.

Cuando surjan circunstancias que desafían su fe, vuélvase al Señor. Él está esperando que usted clame a Él.

Y me buscaréis y me hallaréis, porque me buscaréis de todo vuestro corazón. Jeremías 29.13

Previamente en este mismo pasaje, el Señor promete a su pueblo un futuro y una esperanza, pero dicha promesa está basada en una pasión por su presencia. La palabra «buscaréis» sugiere una intensidad que raya en la desesperación; una búsqueda íntima y diligente de Dios.

A nuestra cultura moderna, que se viste de una despreocupación imperturbable, le parece extraña cualquier búsqueda apasionada, pero la Palabra de Dios nos muestra el deseo de su pueblo por buscarle a Él. El Salmo 84.2 declara: «Anhela mi alma y aun ardientemente desea los atrios de Jehová; mi corazón y mi carne cantan al Dios vivo». No hay descubrimiento de Dios ni de su poder liberador para aquellos que no lo buscan apasionadamente.

La presión de un mundo pecaminoso y el anhelo inexorable de nuestra carne niegan la entrada a los atrios del Señor a aquellos que intentan darse un paseo despreocupado por ellos. Pero para aquellos otros de corazones ardientes no hay fuerza carnal o del diablo que pueda impedirles hallar la gracia del Señor, como también «un futuro y una esperanza».

Y publiqué ayuno allí junto al río Ahava, para afligirnos delante de nuestro Dios. Esdras 8.21

El poder del ayuno reside en la abatida humildad de la gente que desea la voluntad de Dios en sus vidas más que el pan que sustenta sus cuerpos físicos. El ayuno constituye un aviso del alma de que el cuerpo no dominará sobre ella, y declara que no habrá alivio hasta que las cuestiones presentadas al Señor se resuelvan en espíritu. El ayuno no denota sinceridad, sino que más bien humilla al alma con la dependencia de Dios.

Durante su ayuno, Esdras buscó la dirección del Señor para las familias que estaban con él y la protección tanto de la gente como de las posesiones que Dios les había concedido. Isaías 58.6 enfoca el ayuno hacia un «desatar las ligaduras de impiedad», «soltar las cargas de opresión» y «dejar ir libres a los quebrantados». El hambre y la incomodidad del ayuno son recordatorios de que debemos orar, estar en la Palabra y manifestar la palabra viva de nuestro Salvador, que dice que «no sólo de pan vivirá el hombre sino de toda palabra que sale de la boca de Dios» (Mt 4.4).

Responda a la llamada de Dios   *20 de septiembre*

Y cuando saliereis a la guerra[...] tocaréis alarma con las trompetas[...] y seréis salvos de vuestros enemigos. Números 10.9

El mandamiento del Señor a Moisés fue claro: «Hazte dos trompetas de plata». Una de ellas era para llamar al pueblo a reunirse, y la otra para anunciar el avance de este, generalmente su entrada en batalla: «Tocaréis alarma con las trompetas[...] y seréis salvos de vuestros enemigos».

Un pueblo alerta del peligro y dispuesto para la batalla constituye un obstáculo formidable para cualquier fuerza invasora. Pablo advierte que si no hay trompeta para avisar el desastre será seguro: «Y si la trompeta diere sonido incierto, ¿quién se preparará para la batalla? (1 Co 14.8). Cuando el pueblo de Dios oye el sonido de trompeta del Espíritu Santo llamándolo a la guerra espiritual, se prepara para hacer frente a las obras de las tinieblas; y actuando en unidad y oración, resisten el ataque del diablo.

La Biblia menciona otra trompeta en Apocalipsis 11.15. Se trata de la trompeta final, que anuncia de una vez por todas que «los reinos del mundo han venido a ser de nuestro Señor y de su Cristo; y Él reinará por los siglos de los siglos». Maranata. ¡Señor, ven pronto! Esperamos escuchar ese último toque de trompeta.

Vestíos de toda la armadura de Dios, para que podáis estar firmes contra las asechanzas del diablo. Efesios 6.11

¡Resulta inimaginable! ¡Nadie lo haría! ¡Nadie en su sano juicio partiría de casa por la mañana desnudo! Esto no sólo quebranta las normas sociales, sino que lo deja a uno sin protección contra los elementos.

Sin embargo, hay cristianos que cada día salen de sus casas sin un resguardo contra los elementos espirituales con los que habrán de enfrentarse. Y tan cierto como que sin nuestra ropa estamos desnudos, nos encontramos descubiertos para el combate espiritual si no llevamos nuestra armadura. La armadura de Dios es algo que nos ponemos y nos dejamos puesto, porque cada día constituye una jornada de contienda espiritual. Los que no se protegen resultan engañados o heridos.

El ataque del diablo es riguroso, artero y siempre busca algún punto en nuestras defensas que no esté cubierto. Sea para hacernos dudar del amor que Dios nos tiene, para comprometer nuestra integridad o para confundirnos con doctrinas de mentiras y medias verdades, nuestra única defensa está en ataviarnos para la batalla cada día. Ceñidos con la verdad, cubiertos con la justicia, protegidos por la fe y transformados por la salvación, nos encontramos dispuestos para hacer frente a la jornada.

LA GUERRA ESPIRITUAL

Tomad el escudo de la fe, con que podáis apagar todos los dardos de fuego del maligno. Y tomad el yelmo de la salvación, y la espada del Espíritu, que es la palabra de Dios.
Efesios 6.16, 17

La guerra espiritual requiere pertrechos sobrenaturales para obtener la victoria en el combate. Pablo describe tres piezas esenciales del equipo: el escudo de la fe, el yelmo de la salvación y la espada del Espíritu. Nuestra fe en la naturaleza de nuestro Dios y en su capacidad soberana para guardarnos del mal y protegernos de la perversa embestida del enemigo nos brinda un escudo que ninguna flecha del enemigo es capaz de atravesar. El yelmo de la salvación nos proporciona una transformación de nuestro entendimiento y un poder para vivir con Jesús soportando la compulsión del adversario (Ro 12.2). Y la espada del Espíritu nos provee un arma que nunca se embota ni se nos hace demasiado pesada de manejar, incluso en momentos de cansancio y desaliento.

Salga hoy con decisión, aunque nuestro adversario mienta, amenace, trate de asustar e intente incapacitarnos. La Palabra de Dios es segura; la espada divina no le fallará. Tenemos una fe fuerte que, centrándola en el Señor, nos ofrece toda la protección que podamos necesitar. Dios nos ha proporcionado la estrategia y la capacidad de actuar según el propósito que tiene para nosotros, hasta que nuestros enemigos sean derrotados y obtengamos su promesa.

Los que sembraron con lágrimas, con regocijo segarán. Irá andando y llorando el que lleva la preciosa semilla; mas volverá a venir con regocijo, trayendo sus gavillas. Salmo 126.5, 6

Las lágrimas desempeñan un papel único en el avance espiritual. Este texto nos dice que la siembra de semillas acompañada de un espíritu quebrantado no sólo producirá una siega espiritual de resultados, sino que dejará también al sembrador con un espíritu de regocijo. La Escritura nos enseña que las lágrimas tienen varios propósitos y funciones relacionados con lo que podríamos llamar «el ministerio del llanto».

Las lágrimas de tristeza (2 R 20.5) son causadas por la impotencia de nuestra fragilidad física. Las lágrimas de gozo (Gn 33.4) se regocijan por las relaciones restauradas. También hay lágrimas de compasión (Jn 11.35) por el dolor de otros, y de desesperación (Est 4.1, 3) cuando se clama pidiendo la ayuda que sólo Dios puede dar. Derramamos lágrimas de parto (Is 42.14) mientras damos a luz las cosas nuevas que Dios ha prometido hacer, y lágrimas de arrepentimiento (Jl 2.12, 13) a causa de nuestro pecado.

Es en nuestro corazón, ablandado por las lágrimas, donde debemos sembrar. En tan fértil suelo las preciosas semillas germinarán y producirán una cosecha gozosa y abundante.

LA GUERRA ESPIRITUAL

Porque no tenemos lucha contra sangre y carne, sino contra[...] huestes espirituales de maldad en las regiones celestes. Efesios 6.12

El blanco está claramente marcado: nuestro enemigo es espiritual. Mantener debidamente enfocada la verdadera naturaleza de nuestros asaltantes demoníacos es esencial. Los creyentes desperdiciamos demasiado tiempo, gastamos demasiadas energías y sufrimos mucho daño dedicándonos a luchar contra personas (carne y sangre) en vez de pelear contra las fuerzas espirituales que operan en una determinada situación. En su intento de llevar a los cristianos a la derrota en sus vidas personales, el diablo trata de desviar la fuerza de nuestra guerra «espiritual» hacia otra gente, de nuestras familias, nuestras iglesias, nuestros lugares de trabajo o nuestras comunidades.

El diablo sabe muy bien estas dos cosas: (1) que si empezamos a luchar con otra gente, esta nos complacerá sin duda defendiéndose; y (2) que si hacemos tal cosa jamás nos movilizaremos para derrotarlo a él.

Así que sea lo que fuere aquello a lo que se enfrenta hoy (situaciones o personas), tome una decisión en cuanto al conflicto. Nuestro enemigo es el diablo. Si guerreamos en oración y hacemos la paz con quienes nos rodean, Satanás no tendrá ninguna posibilidad de triunfar en nuestras vidas.

He aquí os doy potestad de hollar serpientes y escorpiones, y sobre toda fuerza del enemigo, y nada os dañará. Lucas 10.19

Nuestra autoridad es la del Señor. Cuando Jesús dio a sus discípulos exousia, les proporcionó autoridad delegada, el derecho de actuar, habilidad y capacidad. Ya que Cristo tenía la *exousia* de perdonar pecados, sanar enfermedades y echar fuera demonios, lo que transmitió a sus discípulos fue el poder de trabajar como Él. Jesús proporcionó a sus seguidores esta *exousia,* y nunca se la ha retirado (Jn 14.12). Y puesto que ha delegado en nosotros dicho privilegio, ahora tenemos la responsabilidad de ejercerlo en su nombre.

No se trata desde luego de pisotear serpientes e insectos enormes, sino de hacer frente a las más terribles obras del infierno y vencerlas en el poder del Espíritu de Dios. Si utilizamos el poder que Él nos ha dado, «nada [nos] dañará». Cuánto sufrimos porque, por temor o negligencia, renunciamos a este privilegio de actuar con semejante autoridad. La serpiente morderá, el escorpión picará y el enemigo atacará; pero si empleamos la *exousia* que Él nos ha dado, venceremos a las obras de las tinieblas.

Pero no os regocijéis de que los espíritus se os sujetan, sino regocijaos de que vuestros nombres están escritos en los cielos. Lucas 10.20

De la fascinación del hombre con lo sobrenatural hay abundante testimonio a lo largo de toda la historia. Aquí Jesús reacciona a la preocupación de sus propios discípulos con el triunfo que han obtenido sobre las fuerzas demoníacas. Sin rechazar la importancia de dicho triunfo, ni despreciar el gozo de ellos, Jesús les ayuda a identificar las verdaderas prioridades para la gente de fe.

Primero, no debería constituir ninguna sorpresa que los discípulos echasen fuera demonios. Jesús les había dado su poder; que es esencial para vivir como personas espirituales en un mundo lleno de demonios, pero el cual no debían utilizar para montar un espectáculo ni para «demostrar» que lo tenían.

Segundo, la verdad y la demostración de poder divino más apreciada es el amor del Señor, el perdón y la eternidad a cambio de nuestra debilidad, pecado y humanidad. No hay poder mayor que el que salva a un pecador del infierno, ni nada que pueda compararse. Echar fuera demonios se lleva a cabo en la autoridad de Jesús, pero el rescate de los pecadores precisó del sacrificio de su vida.

Pongamos nuestras prioridades en orden para actuar en el poder del Espíritu de Jesús y vivir en la plenitud de su gracia salvadora.

Porque las armas de nuestra milicia no son carnales, sino poderosas en Dios para la destrucción de fortalezas. 2 Corintios 10.4

Somos ciudadanos de dos mundos; gente espiritual redimida por el Señor para que vivamos como pueblo suyo en el Reino de Dios, y, simultáneamente, seres humanos que vivimos en un mundo muy físico todavía atormentado por la naturaleza de nuestro padre Adán. Pero nuestra guerra es espiritual. Puede que parezca física, y que evoque fuertes emociones con blancos carnales obvios; sin embargo, el apóstol Pablo afirma que es espiritual y que los únicos instrumentos eficaces para librarla también lo son.

Esos instrumentos resultan «poderosos» debido a que son espirituales y atacan a la misma fuente del problema. Las fortalezas satánicas resisten el avance del Reino de Dios y los argumentos diabólicos se jactan contra el Señor. Tales contrincantes no ceden a la razón humana, a la pasión terrenal o a planes ideados por el hombre.

La oración traduce la acción espiritual a una penetración práctica. Nuestra guerra exige oración llena del Espíritu, con citas bíblicas, dirigida por el Espíritu Santo y sobrenatural. Esta oración derriba las obras del diablo, tapa la boca del mentiroso y restaura las mentes de aquellos capturados por su propia desobediencia.

Todo reino dividido contra sí mismo, es asolado; y una casa dividida contra sí misma, cae.
Lucas 11.17

Pablo hace a la iglesia de Corinto esta escudriñadora pregunta: «¿Acaso está dividido Cristo?» (1 Co 1.13). Por desgracia en la iglesia del primer siglo cada uno tenía su propia camarilla, estaba en lo cierto según su propia opinión y creía en su propio destino único en el Señor. Pues bien, aquí lo tenemos. Los desafíos que enfrentamos hoy en día no son diferentes. El adversario aún trata de arracarle el poder al Cuerpo de Cristo separando a los creyentes unos de otros.

Lo que hace una casa firme es nuestro amor por el Señor y su amor en nosotros hacia los hermanos y hermanas de la Iglesia. Las diferencias de tradición, estilo y enfoque ministerial reflejan nuestra singularidad en el Señor; y nuestro amor, nuestra aceptación y nuestro alentar a los demás en el Cuerpo de Cristo es la prueba de que el amor de Jesús está obrando en nosotros. Permitamos diariamente que el amor de Dios haga aumentar de tamaño nuestros corazones, permitiendo que la familia de Dios llegue a ser cada día más fuerte.

El amor echa fuera el temor

En el amor no hay temor, sino que el perfecto amor echa fuera el temor[...] De donde el que teme no ha sido perfeccionado en el amor.
1 Juan 4.18

El cristianismo dio al amor (en griego ágape) un nuevo significado. *Ágape* es una palabra que pocas veces aparece en los manuscritos no bíblicos existentes de aquel período, e indica una inquebrantable benevolencia y una invencible buena voluntad que siempre busca el bien del otro sin importar lo que haga. Se trata del amor desinteresado que da generosamente sin pedir nada a cambio, ni considerar el valor de su objeto. *Ágape* es un amor por elección, y tiene más que ver con la voluntad que con la emoción de amar. *Ágape* describe el amor incondicional que Dios le tiene al mundo.

Su amor por el mundo y por cada uno de nosotros es completo. El temor controla nuestras almas porque estamos más convencidos del triunfo de las circunstancias y del pecado sobre nosotros que del imbatible e invencible amor que nos mantiene seguros. Somos de Dios y Él nos considera preciosos.

Hoy Dios nos guardará, nos amará y, si nos aferramos bien a Él, alejará de nosotros nuestros miedos.

Mi predicación [no] fue con palabras persuasivas de humana sabiduría[...] para que vuestra fe no esté fundada en la sabiduría de los hombres, sino en el poder de Dios.
1 Corintios 2.4, 5

La mayor preocupación de Pablo en su ministerio era no predicar otra cosa sino a Cristo y su cruz. No hablaba para demostrar sus habilidades como orador, sino más bien «con temor y temblor», que denota lo contrario de la confianza en sí mismo. La expresión «en el poder de Dios» no se refiere sólo a los milagros que acompañaban a la predicación paulina (2 Co 12.12), sino también a la potencia transformadora del Espíritu Santo en las vidas individuales de los corintios cuando estos se convirtieron. Lejos de tratarse de una mera conversión intelectual por medio de sabiduría humana, se encontraron con el Espíritu mismo, quien manifestó su milagrosa presencia en ellos.

La cruz es el poder de Dios. Es objeto de burla para quienes mueren en sus pecados, pero representa el único poder salvador para los que creen. Todas las cuestiones finales de la vida se dirimen en la cruz: el orgullo humano frente a la provisión divina, el pecado del hombre frente al amor del Señor, nuestro adversario el diablo frente al perfecto Hijo de Dios. Allí, en la cruz, Jesús exclamó: «Consumado es».

Permita que el poder de esta obra acabada se manifieste hoy en usted.

Y haré de ti una nación grande,
y te bendeciré[...] y serán benditas en ti
todas las naciones de la tierra. Génesis 12.2, 3

La promesa de Dios para Abraham fue de bendición. Él lo bendijo con riqueza, honra y descendencia, a la cual le dio la «tierra prometida» de Canaán. Pero por grandes que fueran esas bendiciones, la mayor de todas era el pacto o compromiso del Señor con Abraham de «ser tu Dios, y el de tu descendencia después de ti» (Gn 17.7). A diferencia de la riqueza, la honra y la descendencia, esta promesa podía ser transmitida a «todas las naciones de la tierra». Dios escogió a Abraham de la idólatra ciudad de Ur para que pudiera conocerle y darle a conocer a otros.

La promesa específica de Dios a Abraham tenía una intención universal: «Te bendeciré y serás bendición[...] para todas las naciones». En Cristo Jesús todo el mundo puede acceder a una relación con Dios mediante el don del Espíritu. Las buenas nuevas de Jesucristo no son sólo para creerlas y disfrutarlas, sino también para vivirlas y trasmitírselas a «todas las naciones». ¿Ha recibido usted esas buenas nuevas? ¿Las está trasmitiendo?

Y vosotros me seréis un reino de sacerdotes, y gente santa. Éxodo 19.6

Dios prometió a Abraham bendecirlo y hacer de él una bendición para todas las naciones; repitió esta promesa a Isaac, hijo del patriarca (Gn 26.5, 6), y a Jacob, su nieto (Gn 28.12-14). De modo que el Señor escogió a Abraham y a sus descendientes para que pudiesen, no sólo conocerle, sino también darle a conocer. Años más tarde Dios envió a Moisés a exigir de Faraón: «Deja ir a mi pueblo». Pero, ¿por qué? «Para que me sirva [adore]» (Éx 4.23). La adoración por parte de Israel del único Dios verdadero habría de ser un testimonio para todas las naciones del poder salvador del Señor.

Este mundo está bajo el dominio de un rey extranjero: el dios de este siglo, el diablo. Pero la misión redentora de Dios ha comenzado, y el Rey Jesús ha venido para liberar a su pueblo con el objeto de que viva para la alabanza de la gloria divina. Su pueblo liberado constituye su «especial tesoro», y como súbditos leales son un «reino de sacerdotes» con el deber sacerdotal de proclamar el evangelio de Dios para que las naciones puedan llegar a ser una ofrenda agradable a Dios santificada por el Espíritu Santo (Ro 15.16).

Si viniere y orare hacia esta casa, tú oirás desde los cielos, desde el lugar de tu morada, y harás conforme a todas las cosas por las cuales hubiere clamado a ti el extranjero.
2 Crónicas 6.32, 33

Dios escogió a los descendientes de Abraham, los israelitas, para que le conociesen, pero el Creador de toda la humanidad no es un Dios nacionalista. Su elección de Israel tenía como propósito la bendición de «todas las naciones», a fin de que estas también pudiesen conocerle. Así, en la dedicación del templo de Jerusalén, el rey Salomón pidió a Dios que escuchase las oraciones, no sólo de su propio pueblo, sino también del «extranjero que no fuere de tu pueblo Israel».

Nosotros adoramos y oramos a un Dios universal, cuyos ojos y oídos están abiertos a todo el que clama a Él sinceramente. Él oirá y responderá porque quiere que «todos los pueblos de la tierra conozcan [su] nombre, y [le] teman». Dios tiene un corazón muy grande y alberga en él a todo el mundo.

¡Oh Padre, haznos gente de corazón amplio! Convierte la casa en la que nos reunimos con tu pueblo en una casa de oración para todas las naciones.

ALCANCEMOS AL MUNDO

Pídeme, y te daré por herencia las naciones,
y como posesión tuya los confines de la tierra.
Salmo 2.8

Jesús, el gran Intercesor, en su oración sumosacerdotal de Juan 17, pidió a su Padre que sus discípulos fuesen uno «para que el mundo conozca que tú me enviaste» (Jn 17.23). Por eso la iglesia primitiva, hecha una por el Espíritu Santo, y comprendiendo que los propósitos redentores de Dios se habían cumplido por medio de su Mesías ungido, oró: «Concédenos denuedo para hablar la palabra de Dios». Su intercesión se unió así a aquella del gran Intercesor, y el Señor oyó y contestó a su petición. De este modo, llenos del Espíritu Santo, proclamaron valientemente el evangelio y se convirtieron en testigos no sólo para sus compatriotas judíos sino también para los gentiles. ¡Las naciones llegaron a ser, por medio de ellos, la herencia del Mesías!

Los estudiosos de las misiones cristianas nos dicen que hay cerca de veinticuatro mil «naciones» o «grupos étnicos» en nuestro mundo. Pidamos al Señor que, por amor a su Hijo Jesucristo, sea posible hacer discípulos de cada una de esas «naciones» como parte de la herencia de Jesús.

Se acordarán, y se volverán a Jehová todos los confines de la tierra. Salmo 22.27

«Dios mío, Dios mío, ¿por qué me has desamparado?» Estas primeras palabras del Salmo 22 fueron pronunciadas por Jesús en la cruz. Como Mesías, el Hijo de David experimentó la burla, el rechazo y el sufrimiento, al igual que lo había hecho David, el rey escogido por Dios, un milenio antes. En David se anunciaba ya la mayor de todas las humillaciones: la del Hijo eterno de Dios. Pero la peor tristeza y el peor dolor de Jesús era que incluso el Padre lo había desamparado. No obstante, si bien es cierto que Dios lo desamparó, no lo olvidó. Dios se acordó de Él: «De Él [no] escondió su rostro; sino que cuando clamó a Él, le oyó».

Vivimos en un mundo en el que muchos se sienten desamparados y olvidados. Tal vez eso le suceda hoy a usted. Recuerde entonces, nuevamente, lo que Dios ha hecho en Cristo. Acuérdese también de «anunciar su justicia» y que «Él hizo esto» por aquellos que todavía no han oído esas buenas nuevas. Entonces «se acordarán, y se volverán a Jehová todos los confines de la tierra, y todas las familias de las naciones adorarán delante de [Él]». ¡Dios se acordó! ¡Acordémonos también nosotros, por nuestro propio bien y por el de ellos!

ALCANCEMOS AL MUNDO

*Dios tenga misericordia de nosotros,
y nos bendiga; haga resplandecer su rostro
sobre nosotros; para que sea conocido
en la tierra tu camino. Salmo 67.1, 2*

Este salmo empieza con la bendición sacerdotal que encontramos en Números 6.24-26 y que fue dada por el Señor a Moisés para Aarón y sus hijos, a fin de que estos pudieran poner «mi nombre [de Jehová] sobre los hijos de Israel, y yo los bendeciré». Esta bendición incluía no sólo la paz, sino también la prosperidad. El salmista escribe: «La tierra dará su fruto; nos bendecirá Dios, el Dios nuestro» (Sal 67.6). Pero está claro que la prosperidad material del pueblo de Dios tenía como propósito ayudar a que conozcan su camino en la tierra y su salvación entre las naciones.

Algunos creen que el dinero es la raíz de todos los males, pero no es así. Lo bueno o lo malo no depende de la cantidad de dinero ni de las posesiones que tengamos, sino de cómo las utilizamos. Dios no es contrario a la prosperidad; Él desea bendecir a su pueblo para que su reino se extienda.

Ore para que el pueblo de Dios pueda caracterizarse por un espíritu de liberalidad. Ojalá que la comprensión clara del propósito divino con la prosperidad pueda recorrer todo el Cuerpo de Cristo a fin de que «sea conocido en la tierra [el camino de Dios], en todas las naciones [su] salvación».

Reinó Dios sobre las naciones. Salmo 47.8

Nuestro Dios es el conquistador definitivo de todos los reinos. Él será exaltado entre las naciones. Pero aunque su poder sea imponente, no es un tirano. Por lo tanto se lanza un llamamiento a todas las naciones para que acepten su entronización con palmas y gritos de júbilo. Se invita a los pueblos sometidos a cantar «con inteligencia» al rey de toda la tierra.

¡Qué tremenda paradoja! Nuestro Dios conquista para liberar; captura para dejar libres; somete para dar libertad. Tanto en el nivel personal como en el nacional Dios es el único rey que puede verdaderamente hacer libre a la gente. Puesto que el pecado esclaviza, su poder sólo puede ser quebrado por otro superior: la potencia de un Dios justo y santo. Por eso cantamos «con inteligencia» y reconocemos que Dios reina «sobre las naciones» y que se ha sentado «sobre su santo trono» (Sal 47.8). Sólo Aquel cuyo trono es el único santo puede liberar a los individuos y a las naciones de la tiranía del pecado.

De modo que cantemos sus alabanzas con inteligencia y, juntamente con las naciones, batamos las manos y aclamemos a Dios con voz de júbilo. ¡Él es nuestro Rey! ¡Él es el Rey de todos los reyes!

Toda la tierra sea llena de su gloria.
Salmo 72.19

Así termina la segunda sección del libro de los Salmos (42—72): con toda la tierra bendiciendo a Dios para siempre. La alabanza universal perpetua es apropiada para el único que hace maravillas. Este salmo describe un gobierno regio ideal, el cual caracterizó hasta cierto punto los primeros años del reinado de Salomón.

El cuadro que pinta el salmista del gobierno del rey es una descripción del Reino de Dios, «el único que hace maravillas». Sólo el Dios de Israel es el Dios que juzga justamente, trayendo paz a su pueblo y justicia al pobre. Únicamente Él libera a los necesitados cuando estos claman, y los redime de la opresión. De cierto «benditas serán en Él todas las naciones; lo llamarán bienaventurado» (Sal 72.17).

Ese reino tan benévolo se refleja en su mayor plenitud en el Hijo de Dios, el Mesías del linaje de David. Sólo Él lleva a cabo plenamente la voluntad divina, y todos los que quedan bajo su gobierno justo empiezan a disfrutar de las bendiciones del reino de Dios. Exclamemos con el salmista: «Toda la tierra sea llena de su gloria. Amén y Amén».

Cantad a Jehová, bendecid su nombre; anunciad de día en día su salvación. Salmo 96.2

La adoración y el testimonio van juntos. David así lo entendió. En 1 Crónicas 16 presenta un salmo de acción de gracias para celebrar el regreso del arca del pacto a Jerusalén. La alabanza al Señor por su poderosa salvación tenía que ir acompañada de la proclamación de estas buenas nuevas entre las naciones cuyos dioses no eran capaces de salvar.

Mil años después, en Jerusalén, el día de Pentecostés, gente de muchas naciones distintas escuchó a los ciento veinte creyentes llenos del Espíritu Santo hablar en sus propios idiomas «las maravillas de Dios» (Hechos 2.11). Esa alabanza poderosa se convirtió en la ocasión para que el apóstol Pedro proclamase la salvación mediante el nombre de Jesús a aquellos que se habían reunido. Con la adoración vino el testimonio, y tres mil personas creyeron en Jesús el Mesías, fueron bautizadas en agua y recibieron el Espíritu Santo (Hch 2.38-40).

Como aquellos que han experimentado igualmente «las maravillas de Dios», «cantemos» nosotros también al Señor y «[proclamemos] entre las naciones su gloria», del mismo modo que lo hicieron el antiguo Israel y los ciento veinte discípulos en Pentecostés.

ALCANCEMOS AL MUNDO

Libra a los que son llevados a la muerte; salva a los que están en peligro de muerte.
Proverbios 24.11

Aunque el contenido exacto de este significativo proverbio no está del todo claro, si lo está su aspecto de responsabilidad moral. Aquellos que se dirigen a la destrucción deben ser librados. Alegar ignorancia no nos exime de responsabilidad. ¿Acaso no conoce Dios nuestros corazones? ¿No nos pedirá Él cuentas de nuestra falta de solicitud? Ciertamente estas son preguntas solemnes.

Juntamente con ser salvos de la destrucción, en cualquier forma, viene la obligación de rescatar a otros. Esto se aplica de un modo particular a la salvación de nuestra separación eterna de Dios. ¿Quién nos rescató sino uno que había sido él mismo rescatado al escuchar las buenas nuevas de salvación mediante Jesucristo? Por eso el apóstol Pablo escribe: «A griegos y a no griegos, a sabios y a no sabios soy deudor. Así que, en cuanto a mí, pronto estoy a anunciaros el evangelio también a vosotros que estáis en Roma» (Ro 1.14, 15).

Sesenta y cinco generaciones han pasado desde que Cristo regresó al cielo. ¿Qué podemos y estamos dispuestos a hacer para alcanzar a nuestra propia generación con el evangelio? ¿Qué puedo y estoy dispuesto a hacer para «[librar] a los que son llevados a la muerte»?

Levanta fuertemente tu voz, anunciadora de Jerusalén; levántala, no temas. Isaías 40.9

«¡Buenas nuevas! ¡Anunciadlas con arrojo!», dice el Señor a sus siervos los profetas. Tras setenta años de cautividad estos tienen que proclamar el siguiente mensaje de Dios para Israel en voz alta y sin temor: «Confortaos, pueblo mío. Vuestra iniquidad ha sido perdonada. ¡He aquí vuestro Dios! Él vendrá con poder». Más de quinientos años después, Juan el Bautista vuelve a pronunciar estas palabras: «Preparad el camino del Señor, enderezad sus sendas» (Mt 3.3). El castigo por el pecado ha sido pagado y las ataduras de este último rotas.

Sí, «toda carne es hierba». Tanto en el tiempo de Isaías como en el de Juan el Bautista las generaciones van y vienen, pero «la palabra del Dios nuestro permanece para siempre» (Is 40.6-8). Se trata de la palabra eterna de perdón y consuelo para todos aquellos que se arrepienten y creen en el evangelio de Jesucristo. Pero esas buenas nuevas deben declararse valientemente a cada generación antes de que se marchite, se seque y pase como la hierba. Por lo tanto: «¡Cuán hermosos son sobre los montes los pies del que trae alegres nuevas!» (Is 52.7).

¡Oh Señor, haz que en este día nuestros pies sean hermosos y nuestras voces valientes!

ALCANCEMOS AL MUNDO

También te di por luz de las naciones, para que seas mi salvación hasta lo postrero de la tierra.
Isaías 49.6

Este pasaje está sacado de uno de los denominados «Cánticos del Siervo» en Isaías. Cada uno de dichos cánticos es acerca del siervo de Jehová por medio del cual Él cumplirá su propósito redentor en el mundo. La nación de Israel, como «reino de sacerdotes», fue escogida para ser ese siervo, pero resultó un testigo infiel de la naturaleza y la intención salvadora de Dios.

De modo que se eligió a otro siervo: aquel que haría plenamente la voluntad divina; quien no solamente restauraría a Israel, sino también sería dado como «luz de las naciones» (Is 49.6). En el momento de la dedicación de Jesús en el templo, el anciano Simeón identificó al bebé como esta «luz para revelación a los gentiles, y gloria de tu pueblo Israel» (Lc 2.32).

Ahora que Jesús, la luz del mundo, ha vuelto al cielo, nosotros, su pueblo, somos la luz de revelación de Dios tanto para Israel como para las naciones. La misión del Mesías es ahora la nuestra: «Ser una luz para las naciones, a fin de llevar la salvación hasta los confines de la tierra». ¿Cuán brillante es la luz suya? ¿Está resplandeciendo para las naciones?

Estaba hablando y orando, y confesando mi pecado[...] delante de Jehová mi Dios.
Daniel 9.20

Es algo maravilloso y al mismo tiempo solemne: Dios nos invita a asociarnos con Él, a contender por su causa. De modo que el cumplimiento profético puede ser condicionado por la respuesta humana. Daniel es un ejemplo de ello. Al comprender por la profecía de Jeremías que la cautividad del pueblo de Dios debía durar setenta años (Jer 25.12; 29.10), Daniel se humilló a sí mismo y se hizo partícipe mediante la oración intercesora de dicha profecía.

Así escribe el profeta que «aún estaba hablando y orando, y confesando [su] pecado y el pecado de [su] pueblo Israel, y derramaba [su] ruego delante de Jehová [su] Dios», cuando el ángel Gabriel fue enviado para hacer entrega del plan redentor de Dios para Israel (Dn 9.20-23). De este modo el regreso de los israelitas a la tierra prometida tuvo lugar como había sido establecido a través del profeta Jeremías.

¿Qué habría pasado si Daniel no hubiese orado; si Dios no hubiera encontrado a nadie que se «pusiese en la brecha» (Ez 20.30, 31)? ¿Será usted uno de los que se hacen partícipes de las promesas de Dios a fin de obtener el cumplimiento de sus propósitos salvadores para esta generación?

ALCANCEMOS AL MUNDO

Sabía yo que tú eres Dios clemente y piadoso, tardo en enojarte, y de grande misericordia, y que te arrepientes del mal. Jonás 4.2

Jonás es el más conocido de los profetas menores, probablemente a causa del relato del gran pez. Pero la enseñanza del libro no es en cuanto a la grandeza del pez sino sobre la pequeñez del corazón del profeta. Jonás fue enviado a predicar a una nación gentil, pero se escapó. ¿Por qué?

Lo crea usted o no el profeta escapó del llamamiento divino porque sabía cómo era en realidad el Dios de Israel. Porque, si iba y predicaba a aquellos gentiles paganos, ¡Dios los salvaría! ¡Ellos eran el enemigo de Israel! ¡Dios no podía perdonarlos!

Después de recibir una segunda oportunidad Jonás obedeció a regañadientes, y como era de esperar Nínive se arrepintió. Dios se arrepintió igualmente, y al profeta le invadió la rabia. «¿No tendré yo piedad de Nínive, aquella gran ciudad?», le preguntó entonces el Señor. Dios ama a los ninivitas idólatras urbanos.

¿Y nosotros? Al igual que Jonás puede que sepamos que Dios es «clemente y piadoso, tardo en [enojarse], y de grande misericordia». ¿Reflejamos nosotros la actitud del Señor para con los odiados y violentos «ninivitas» de nuestras ciudades? ¿Estamos respondiendo al llamamiento divino de ir a ellos y predicarles esa palabra de Dios del arrepentimiento y el perdón?

Aunque la higuera no florezca, ni en las vides haya fruto[...] con todo yo me alegraré en Jehová. Habacuc 3.17, 18

Habacuc tenía un problema, y se quejó al Señor: «¿Por qué no juzgas la violencia y la injusticia en Israel?» A lo que Dios contestó: «¡Voy a hacerlo utilizando a Babilonia como instrumento de juicio sobre mi pueblo!» Ahora el problema de Habacuc era todavía mayor: «¿Vas a usar a una nación perversa para devorar a aquellos que son más justos que ellos?» Y Dios le responde de nuevo: «Escribe la visión, porque ciertamente se cumplirá. También juzgaré a Babilonia. Pero mientras tanto el justo vivirá por la fe».

La oración de fe de Habacuc termina con los versículos anteriores. ¿Qué hace usted mientras espera que Dios ponga fin a la violencia y la injusticia en el país? ¿Qué hace cuando lo único que ve a su alrededor es desolación y esterilidad? ¡Regocíjese en el Señor! ¡Gócese en el Dios de salvación! Usted vive por la fe en Aquel cuyos propósitos justos serán cumplidos en un mundo injusto cuando cierto día toda la tierra guarde silencio en su presencia.

ALCANCEMOS AL MUNDO

Así ha dicho Jehová de los ejércitos: Meditad bien sobre vuestros caminos. Hageo 1.5

Habían pasado casi dos décadas desde que el pueblo de Dios volviera de Babilonia y echase los cimientos del templo de Jerusalén. Aquella oposición inicial que retrasó el seguir edificando hacía tiempo que había desaparecido; sin embargo el pueblo no volvió a la construcción del templo. Estaban absortos edificando sus propias casas mientras la de Dios se hallaba en ruinas. Por tanto el Señor mandó la sequía y la recesión económica, y «disipó en un soplo» sus ganancias (Hag 1.9-11).

Hageo llama al pueblo a poner en primer lugar lo más importante: a volver a reedificar el templo. ¡Y en menos de un mes lo hicieron! Entonces acabaron la sequía y la recesión. El Señor tenía planes asombrosos para este segundo templo. Su gloria sobrepasaría incluso aquella del templo de Salomón, ya que en sus atrios entraría el Mesías mismo trayendo paz (Hag 2.6-9; Mal 3.1).

Actualmente Dios mora en su pueblo, no en templos hechos por manos de hombres, y ese pueblo debe incluir discípulos de todas las naciones. ¿Estamos absortos en las prioridades de Dios o en las nuestras? ¿En extender su reino o el nuestro? ¡Pregúntele al Señor!

El campo es el mundo; la buena semilla son los hijos del reino. Mateo 13.38

Jesús enseñaba con parábolas por dos razones: para ocultar la verdad de su reino de aquellos cuyos corazones estaban endurecidos, y para revelársela a los que tenían oídos para oír (Mt 13.10-17). La revelación de que «el campo es el mundo» y «la buena semilla son los hijos del reino» les fue explicada a los discípulos. ¿Por qué? Porque ellos la recibirían incluso si no la entendían aún.

Por lo general, se creía que sólo Israel representaba a los hijos del Reino y que los hijos del maligno eran todos los no judíos. Jesús no vino a establecer un reino nacionalista; antes bien, la proclamación de las buenas nuevas del Reino de Dios daría como resultado que hubiera hijos de Dios representantes no sólo de Israel sino de cada nación de la tierra.

¿Cómo están los oídos suyos? ¿Dispuestos a escuchar? ¿Se halla usted listo para aumentar su comprensión de la naturaleza universal del reino de Cristo? ¿Está, como los primeros seguidores de Jesús, dispuesto a responder y a participar en el hacer discípulos a todas las naciones?

ALCANCEMOS AL MUNDO

Y será predicado este evangelio del reino en todo el mundo, para testimonio a todas las naciones; y entonces vendrá el fin. Mateo 24.14

Jesús esbozó las «señales de los tiempos» que caracterizarían a este siglo mientras gime para dar a luz al siglo venidero (Mt. 24.3-14). Los «dolores de parto» finales son la predicación universal del evangelio. ¡Entonces vendrá el fin!

Hasta que la trompeta suene y Jesús vuelva para llevarnos a ese maravilloso siglo venidero, todavía hay trabajo que hacer. Aún quedan naciones que necesitan el testimonio del evangelio. El siglo XX es el primero en el que se ha predicado el evangelio de Jesucristo «en todo el mundo», incluso en los países conocidos como «cerrados». ¿Por qué, pues, no ha vuelto todavía el Señor? Evidentemente porque esta predicación del evangelio del Reino «en todo el mundo» debe suponer un testimonio «*a* todas las naciones» o grupos étnicos de dichos países.

¿Y cómo estamos de adelantados? De los veinticuatro mil grupos étnicos que hay en el mundo, la mitad aproximadamente no tienen aún un «testimonio» continuo en lo que se refiere a una iglesia autóctona que pueda evangelizar al grupo. El objetivo de esas palabras de Cristo es «una iglesia para cada grupo étnico». Afanémonos en la oración por conseguir dicho objetivo. ¡Amén! Luego vendrá el fin.

Por tanto, id, y haced discípulos a todas las naciones. Mateo 28.19

¡Verdaderamente esta es una Gran Comisión! El principal verbo en imperativo en el idioma original no es «id», sino «haced discípulos». El cumplimiento de la Gran Comisión requiere que hagamos discípulos, no que pidamos meramente decisiones. Significa que bauticemos a los que creen y les enseñemos a obedecer todo aquello que Jesús mandó. El objetivo de la Gran Comisión de Cristo es la obediencia. ¡Sólo los hacedores de su palabra son verdaderos discípulos! (Mt 7.21; Jn 8.31).

Es también una Gran Comisión en otro sentido. Al principio Jesús dijo a sus discípulos que fueran únicamente «a las ovejas perdidas de la casa de Israel» (Mt 10.6), pero ahora les ordena que lo hagan a todas las naciones (grupos étnicos). Dado que hay verdaderos discípulos sólo en la mitad aproximadamente de las veinticuatro mil «naciones», queda todavía mucho para cumplir esta Gran Comisión.

¿Le parece una «misión imposible»? Lo sería si no contásemos con la promesa de Cristo de que Él estará con aquellos que van a hacer discípulos en todas las naciones. Al mandamiento va unida la promesa. Su presencia lo hace posible.

ALCANCEMOS AL MUNDO

Y estas señales seguirán a los que creen.
Marcos 16.17

Jesús prometió a los creyentes que trabajaría con ellos, «confirmando la palabra con las señales que la seguían» (Mc 16.20). A lo largo de todo el libro de los Hechos aquellos que hablaban la palabra la veían confirmada mediante señales milagrosas y, al igual que había pasado con Jesús, muchos creían las buenas nuevas (Hch 5.12-16; 19.8-12). A diferencia de los fariseos, los creyentes no seguían las señales sino que estas los seguían a ellos.

Algunos pretenden que esas señales no se necesitan en la actualidad, puesto que tenemos la Palabra de Dios completa, la Biblia. Pero si todo lo que tenían aquellos creyentes del primer siglo era la voz viva de los apóstoles, y todavía necesitaban señales, ¡cuánto más nosotros que vivimos en el siglo XX!

Como todos los creyentes a lo largo de los siglos, nosotros también necesitamos tanto la palabra de Dios *como* el poder divino para hacer la obra del Señor. Todo lo que sea menos que eso no solamente es infrabíblico sino también ineficaz. De modo que ¡espere milagros! Confíe en que el Señor confirmará su Palabra con señales mientras nosotros, como hicieron los primeros discípulos, obedecemos su mandato de «id por todo el mundo y predicad el evangelio a toda criatura» (Mc 16.15).

Entonces les abrió el entendimiento, para que comprendiesen las Escrituras. Lucas 24.45

¡Un estudio bíblico con el Cristo resucitado! No en balde el corazón de los discípulos ardía cuando Jesús les abría la mente para que entendiesen lo que las Escrituras decían (Lc 24.32). Partiendo de Moisés y los profetas, les explicó dos verdades que no habían comprendido bien: la primera, que era «necesario que el Cristo padeciese, y resucitase al tercer día». Lo que se creía era que cuando el hijo de David, el Mesías, viniera, «permanecería para siempre», no moriría (Jn 12.34). La segunda verdad que les explicó fue que «[debía predicarse] en su nombre el arrepentimiento y el perdón de pecados en todas las naciones». Se creía que el foco de la misión del Mesías estaba en Israel, no en los gentiles (Hch 1.6).

Por lo tanto, Jesús les abrió la mente para que viesen que a lo largo de todo el Antiguo Testamento se enseñaba la muerte y la resurrección del Mesías, y que ello fue por todas las naciones. ¡Qué tremenda revelación! ¡Un Mesías crucificado y resucitado por todo el género humano! Sus mentes se abrieron, y sus corazones se inflamaron. ¡Tenían que contárselo al mundo! ¡Oh Señor, líbranos de los conceptos erróneos populares! Ábrenos la mente para que comprendamos nuestras Biblias. Enciéndenos el corazón a fin de que digamos a nuestro mundo: «¡Jesús es el Salvador de todos los pecadores!»

ALCANCEMOS AL MUNDO

He aquí os digo: Alzad vuestros ojos y mirad los campos, porque ya están blancos para la siega. Juan 4.35

¡Cuidado, se le puede escapar una cosecha! Especialmente si se trata de un campo nuevo. Imagínese a Jesús, un judío, varón, recto rabino, hablando abiertamente con una mujer samaritana inmoral conocida por sus muchos matrimonios. ¡Pero la mujer tenía sed del «agua viva»! Tan entusiasmada quedó con las palabras de Jesús que fue a su aldea e invitó a muchos amigos a que escuchasen por sí mismos. Y con aquella compañía de samaritanos en túnicas blancas acercándose, el Señor señaló a sus discípulos judíos la blanca cosecha. Muchos de aquellos despreciados samaritanos creyeron en Jesús y exclamaron: «Sabemos que verdaderamente este es el Salvador del mundo, el Cristo» (Jn 4.42)

¿Hay «samaritanos» en nuestra comunidad? ¿Quiénes son los extranjeros despreciados, los mestizos o los inmorales? Alce sus ojos y mire esos campos inverosímiles. ¿Están blancos para la siega? Pregúntele al Señor de la mies. ¡Él lo sabe! Pídale un «contacto clave» como la mujer del pozo, una persona influyente con muchos «amigos». ¡Muy bien podría ser el tiempo de la cosecha!

[Jesús] sopló, y les dijo:
Recibid el Espíritu Santo. Juan 20.22

Así como el Padre envió a su Hijo para anunciar el perdón, el Hijo mandó a sus discípulos a hacer lo mismo. De este modo, Jesús dio a sus seguidores «las llaves del reino», diciéndoles que todo lo que atasen en la tierra sería atado en el cielo, y todo lo que desatasen en la tierra sería desatado en el cielo (Mt 16.19).

El perdón de pecados es la llave que «abre» la relación entre Dios y el hombre; tal perdón resulta posible porque Jesús murió y resucitó por nuestros pecados. Nosotros somos enviados como embajadores suyos para anunciar estas buenas nuevas y proclamar el perdón de pecados para todos aquellos que se arrepienten y creen en Él, y la retención de los mismos para aquellos que no lo hacen. ¡Qué imponente tarea! Pero, por medio del Espíritu Santo, nuestras palabras se convierten en la palabra de Dios mientras rogamos a la gente en nombre de Cristo: «Reconciliaos con Dios» (2 Co 5.20).

Permitamos que el mismo Jesús nos vuelva a decir: «¡Paz!», otra vez. Oigamos y respondamos a su invitación de: «Recibid el Espíritu Santo». Dejemos que Él nos envíe como el Padre lo envió a Él: plenamente capacitados para perdonar de gracia y en su nombre.

ALCANCEMOS AL MUNDO

Testigos capacitados por el Espíritu

Recibiréis poder, cuando haya venido sobre vosotros el Espíritu Santo, y me seréis testigos.
Hechos 1.8

Los escritores de los cuatro Evangelios, sin excepción, registran las instrucciones finales de Jesús sobre cómo llevar el evangelio a todo el mundo. Estos pasajes alcanzan ahora su clímax en las últimas palabras de Cristo antes de regresar al cielo.

Estas últimas palabras son de una importancia suprema, y como «última voluntad o testamento» deben ser llevadas a la práctica por aquellos que quedan en el mundo. Jesús, no sólo concedió a los suyos autoridad para hacerlo (Mt 28.18), sino que también les garantizó la capacidad de realizar la tarea. Porque «para cuantos el Señor nuestro Dios llamare» a la salvación es «la promesa del Padre»: el don del Espíritu Santo (Hch 2.38, 39).

Hechos señala claramente esta «inmersión interna» mediante la cual el Espíritu le da a cada creyente la unción necesaria para ser su testigo. Nos proporciona tanto la motivación como la capacidad de ir, no sólo a los que están cultural y geográficamente cerca de nosotros (Jerusalén y Judea), sino también a los que están lejos (Samaria y lo último de la tierra).

¿Estamos luchando por ser testigos del Señor? ¿Nos resulta difícil «ir»? Pidamos al Padre que renueve y libere el poder del Espíritu en nosotros y a través de nosotros.

No hay otro nombre bajo el cielo,
dado a los hombres, en que podamos ser salvos.
Hechos 4.12

El concilio quería saber: «¿Con qué potestad, o en qué nombre, habéis hecho vosotros esto?» (Hch 4.7). Pedro contestó: «En el nombre de Jesucristo de Nazaret[...] ¡No hay otro nombre en que podamos ser salvos!» El apóstol no hizo sino declarar lo que Jesús mismo había dicho: «Yo soy el camino, y la verdad, y la vida; nadie viene al Padre, sino por mí» (Jn 14.6).

En un mundo sin absolutos morales esto parece un signo de mentalidad estrecha. ¿Y qué pasa con los budistas, hindúes, musulmanes y adeptos a las religiones tribales que son sinceros? ¿Cuál es la prueba de la verdad religiosa? ¡La resurrección de entre los muertos! La prueba histórica de la resurrección de Jesús es inconmovible, y ha sido confirmada por las vidas transformadas de millones de creyentes.

Cuando se trata de una cuestión de vida o muerte el tener mentalidad estrecha es esencial. ¿A quién le interesa un cirujano o un piloto de aviación de «mente amplia»? Si las religiones pudieran salvar, ¿por qué se habría molestado Jesús en venir? Su misma venida proclama clara y vigorosamente: ¡No hay otra forma de salvarse! Sí, el camino que lleva a la vida tiene que ser estrecho, pero está abierto a todos los que invoquen el nombre de Jesús. ¡Aleluya!

ALCANCEMOS AL MUNDO

Por [Jesús] recibimos la gracia y el apostolado, para la obediencia a la fe en todas las naciones.
Romanos 1.5

¿Quiénes pueden ser salvos? ¡Sólo los pecadores! Según los criterios de Dios no hay gente justa. Los gentiles no han vivido a la altura de la luz que tienen en la naturaleza y en su conciencia (Ro 1.18-32; 2.12-15), ni los judíos lo han hecho según el conocimiento que les da el pacto y la Ley (Ro 2.17—3.18). Todo el mundo es culpable ante Dios. El problema es una falta de obediencia no de conocimiento.

La justicia que Dios exige se da ahora de modo gratuito a todos los que se arrepienten y confían en Cristo. ¿Seremos capaces de admitir con humildad que somos pecadores y de abandonar de veras nuestra justicia? ¿Confiaremos plenamente en la justicia de Cristo y confesaremos con sinceridad a Jesús como nuestro Señor? ¿Obedeceremos al evangelio?

¿Por qué no todos se salvan? ¿Es a causa de una falta de luz en los hombres? ¿O de una escasez de amor en Dios? Ni lo uno ni lo otro. El problema está en la falta de obediencia del ser humano. El evangelio nos llama a obedecer el mandamiento de Dios de arrepentirnos y confiar en que Él nos salve. Por lo tanto obedezcamos al evangelio, y luego, como Pablo, llamemos a todos —sean religiosos o idólatras— a «la obediencia a la fe».

¿Cómo creerán en aquel de quien no han oído?
Romanos 10.14

Enviar... predicar... oír... creer... invocar. La salvación requiere todos estos pasos. El primero de ellos es el más importante, ya que sin él los demás no tendrán lugar. No es extraño que Pablo exclamara: «¡Cuán hermosos son los pies de los que anuncian la paz!» (Ro 10.15). Si cada uno de aquellos sobre quienes viene el Espíritu es testigo de Cristo (Hch 1.8), entonces todos los creyentes son «enviados» a dar las buenas nuevas; primero a aquellos que se encuentran dentro de su círculo inmediato de influencia (Jerusalén). Para algunos, además, esto puede significar ser «enviados», algún día, más lejos —a Judea, Samaria y hasta lo último de la tierra—, como los equipos misioneros que aparecen en el libro de los Hechos (Hch 11.19-21; 13.1-3).

Si el Espíritu de Cristo está en nosotros y Él vino a buscar y a salvar lo que se había perdido, ¿cómo podemos hacer otra cosa? Quiera Dios que el Espíritu de Cristo nos constriña a ir y difundir las buenas nuevas, ya que la fe viene por el oír. ¿De qué otro modo podrán oír y creer? ¿Cómo hubiéramos oído y creído nosotros?

De esta manera me esforcé a predicar el evangelio, no donde Cristo ya hubiese sido nombrado, para no edificar sobre fundamento ajeno.
Romanos 15.20

Pablo «plantaba» el evangelio en territorios nuevos, donde otros, como Apolos, «regarían» (1 Co 3.6). Desde Jerusalén hasta el norte de Grecia, el apóstol «todo lo [había] llenado del evangelio de Cristo» (Ro 15.19). Ahora tiene que encontrar un nuevo territorio en la parte occidental del Imperio Romano donde el evangelio no haya sido aún predicado.

Aún hoy existe el desafío de las misiones «de avanzada». Más del ochenta por ciento de los misioneros protestantes norteamericanos están, como Apolos, regando la semilla plantada por otros. No es necesario redesplegar a los misioneros ya existentes, sino el despliegue de muchos nuevos misioneros a los pueblos que aún no han sido alcanzados con el evangelio.

Por lo tanto oremos urgentemente al Señor de la mies para que envíe obreros a las áreas no alcanzadas; sobre todo a la «ventana 10/40» (limitada de oeste a este por los océanos Atlántico y Pacífico entre los grados 10 y 40 de latitud norte). Dentro de esta «ventana» se encuentran la inmensa mayoría de los grupos musulmanes, hindúes y budistas. Ore para que se produzcan avances del evangelio «con potencia de señales y prodigios, en el poder del Espíritu de Dios» (Ro 15.19).

ALCANCEMOS AL MUNDO

Exhorto ante todo, a que se hagan rogativas, oraciones, peticiones y acciones de gracias, por todos los hombres; por los reyes y por todos los que están en eminencia. 1 Timoteo 2.1, 2

Como el propósito de Dios es que todo el mundo sea salvo gracias al rescate de su Hijo, Pablo insta a la oración por todos los hombres, especialmente los que están en autoridad. ¿Por qué? La intercesión por los gobernantes da como resultado una sociedad en la que podemos vivir «quieta y reposadamente en toda piedad y honestidad». Así el evangelio se proclamará más fácil y rápidente. La Pax Romana (paz de Roma) caracterizó al siglo I e hizo posible la veloz propagación del evangelio por todo el Imperio Romano.

Hoy, como en el primer siglo, hay una gran necesidad de paz y tranquilidad en el mundo. Por lo tanto, un número cada vez mayor de creyentes está aprendiendo a interceder por nombre a favor de los reyes, presidentes, primeros ministros y gobernantes de cada país. Los conflictos regionales, la agitación social y las convulsiones políticas se pueden dominar y el evangelio extenderse con más rapidez si pedimos, oramos e intercedemos fielmente, con acción de gracias, por todos los que están en autoridad.

Señor, enséñanos a orar de tal manera que tu deseo de salvación para todos los hombres pueda ser adelantado en cada nación y país.

ALCANCEMOS AL MUNDO

Tú fuiste inmolado, y con tu sangre nos has redimido para Dios, de todo linaje y lengua y pueblo y nación. Apocalipsis 5.9

Juan tiene la visión de una adoración celestial cada vez mayor en torno al trono de Dios. Los cuatro seres vivientes alaban la santidad de Dios y los veinticuatro ancianos exaltan su potencia creadora (Ap 4.8,11). Luego empiezan a cantar un «cántico nuevo» de alabanza al Cordero (Ap 5.9, 10). Los ángeles del cielo se unen a este nuevo cántico de alabanza a Cristo (Ap 5.12), y por último cada criatura lo hace para alabar a Dios y al Cordero diciendo: «¡Al que está sentado en el trono, y al Cordero, sea la alabanza, la honra, la gloria y el poder, por los siglos de los siglos!» (Ap 5.13).

¡Qué gran revelación! Los cielos se anticipan a la victoria final de Dios. La Gran Comisión se cumplirá. Los redimidos de todas las tribus, lenguas, pueblos y naciones *alabarán* a Dios y al Cordero alrededor del trono. ¡Aleluya! Y de algún modo que no se nos explica «las oraciones de los santos» habrán desempeñado un papel en todo ello (Ap 5.8). Los redimidos habrán aprendido a reinar y a interceder, pidiendo: «Venga tu reino. Hágase tu voluntad, como en el cielo, así también en la tierra». ¡Qué gran revelación! ¡Dios sale victorioso! ¡Mientras nosotros oramos!

Y el Espíritu y la Esposa dicen: Ven. Y el que oye, diga: Ven. Y el que tiene sed, venga.
Apocalipsis 22.17

¡Maranata! «¡Ven Señor nuestro!» Ese es el clamor continuo del Espíritu dentro de la Esposa, la Iglesia, por el Esposo. «¡Vuelve, Jesús!» ¡Con cuánta intensidad anhela la Esposa de Cristo estar en el hogar para siempre con su Esposo!

¡Maranata! Este clamor provoca una llamada igualmente viva: «El que tiene sed, venga». Se trata de la invitación del mismo Cristo por medio de su Esposa: «Si alguno tiene sed, venga a mí y beba» (Jn 7.37). Esta llamada nupcial es el eco del llamamiento generoso, pero urgente, que hace Dios de «venid a las aguas» de vida (Is 55.1).

¡Maranata! La expectación y el ofrecimiento van juntos. El regreso del Señor y la evangelización del mundo están conectados entre sí de un modo vital. Con las manos extendidas clamamos: «¡Venid a Jesús!» Así termina el libro del Apocalipsis y la Biblia. Y así también, con este clamor y esta llamada tan apasionados, acaba la historia humana. ¡Amén!

ALCANCEMOS AL MUNDO

Voy, pues, a preparar lugar para vosotros[...] vendré otra vez, y os tomaré a mí mismo.
Juan 14.2, 3

Estas palabras se cuentan entre las más consoladoras de toda la Escritura. De los propios labios de Jesús recibimos la promesa de su regreso. Él, como Esposo celestial, ha precedido a su esposa; Cristo ha preparado con fidelidad y amor un lugar eterno para nosotros.

En este pasaje Jesús nos habla de una *paz*, un *lugar* y una *promesa*. Comienza por darnos esta consoladora exhortación: No os turbéis, tened paz. Nuestra paz se basa en la creencia de que Dios nos ama en Jesucristo. Sabemos que Él es fiable y nos proporciona un cimiento de tranquilidad sobre el cual construir nuestras vidas.

En segundo término, Jesús habla de un lugar. Él nos ha prometido prepararnos un sitio donde gozaremos de eterna comunión con Él. Y, por último, tenemos su promesa personal de que volverá a buscarnos. ¡Piénselo! ¡Su propia firma está puesta en nuestra salvación! ¡Ya que nosotros le hemos recibido, Él viene a recibirnos a nosotros!

Este mismo Jesús, que ha sido tomado de vosotros al cielo, así vendrá como le habéis visto ir al cielo. Hechos 1.11

Antes de su muerte Jesús prometió a sus discípulos que Él no sólo resucitaría, sino que también vendría de nuevo (Jn 14.3). Y aquí, en el momento de su ascensión, se repite la misma promesa. Las palabras de los ángeles a los discípulos parecen querer decir: «¡No os quedéis ahí mirando al cielo! Jesús volverá como prometió; pero ahora id y hacer aquello que Él os ha mandado».

Hay dos respuestas muy humanas a las promesas que el Señor nos ha dado. La primera es quedarnos tan arrobados con el momento que perdamos de vista por completo la promesa. En nuestros días, de prueba y de febril actividad, se pone sencillamente a un lado la promesa de la buena obra de Dios en nosotros. Y la segunda es que podemos llegar a quedar tan cautivados por la promesa de Dios para nuestro futuro que descuidemos las tareas que Él nos ha dado para hacer hoy; las cuales deben convertirse en la senda que haga posible el cumplimiento de todo lo que Él ha prometido.

Recuérdelo hoy: ¡Jesús viene otra vez! Hay mucho que hacer para prepararnos y alcanzar en su amor al mundo que nos rodea.

LA SEGUNDA VENIDA

Porque el Señor mismo con voz de mando, con voz de arcángel, y con trompeta de Dios, descenderá del cielo. 1 Tesalonicenses 4.16

Usted no podrá perderse el regreso de Jesús. Habrá un *anuncio triple* del mismo: Jesús gritará desde el cielo, y aquellos que le pertenecen oirán su voz; se escuchará la voz de un arcángel anunciando a toda criatura que el Rey de gloria ha llegado para reclamar su posesión; y la trompeta tocará tan claramente, y con tal fuerza, que los muertos en Cristo serán despertados.

En este pasaje hay también *tres promesas preciosas.* Los muertos en Cristo resucitarán; aquellos seres queridos que nos hayan precedido en Jesús serán incluidos en el día más grande de todos. Seguidamente, los que estén vivos recibirán al Señor en el aire: habrá un encuentro cara a cara con Jesús y con aquellos que nos son más queridos. Y, por último, estaremos siempre con nuestro Salvador.

El día de su venida se hace más precioso con cada momento que pasa. ¡Levante la cabeza, su redención está cerca! Un día el aire se llenará de ese glorioso anuncio: ¡Jesús ha llegado!

Velad, pues, porque no sabéis el día ni la hora en que el Hijo del Hombre ha de venir.
Mateo 25.13

A lo largo de toda la historia los creyentes han intentado determinar cuándo volverá el Señor, ignorar ese hecho disparatado ha llevado a algunos en cada década a poner fecha a la venida de Jesús. Ciertas personas han especulado que, ya que no conocemos ni el día ni la hora, quizá podamos fijar el mes o el año de su venida. Tal actitud no entiende en absoluto la forma que tiene el Señor de tratar con nosotros respecto a su venida. Jesús nos dice sin rodeos que nadie sino el Padre conoce ese momento.

El Señor comienza este versículo con un mandamiento: «Velad». El desafío que nos lanza es que esperemos constante y ansiosamente su regreso. Por tanto, tenemos una obligación doble: prepararnos para su venida —a fin de que Cristo reciba una esposa «que no [tenga] mancha ni arruga» (Ef 5.27)—, y «negociar» hasta entonces, a fin de que el Reino de Dios sea preservado y extendido en la tierra (Lc 19.13).

Mientras esperamos el regreso de Jesús, ocupémonos en los negocios del Padre.

El que da testimonio de estas cosas dice: Ciertamente vengo en breve. Amén; sí, ven, Señor Jesús. Apocalipsis 22.20

Las últimas palabras de Jesús en toda la Biblia están espectacularmente bien situadas para que todo aquel que cree no pueda jamás olvidarlas: «Vengo en breve». Esta promesa de los labios del Salvador ha llegado hasta nosotros en la Palabra de Dios por medio de la pluma de los profetas, las voces angélicas y la enseñanza de los apóstoles. La promesa en cuestión se ha descubierto a lo largo de todo el Antiguo Testamento y es la bendita esperanza del Nuevo (Tit 2.13). Esa promesa del pacto de Dios a su pueblo es que un día la eternidad volverá a cruzarse con la vida humana, pero esta vez estaremos para siempre con el Señor.

Esas palabras finales de Jesús en la Escritura fueron dadas a la iglesia del siglo I acosada por los falsos profetas y la persecución, la cual la llevó al martirio en el Coliseo de Roma. El maligno intento del diablo era extinguir en sus mismos comienzos a la recien nacida Iglesia del Señor. Las palabras de Jesús proporcionaron entonces esperanza y todavía lo hacen. Sea cual fuere la prueba que atraviesa en su vida, no permita que esta esperanza quede oscurecida: ¡Jesús viene en breve!

Negociad entre tanto que vengo. Lucas 19.13

La verdad de esta parábola de Lucas es solemne. Un hombre noble pone en manos de algunos individuos de su feudo recursos para que los administren en su ausencia. Al volver les ordena que den cuenta de todo el dinero que se les encomendó. Para aquellos que obtuvieron beneficios hubo una gran recompensa: tanto el uno como el otro recibieron ciudades para gobernar. Pero al que enterró el dinero y devolvió simplemente lo que se le había confiado, su señor le quitó el dinero y le dio una reprimenda.

No sabemos ni el día ni la hora en que el Señor vendrá; pero a cada uno de nosotros se nos han concedido dones, recursos y talentos para adelantar el Reino de Dios. Nuestra salvación no depende de lo que hagamos con tales dones, sin embargo, el avance del Reino de Dios en nuestro mundo sí está subordinado a ello. El Señor viene otra vez, y recompensará a aquellos que respondan como fieles mayordomos y con valentía en su ministerio a Él. Permita que los dones que Dios le ha otorgado den el mayor fruto posible, multiplicando la bendición en el Reino de Dios y produciendo un gozo inequívoco en su propia vida.

Vivamos en este siglo sobria, justa y piadosamente. Tito 2.12

«Sobriamente» en el idioma original es una interesante combinación de dos palabras griegas: *sodzo,* salvar, y *phren,* mente. Lo que el apóstol le está diciendo literalmente a Tito es que viva con una «mente salva».

Muy a menudo el término «sobrio» se relaciona en castellano con «sombrío», y asociamos al mismo una tristeza completamente ajena al pensamiento del apóstol Pablo. El siguiente versículo nos recuerda que estamos «aguardando la esperanza bienaventurada y la manifestación gloriosa de nuestro gran Dios y Salvador Jesucristo» (Tit 2.13). Pero Jesús no vuelve a buscar una Iglesia reprimida y sombría, sino la novia dinámica, gozosa e industriosa que se ha preparado sabiendo que la hora exige prudencia y su Señor una esposa en plena posesión de sus facultades emocionales e intelectuales.

Somos llamados a vivir como ejemplos de la obra redentora de Dios en medio de una generación perversa y moribunda. Nuestra sobriedad señala el camino de salvación para otros que necesitan desesperadamente lo que Jesús ha hecho en nosotros.

Bienaventurados aquellos siervos a los cuales su señor, cuando venga, halle velando. Lucas 12.37

Las señales de la venida de Jesús se ven por todos lados; estamos en el tiempo de velar fielmente aguardando el regreso del Señor. Es Jesús quien declara «bienaventurados» a aquellos que velan esperándole. Y en este mismo versículo Él promete que «se ceñirá [Él, el amo], y hará que [sus discípulos] se sienten a la mesa, y vendrá a servirles».

Cuando regrese, Jesús promete darnos de comer Él mismo; llenando cualquier vacío que sólo pueda ser satisfecho con un banquete provisto por su propia mano. Dondequiera que tengamos hambre quedaremos plenamente satisfechos.

Jesús promete además que será Él quien nos servirá. La idea del Señor ciñéndose como nuestro criado resulta incomprensible. ¡Ya nos ha dado tanto! ¿Cuánto más podría otorgarnos después de haber derramado su vida por nosotros y habernos enviado su Espíritu?

Así de grande es su amor, así de real su promesa, y así de pronta su venida.

El día del Señor vendrá como ladrón en la noche. 2 Pedro 3.10

El ladrón obtiene su ventaja dando el golpe cuando la gente menos se lo espera, y pensar en un asaltante irrumpiendo en nuestro hogar mientras dormimos nos resulta aterrador. Tratamos de asegurarnos contra esta posibilidad poniendo cerrojos dobles a nuestras puertas, barrotes en nuestras ventanas, montando alarmas contra robos y aumentando el número de agentes de policía.

Jesús nos prometió que el día del Señor vendría repentinamente, y este «ladrón en la noche» no puede ser detenido. No hay defensa contra el día sobrenatural de su venida.

Pero a diferencia de los ladrones de nuestro mundo, Jesús sólo tomará lo que ya es suyo.

Únicamente aquellos que desatienden la advertencia del Señor tienen motivos para preocuparse. No hay lugar para el temor en los que están preparados.

El ladrón también se aprovecha de la gente cuando esta omite negligentemente protegerse. La Escritura afirma que aquellos que persiguen sus propios placeres, viven indiferentes a las consecuencias, y se expone a ser destruidos por el ladrón por excelencia que es el diablo.

Prestando atención a la advertencia de Jesús, preparémonos para su regreso, «esperando y apresurándonos para la venida del día de Dios» (2 P 3.12).

¡Cómo no debéis vosotros andar en santa y piadosa manera de vivir! 2 Pedro 3.11

El apóstol Pedro está profetizando acerca del regreso de Cristo y de los acontecimientos que rodearán al fin del mundo. Declara que los cielos «serán desechos» y «los elementos, siendo quemados, se fundirán». Esta ruina completa de nuestro mundo físico nos deja con una importante pregunta: ¿Cómo deberíamos vivir?

La respuesta es una inmediata «en santa y piadosa manera de vivir». Todo lo demás se deshará, se quemará y se fundirá. Los deseos carnales y los estilos de vida que contemporizan con las estructuras condenadas de nuestro mundo caído no resistirán ante la presencia del Hijo de Dios, que es todo justicia y santidad, en su venida. Cada adquisición material, posición y símbolo de triunfo humano se desvanecerá, y aquella parte de nuestra existencia que se haya construido sobre la madera, el heno y la hojarasca de las metas que no tienen valor eterno será quemada (1 Co 3.13).

Se nos llama a vivir en la esperanza de su venida, a no temer su juicio. En vez de esto último, construyamos nuestras vidas en obediencia a su Palabra para que la conducta que llevemos revele nuestro amor por Jesús y abra el camino para que otros también le amen.

LA SEGUNDA VENIDA

Que guardes el mandamiento sin mácula ni reprensión, hasta la aparición de nuestro Señor Jesucristo. 1 Timoteo 6.14

Pablo escribe a Timoteo, su querido hijo espiritual, y le ofrece este consejo paternal: «[Guarda] el mandamiento». Refiriéndose a algo más que el versículo anterior, la exhortación de Pablo a este naciente líder espiritual es que guarde todos los mandamientos que le han sido dados, para que la bendición de Dios siga estando sobre su vida y su ministerio.

En Juan 3.23 se enseña este mandamiento de Dios en sus términos más potentes y definibles: «Que creamos en el nombre de su Hijo Jesucristo, y nos amemos unos a otros como nos lo ha mandado». Reclamamos su nombre porque Él nos ha reclamado a nosotros primero. Siguiendo el camino de la fe el Reino de Dios avanza, y hace retroceder toda obra de las tinieblas que destruye a los hombres. Amándonos unos a otros cumplimos la misión del Salvador, quien tiene un amor ilimitado por su pueblo y tal pasión por los pecadores que le impulsó a sacrificar su vida.

«[Guardar] el mandamiento» garantiza nuestro servicio fiel y libera la abundante bendición de Dios en nuestras vidas. La frase «hasta la aparición de nuestro Señor Jesucristo» nos llama a una obediencia y perseverancia de fe continuas sin contemporizaciones.

Permaneced en Él, para que cuando se manifieste, tengamos confianza, para que en su venida no nos alejemos de Él avergonzados.
1 Juan 2.28

Deseamos estar listos cuando Jesús regrese, pero ¿qué hemos de hacer para ello? Aquí tenemos la respuesta: Esté con Él cada día. Si estamos conscientes de vivir día tras día en la presencia del Señor, permanecemos en Él. Si medimos nuestras palabras y nuestro caminar diario para serle agradables, cuando Él vuelva no nos sentiremos avergonzados y su venida será el regreso de un amigo.

La permanencia en Él, como nos recuerda bondadosamente el apóstol Juan, se demuestra por la obra continua del Espíritu Santo produciendo en nosotros una vida cambiada. Cuando vivimos con Jesús hay una prueba inequívoca de que estamos en compañía de un Salvador justo y amante: «Todo el que hace justicia es nacido de Él» (1 Jn 2.29). La profesión de nuestra fe en Cristo se confirma con la búsqueda de la justicia en la práctica. Y es buscando cuando tenemos confianza en el día de su venida, al saber que los que «permanecen en él» no serán avergonzados.

Entonces se manifestará aquel inicuo, a quien el Señor matará con el espíritu de su boca, y destruirá con el resplandor de su venida.
2 Tesalonicenses 2.8

El inicuo viene con «poder y señales y prodigios mentirosos» de Satanás (2.9), pero no compite con el regreso del Señor en todo su poder. El mismo aliento que hizo que la creación fuese, y que sopló vida en Adán, consumirá entonces a los enemigos de Dios. Todo el poder del infierno será vencido cuando Jesús vuelva, y con «el resplandor de su venida» amanecerá un nuevo día para todo el pueblo de Dios.

El cumplimiento final de ese nuevo día aguarda hasta la Segunda Venida de Jesús a la tierra, cuando todo el poder del infierno acabará por fin. Pero para cada creyente el nuevo día en cuestión puede empezar hoy mismo. Cristo viene con todo poder para consumir a los adversarios de nuestras almas que nos arrastran al pecado y al tormento incesante. Aunque Jesús espera el día y la hora de la liberación del Padre para reconquistar el planeta, en su primera venida Él ganó la batalla por nosotros sobre la cruz. Invitémosle hoy a derrotar a las fuerzas del infierno a fin de que experimentemos «el resplandor de su venida» en nuestros mundos personales.

Cuando estas cosas comiencen a suceder, erguíos y levantad vuestra cabeza, porque vuestra redención está cerca. Lucas 21.28

Cuando Jesús vuelva a la tierra habrá señales de su venida en el sol, la luna, las estrellas (disminución de la capa de ozono, calentamiento de la atmósfera, liberación de gases, etc.). Así como angustia entre las naciones (el derrumbamiento del comunismo, los disturbios en Oriente Medio, las crisis económicas internacionales, etc.). Y los hombres desfallecerán por el temor (al SIDA, al paro, a la desintegración de la familia, etc.). Pero Jesús dijo que «cuando estas cosas comiencen a suceder, erguíos y levantad vuestra cabeza porque vuestra redención está cerca».

Cada generación de cristianos, desde los del primer siglo, ha creído que Jesús volvería mientras ellos aún vivieran. Los titulares de los periódicos cambian, y las crisis a las que se enfrenta el hombre siguen aumentando, pero la respuesta siempre es la misma: «Erguíos y levantad vuestra cabeza». La solución para la necesidad humana jamás se encontrará en los avances tecnológicos, los cambios políticos o la evolución social. Las necesidades de la tierra sólo pueden ser suplidas por los recursos del cielo. De manera que mantengamos los ojos fijos allí mientras seguimos viviendo para Jesús y amando al mundo. Cristo vuelve muy pronto con poder y gran gloria.

LA SEGUNDA VENIDA

Mas gracias sean dadas a Dios, que nos da la victoria por medio de nuestro Señor Jesucristo.
1 Corintios 15.57

En Jesucristo hay una victoria final para todos nosotros. Una victoria que burlará la última fuerza que aterroriza al hombre. Dicha victoria se registrará en los cementerios de todo el mundo, y será tan completa y rápida, a la velocidad de un latido, que nada podrá impedirla. La muerte quedará por fin vencida: «En un abrir y cerrar de ojos» (v. 52) todo habrá pasado. El Señor de la vida reclamará a los suyos.

Habrá un toque de la «final trompeta» celestial, se oirá el sonido de la eterna coronación del Rey de reyes. El estruendo de esa última trompeta anunciará el desgarramiento del cielo, la resurrección de los muertos en Cristo y la destrucción de la última esperanza del diablo: la muerte misma. Hay una victoria por venir que espera a todos aquellos que invocan el nombre del Señor. «Sorbida es la muerte en victoria. ¿Dónde está, oh muerte, tu aguijón? ¿Dónde, oh sepulcro, tu victoria? (1 Co 15.54, 55). ¡Porque Jesús, el Señor de la vida, viene y nada puede detenerle!

Aparecerá por segunda vez, sin relación con el pecado, para salvar a todos los que le esperan.
Hebreos 9.28

Jesús vino por primera vez como un bebé acostado en un pesebre y creció llegando a ser el Salvador sobre una cruz. Fue «ofrecido» por el Padre Dios en pago por nuestro pecado. La palabra *prosphero* (ofrecer) es un término compuesto de dos vocablos griegos: *pros* (hacia) y *phero* (traer). Además de su sentido más literal de «traer o guiar hacia», la palabra indica una ofrenda, ya sea de dones, de oraciones o de sacrificios. Así que Jesús vino por primera vez trayendo un don, un sacrificio por los pecados de muchos.

Su Segunda Venida, sin embargo, será totalmente distinta. Habiendo realizado un sacrificio completo por nuestro pecado, Jesús vendrá para terminar lo que principió. Aquello que se ha iniciado con el perdón de los pecados para todos los que creen será consumado en la redención final del planeta para Dios. Toda la historia depende del momento de su regreso, y la obra completa de la salvación se hará evidente: la limpieza de la tierra, el traslado final al cielo de todos los creyentes, el enjugamiento de toda lágrima, el fin de todo dolor... ¡recibiremos la salvación consumada!

*Bienaventurado el que vela,
y guarda sus ropas, para que no ande desnudo
y vean su vergüenza. Apocalipsis 16.15*

La ropa a la que Jesús se refiere no tiene nada que ver con el llamado «ropaje del éxito». En Apocalipsis 3.18 vemos que los laodicenses eran ricos y tenían vestidos delicados, pero Jesús les dice directamente: «[Compra de mí] vestiduras blancas para vestirte». El intento del hombre, de cubrirse, comenzó en el huerto del Edén con aquellas inadecuadas hojas de higuera y continúa hoy en día con una industria de moda de miles de millones; pero ni una cosa ni la otra puede cubrir la desnudez del hombre que se revela en el pecado. La desesperación con la que el ser humano trata de esconderse de Dios y convencerse de su propia suficiencia será ineficaz en el día del regreso de Cristo.

Jesús jamás nos avergonzará. Él es un Dios de amor y de misericordia, nos proporciona vestiduras limpias y aceptables. Sin embargo, mantenernos con dicha ropa puesta es cosa nuestra. Arrepentirnos del pecado, seguir al día en cuanto a actitudes y relaciones, y guardar un corazón abierto para con Dios nos mantiene «vestidos» para el día de su regreso.

Afirmad vuestros corazones; porque la venida del Señor se acerca. Santiago 5.8

La prueba de la fe produce paciencia, que es la marca del creyente maduro. Sólo bajo la presión de la prueba puede el cristiano comprobar la verdadera profundidad de su fe en Dios. El corazón firme no vacilará, sino que se regocijará en la bondad divina.

Todos hemos pasado por ello. De camino hacia algún lugar distante, una vocecita pregunta desde el asiento trasero del automóvil: «¿Cuánto falta?» A ese niño no le importa que se haya contestado a la misma pregunta un par de minutos antes. ¡Quiere saberlo AHORA! Está ansioso por llegar, y se siente incómodo en el asiento de atrás. Cada momento del viaje le parece interminable.

Los mismos sentimientos experimentamos aquellos que estamos madurando en Cristo. Sabemos acerca de la promesa de su venida y del gozo indescriptible de una eternidad con Él. También experimentamos la prueba del presente y esperamos con ansia la recompensa futura. ¡Sea paciente! ¡Afirme su corazón! Él no tardará mucho en venir, ni su pueblo se sentirá decepcionado.

Entonces pagará a cada uno conforme a sus obras. Mateo 16.27

Jesús acababa de enseñar a sus discípulos que cada persona debe tomar su cruz y seguirle (v. 24). Había declarado que el esfuerzo humano por salvar la propia vida da como resultado la muerte, mientras que rendirse a Él trae salvación a nuestras vidas. Con estas cortantes observaciones el Señor abre a sus discípulos un camino para que anden; un camino que exige de ellos que comprendan y acepten que el discipulado verdadero significa abandonar toda ambición egoísta. La justicia ya no consiste en observar un código legal externo; lo que ahora la define no es la Ley, sino la Persona de Jesús. Y esta Persona, que es la justicia encarnada, exige nuestra lealtad. El verdadero discipulado demanda un compromiso absoluto sin distracciones ni contemporizaciones.

Para este seguimiento sincero del discipulado, Jesús promete una recompensa cuando vuelva. Dios es fiel y recuerda nuestro servicio de amor. Además, aunque nuestra entrada en el cielo tenga que ver únicamente con la fe que ponemos en Cristo, su recompensa futura está basada en nuestra fidelidad, obediencia y servicio presentes.

Y apartará los unos de los otros, como aparta el pastor las ovejas de los cabritos. Mateo 25.32

El regreso del Señor dará comienzo a un juicio basado en el carácter moral, el cual se revela mediante la presencia de hechos caritativos o la falta de ellos. Los versículos siguientes a este nos presentan el cuadro de una respuesta compasiva a la necesidad y el sufrimiento humanos. Jesús declara que cualquier buena obra que hayamos hecho a aquellos que sufren se la hacemos a Él. Las buenas obras son la prueba externa de nuestra justicia o injusticia interna; pero no son las que producen un buen carácter, sino que es el buen carácter lo que produce buenas obras.

Efesios 2.10 detalla más esta verdad: «Porque somos hechura suya, creados en Cristo Jesús para buenas obras». Antes de creer en Cristo, nuestras buenas obras, por nobles que fuesen, no ofrecían alivio alguno a nuestra necesidad suprema: el perdón de nuestro pecado. No obstante, habiendo recibido dicho perdón mediante la fe en Jesucristo, el Espíritu Santo empieza en nosotros una transformación que hace de las buenas obras un subproducto de nuestra fe. Santiago nos exhorta a ser «hacedores de la palabra, y no tan solamente oidores» (1.22).

Vivamos como gente transformada, sirviendo compasivamente al mundo necesitado que nos rodea.

El cual aclarará también lo oculto de las tinieblas, y manifestará las intenciones de los corazones. 1 Corintios 4.5

Esto se encuentra a años luz de la declaración de los Reyes Magos en relación a «quién es bueno y quién es malo». Nuestras acciones se cotejarán con nuestros motivos. La intención del corazón será el instrumento con el que se mida toda acción. No basta con hacer lo correcto, también somos responsables de nuestros pensamientos y actitudes.

Solía temer que Dios conociese mis verdaderos motivos (¡como si pudiera esconderlos de Él!). Sencillamente no comprendía su gran amor por mí. Cada día el Espíritu Santo está actuando para hacerme caminar más cerca del Señor. Ese «silbo apacible» que nos habla a todos nos está guiando a la pureza de corazón y de motivo.

A medida que el Espíritu Santo vaya descubriendo ciertas actitudes y motivos, responda sencillamente con fe. ¡Arrepiéntase y siga adelante! Es su gracia la que nos ha traído hasta aquí, y su mayor gozo va a consistir en perfeccionar, hasta el día que Jesús vuelva, la buena obra que Él ha empezado en nosotros (Flp 1.6).

Te encarezco delante de Dios y del Señor Jesucristo[...] que prediques la palabra.
2 Timoteo 4.1, 2

Pablo subraya la urgencia de su mensaje con la expresión «te encarezco». El verbo griego traducido por «encarecer» se utiliza en relación con el testimonio solemne y enfático en un tribunal de justicia. Debemos estar dispuestos a ministrar osada y valientemente la Palabra del Señor... ¡ahora!

Se le encarece a Timoteo que defienda incansablemente la Palabra de Dios, cuidando de comunicar la verdad con absoluta precisión, porque «vendrá tiempo cuando no sufrirán la sana doctrina, sino que[...] conforme a sus propias concupiscencias[...] apartarán de la verdad el oído y se volverán a las fábulas» (vv. 3, 4).

Existe una «ventana de oportunidad» para que cada persona pueda oír y responder al evangelio. También hay un implacable adversario que engaña, intimida y tuerce la verdad a fin de que los perdidos no respondan a ella. El tiempo de hablar es ahora, cuando la gente todavía tiene oídos para oír. El día del regreso de Cristo se acerca, y los corazones irán endureciéndose y los oídos haciéndose insensibles. Ministremos la Palabra en la actualidad, mientras aún podemos ser oídos.

LA SEGUNDA VENIDA

Vino el Señor con sus santas decenas de millares, para hacer juicio contra todos, y dejar convictos a todos los impíos. Judas 14, 15

Judas, el hermano de Santiago y de nuestro Señor, hace una declaración inflexible: los pecadores serán juzgados. La palabra «pecador» (en griego *hamartolos*) se aplica a un arquero que falla el blanco o un viajero que se aparta del camino conocido y anda por sendas tortuosas que le llevan a extraviarse. Significa alguien entregado al pecado por propia decisión, un transgresor cuyos pensamientos, palabras y hechos son contrarios a las leyes eternas de Dios.

Este pasaje nos enseña que cada persona tendrá que dar cuenta de sus hechos, comportamientos y palabras. La aterradora e ineludible verdad es que Jesucristo vuelve para juzgar a los pecadores; pero para el creyente, la promesa bienaventurada se convierte en esperanza eterna: «Como la altura de los cielos sobre la tierra, engrandeció su misericordia sobre los que le temen. Cuanto está lejos el oriente del occidente, hizo alejar de nosotros nuestras rebeliones» (Sal 103.11, 12).

Somos nosotros los que pecamos, pero es el Señor quien quita aquello que de otro modo se nos quedaría eternamente adherido. No tenemos por qué temer: el Señor que ahora nos salva nos guardará en su regreso.

El mismo Dios de paz os santifique por completo. 1 Tesalonicenses 5.23

He aquí una increíble promesa: ¡Si se lo permitimos, Dios mismo nos santificará! Cuando pensamos en todo lo que queda por hacer en nuestras vidas, comenzamos a preguntarnos qué se precisará exactamente para demoler la resistencia de nuestra carne en aras de una santificación delante del Señor. Queremos vivir una vida santa en Cristo, pero nuestros temores nos dicen que será necesaria una guerra espiritual prolongada para someter a nuestro hombre carnal. En contraste con esto, el versículo sigue diciendo que cuando el Dios de paz haya terminado su obra habrá una transformación completa: de «espíritu, alma y cuerpo».

El proverbio dice: «Dios nos ama demasiado para dejarnos como estamos». ¡Cierto! Él no nos está pidiendo que empecemos un programa de autoayuda, nos hagamos más sinceros o luchemos para alcanzar la perfección. ¡Él es esa perfección! Y si permitimos que su vida crezca en nosotros estaremos realmente santificados y libres de culpa en su venida.

LA SEGUNDA VENIDA

Mas nuestra ciudadanía está en los cielos, de donde también esperamos al Salvador, al Señor Jesucristo. Filipenses 3.20

Pablo escribe mientras se halla confinado en una prisión a la espera de ser juzgado por Roma. Como ciudadano romano tenía todos los privilegios para viajar, la protección del sistema legal y el derecho de apelar al mismo César (Hch 25.11), indiscutible Emperador del mundo conocido. Aun así el apóstol nos recuerda que nuestra ciudadanía suprema no tienen nada que ver con los asuntos humanos, la lealtad nacional o la herencia cultural: los que hemos nacido de nuevo contamos con pasaporte del cielo, y sea cual fuere la senda por la que viajemos hoy nuestro destino final está asegurado.

Esperamos con ansia la venida del Señor para ser trasladados al final de nuestro viaje. La barahúnda que contemplamos en nuestro mundo, así como la tragedia y la diabólica crueldad que marca de tal manera nuestra existencia terrenal y que se comprueba cada día por los titulares de todos los periódicos y las emisiones de noticias, nos recuerdan que estamos simplemente de paso. Nuestro destino es el cielo, y a la venida de Jesús Él nos llevará allí.

La manifestación de Cristo

Cuando Cristo, vuestra vida, se manifieste, entonces vosotros también seréis manifestados con Él en gloria. Colosenses 3.4

El apóstol Pablo nos recuerda que antes de nuestra salvación estábamos muertos en nuestros «delitos y pecados» (Ef 2.1), pero ahora Jesús es nuestra vida, y cuando Él se manifieste nosotros nos manifestaremos con Él. *Phaneroo* es el verbo griego que se traduce por «manifestarse», y significa poner al descubierto, descubrir, hacer visible, dar a conocer aquello que ha estado oculto o que no se conocía. Este verbo describe la manifestación de Cristo: cuando le veremos en la plena expresión de su glorioso carácter. No contemplaremos meramente al Rey de reyes en las nubes, sino que veremos al Dios de gloria revelado en todo su amor, su misericordia, su justicia y su poder.

Y la misma palabra se aplica a nosotros: «Seremos manifestados con Él en gloria». Sin embargo, lo que se revelará en nosotros será la obra que el Espíritu Santo ha realizado en nuestras vidas. Si «[ponemos] la mira en las cosas de arriba», «[escondemos]» nuestra vida en Cristo, morimos a nuestros deseos carnales y nos vestimos del nuevo hombre en Jesús (Col 3.2-10), tendremos un parecido sorprendente con el Señor con quien hemos de manifestarnos.

Cuando aparezca el Príncipe de los pastores, vosotros recibiréis la corona incorruptible de gloria. 1 Pedro 5.4

El Príncipe de los pastores viene para recompensar a aquellos que han servido fielmente al rebaño del Señor. Los que son testigos de los padecimientos de Cristo también participarán de «la gloria que será revelada» (v. 1). Estos líderes recibirán una corona que representa su triunfo sobre los obstáculos y su fidelidad al pueblo en su misión y su llamamiento. La corona en cuestión no es esa guirnalda que se ponen los militares vencedores ni los atletas en las competencias. Tales laureles se secan, se marchitan y se olvidan con la siguiente campaña militar o el próximo ganador de las olimpíadas. Las recompensas del Señor son eternas.

«Dios no es injusto para olvidar vuestra obra y el trabajo de amor que habéis mostrado hacia su nombre, habiendo servido a los santos y sirviéndoles aún» (Heb 6.10). El Señor Jesús, que da dones de ministerios para el servicio de su cuerpo (Ef 4.11), se interesa profundamente y recompensa con abundancia a aquellos que han elegido servir. No te canses del llamamiento. El Señor ve nuestro servicio, conoce nuestra lucha y recuerda fielmente.

Sabemos que cuando Él se manifieste, seremos semejantes a Él. 1 Juan 3.2

Hay un milagro en dos partes que sucede para hacernos semejantes a Jesús, y que comienza cuando nos abrimos a su vida como nuestro Salvador. En un instante nacemos de nuevo, somos trasladados de muerte a vida y, como cualquier recién nacido, cuando empezamos a crecer nos parecemos a nuestros padres. Segunda de Corintios 3.18 declara que estamos siendo «transformados de gloria en gloria en la misma imagen [de Jesús], como por el Espíritu del Señor». Y mientras vivimos tiene lugar este proceso de crecimiento hacia la madurez.

La segunda etapa de nuestra transformación se efectuará cuando Cristo vuelva: «Cuando Él se manifieste, seremos como Él». Instantáneamente, «en un abrir y cerrar de ojos», todo lo perteneciente a nuestra existencia mortal dejará paso a la incorruptible inmortalidad, tal como en el caso de nuestro Señor (1 Co 15.52). El Señor llevará a cabo esta etapa final del proceso. Nosotros participamos con Él en el crecimiento, pero Él transforma soberanamente el resto en su venida. Y «seremos semejantes a Él».

LA SEGUNDA VENIDA

No me avergüenzo del evangelio, porque es poder de Dios para salvación. Romanos 1.16

El mundo trata de intimidarnos con argumentos intelectuales contra la fe en Cristo. La sociedad intenta silenciarnos con lo «vergonzoso» de nuestra negativa a entregarnos a la fútil búsqueda del placer codicioso. El vivir para Jesús es locura para aquellos que perecen en su pecado. No hay contemporización posible: el mundo rechaza todo menos lo suyo, y aquellos que han nacido en el Reino de Dios se ven enfrentados a un mundo que no conoce más rey que su propio deseo egoísta.

Nuestro rechazo del mundo se refiere a sus normas, sus valores, sus prioridades y sus hechos. Nuestro amor por él se basa en el valor que tiene cada ser humano creado a la imagen de Dios. Debemos alcanzar a nuestra familia y nuestros vecinos con el amor de Dios; y para hacerlo nos hacemos «a todos[...] de todo» (1 Co 9.22) sin rendirnos a la contemporización. Jesús es nuestro Señor. ¡Que todos conozcan la gloriosa verdad de su vida y de su salvación!

A vosotros que sois atribulados, daros reposo con nosotros, cuando se manifieste el Señor Jesús desde el cielo con los ángeles de su poder.
2 Tesalonicenses 1.7

Cuando el Señor vuelva habrá una visitación de la gloria divina. Esa gloria consumirá a los adversarios de Dios y dará bendito descanso a aquellos que han trabajado durante largo tiempo por Él. En la lucha contra el mal, en medio del estrépito de un caótico mundo, y de las penalidades que implica ser extranjeros en una tierra extraña, el pueblo de Dios necesita ese reposo que Él traerá.

Pero para encontrar reposo no tenemos que esperar hasta su venida. Hay esperanza hoy de renovación en medio de la rutina de nuestras presiones diarias. «En lengua de tartamudos, y en extraña lengua hablará a este pueblo, a los cuales Él dijo: «Este es el reposo; dad reposo al cansado» (Is 28.11, 12).

La solución para la implacable presión actual que trata de aplastarnos es vivir en la plenitud del Espíritu hasta que Él venga. Viva lleno del Espíritu; adore en su idioma espiritual; y regocíjese en su venida, cuando llegará nuestro reposo definitivo en Cristo.

Nos visitó desde lo alto la aurora. Lucas 1.78

¿Se le ha ocurrido a usted pensar que Dios previó la celebración mundial que con el tiempo produciría el nacimiento de su Hijo? ¡Pues así es! Contrario a la negativa de los detractores del disfrute de un santo espíritu de celebración, Dios parece deleitarse en crear oportunidades festivas para su pueblo. Por así decirlo, en el Antiguo Testamento montó toda una «guirnalda de luces» ordenando fiestas con un promedio de cada dos o tres meses.

Es cierto que las celebraciones carnales y comerciales pasan por alto el significado de la Navidad —todos lo sabemos y lo reconocemos—, pero no permita que en esta época preciosa el espíritu comercial sustituya el deseo del Espíritu Santo de despertar una nueva expectación y un nuevo gozo en su corazón.

¡Dios nos ha visitado! «Aquel Verbo fue hecho carne» y dio origen a un nuevo día: trajo una nueva «aurora». Este año, al acercarse a la Navidad, déle la bienvenida a ese amanecer del Espíritu Santo con un gozo, una esperanza y un amor renovados.

Pero cuando vino el cumplimiento del tiempo, Dios envió a su Hijo. Gálatas 4.4

Dios sigue un calendario que no está controlado por la presión humana ni limitado a una perspectiva terrenal, sino regido según la luz del amor que nos tiene a cada uno, individualmente y a toda la raza humana, en su conjunto.

La Biblia hace este singular comentario: Dios envió a su Hijo justo a tiempo. Eso es lo que significa «el cumplimiento del tiempo». Había un momento ordenado y designado por el cielo para la dramática llegada del Redentor. Esa es la razón por la cual celebramos la Navidad: para adorar y regocijarnos de nuevo en el poderoso amor y la solicitud dominante por la humanidad que planeó y estableció el calendario para esta visitación celestial.

Al igual que programamos nuestras visitas a aquellos que amamos o que necesitan nuestra presencia y ayuda, el calendario para el don que el Padre hacía de su Hijo fue fijado con objeto de producir una visita que respondiese a la necesidad humana. Y lo mejor de todo es que el Espíritu Santo mantiene fluyendo hoy en día el poder de esa «visitación». En esta época navideña ¡permítale que le otorgue la bendición de una visita especial de Navidad!

¿Qué es el hombre[...] para que lo visites?
Salmo 8.4

¿Cuántas veces ha visto brillar los ojos de un niño al colocar las guirnaldas de luces mientras contempla con feliz asombro el esplendor que tiene a su alrededor? De una forma más madura, eso fue precisamente lo que exaltó el alma de David. Las luces eran las estrellas y su asombrado gozo nacía de su gratitud hacia el Creador.

Mientras David canta, estudiando el cielo nocturno como punto de arranque para alabar a Dios por todo su universo creado, llega a un enfoque de todo ello y dice básicamente: «Señor, cuando miro todo esto me siento abrumado por una pregunta: ¿Qué es el hombre para que le prestes tanta atención?»

La «visita navideña» de Dios a la humanidad es la declaración final que Él ha hecho acerca de nosotros. Esa visita no sólo revela su amor extendiéndose, sino que descubre el valor que cada uno de nosotros tiene para Él y su *amor redimiendo*, tratando de restaurar lo que hemos perdido. Como hijos suyos que somos, ¡ojalá que las luces de la Navidad brillen en nuestros ojos con gratitud por un amor así!

Vinieron del oriente a Jerusalén unos magos.
Mateo 2.1

La venida de Jesucristo a la tierra es el punto de arranque de la salvación para la humanidad. ¡Está bien que celebremos la Navidad! Aunque sea cierto que nadie puede en realidad señalar qué día nació Jesús, y a pesar de que algunos objeten que la época que celebramos fue en otro tiempo una festividad pagana, sigue estando bien celebrarla. Después de todo, si no conocemos el día exacto tampoco sabemos que no haya sido el día de Navidad; y si los paganos corrompieron esta época del año en tiempos pasados, nuestro regocijo santo puede reivindicarla ahora con alabanza para Dios.

Fueron aquellos sabios de la antigüedad, los magos que vinieron de oriente, quienes hicieron la «visita navideña» más larga, si nos atenemos a la distancia geográfica; y el hecho de que se los recuerde en las páginas de la eterna Palabra de Dios debiera enseñarnos algo acerca de cómo el Señor valora los esfuerzos de «aquellos que dan demasiada importancia a la Navidad».

Dejemos que esos sabios nos enseñen sabiduría. Dios ha venido a visitarnos desde la eternidad. Fije un rumbo para «recibir la Navidad» haciendo usted mismo una visita especial. Puede comenzar clamando al Señor por una obra singular de Navidad en su propio corazón.

LOS DONES DEL ESPÍRITU

Pasemos, pues, hasta Belén. Lucas 2.15

Navidad pone a todo el mundo en marcha. Lo hace hoy en día, cuando el viajar alcanza proporciones de récord; pero todo comenzó hace mucho tiempo. ¡Cuando Dios viene al mundo, todo el planeta se pone en movimiento!

Los pastores experimentaron un encuentro sobrenatural que les hizo imposible quedarse como eran o donde estaban. En respuesta a la visita de los ángeles, planean visitar el pesebre: la visita de *despertamiento* se convierte así en una visita de *búsqueda*.

Tal vez nos convenga aprender de la respuesta que dieron los pastores; quizá todos necesitemos decir de una manera nueva: «Pasemos, pues, hasta Belén». Permitamos que esta época de Navidad cautive nuestras almas con el portento de la venida de Jesús. Abra su corazón al Espíritu Santo y deje que Él le lleve, como sucedió con los pastores, a un nuevo lugar de encuentro sobrenatural con Dios.

Y cuando el Espíritu comience a hacerlo, incluso ahora, en este momento cargado de oración, propongámonos cada uno seguir hasta el final. Rememore el sentido común de los pastores diciendo: «No voy simplemente a pasarme las Navidades sentado; pasaré hasta mi designado Belén». Él está esperándole allí.

No temas; porque tu oración ha sido oída.
Lucas 1.13

Al parecer nada traía más desesperación a un hogar en el mundo antiguo que la falta de hijos. Si un matrimonio no los tenía, una sombra parecía cernirse sobre aquella casa, como si Dios no se agradara de ellos.

Así pasaba con el hogar de Zacarías y Elisabet, a quienes la Biblia revela como consagrados en su dedicación y servicio al Señor. La falta de hijos del matrimonio no era ciertamente reflejo del disgusto divino, ¿pero cómo podían ellos estar seguros de eso?

De alguna manera su desdichada situación refleja la de muchos que nos enfrentamos a circunstancias estériles y nos preguntamos si no habremos sido arrastrados fuera del círculo de la bendición de Dios. Pero la belleza del relato de este pasaje (Lc 1.5-25) reside en que Dios contestó el clamor del corazón de ellos por un hijo mediante la restauración milagrosa de la capacidad procreadora de Elisabet. Además, el nacimiento de su hijo se convierte, si podemos decirlo así, en un escalón hacia la Navidad. La concepción de Juan el Bautista en el vientre de su madre Elisabet es el inicio de una serie de acontecimientos que conduce al nacimiento y el ministerio de Jesús. La oración ha sido contestada, la esperanza renovada, la esterilidad vencida... ¡Es tiempo de Navidad!

Pero cuando salió, no les podía hablar.
Lucas 1.22

Que el ángel le «visitase» con un trato especial pasajero puede no haberle parecido una bendición a Zacarías; pero después de recibir la promesa de que Elisabet iba a tener un hijo, la duda del anciano impulsa al ángel Gabriel a tomar esa medida, y le dice: «Por no haber creído te quedarás sin habla hasta que el niño nazca» (vv. 13-22).

Algunos pueden considerar esto como un castigo, pero implica un concepto mayor que la acción vengativa por la incredulidad. Más bien, la actuación de Gabriel constituye una lección colateral sobre el asombroso poder de nuestro habla. Como seres hechos a imagen de Dios, Él nos ha concedido, a su propio pueblo, el privilegio de «reclamar» o «apropiarnos» de sus promesas. Hablar lo que Dios ha dicho es una forma muy real de hacer que su Palabra actúe sobre las situaciones específicas de la vida.

También es verdad lo contrario: que la duda tiene el poder de anular el potencial de una promesa; al menos en lo que se refiere a su aplicación a uno mismo. Así el ángel neutralizó la capacidad de Zacarías de expresar dudas hasta que naciera el bebé prometido. El tiempo de Navidad puede ser una buena época para comprender el poder que tiene el silencio para neutralizar la duda, y la capacidad de la alabanza para recibir las obras de gracia divinas.

Porque nada hay imposible para Dios.
Lucas 1.37

Este versículo tan citado pocas veces se vincula con el relato de la Navidad, sin embargo se halla en el centro del mismo. Tal afirmación fue hecha a María mientras recibía la promesa más increíble que jamás se haya dado a un ser humano respecto a las posibilidades físicas: «Tendrás un hijo [tú, una virgen], y el niño será Hijo de Dios».

Naturalmente que nos deleitamos en esta portentosa invasión de nuestro mundo con el don misericordioso de Jesús el Salvador. Su maravillosa entrada en el mismo a través del nacimiento virginal es un misterio abrumador y un profundo artículo de nuestra fe. Pero el nacimiento de Cristo en la tierra no constituye sólo un hecho *físico* cumplido en el pasado, sino también una posibilidad *espiritual* presente.

Así como Cristo fue presentado al mundo de una forma física por medio de María, Él quiere serlo también de una manera poderosa y espiritual hoy en día a través de usted y de mí. «¡Espera...! —podemos decir con María—, ¿cómo será esto?» Y la respuesta es la misma para nosotros que para ella: «El poder del Espíritu Santo vendrá sobre ti». Así el milagro de la Navidad se repite, de un modo nuevo, una y otra vez, cuando nos visita el increíble don de «Cristo en vosotros, la esperanza de gloria» (Col 1.27).

LOS DONES DEL ESPÍRITU

En aquellos días[...] María,
fue de prisa a la montaña. Lucas 1.39

En las acciones de María, inmediatamente después de la visita del ángel para anunciarle que será progenitora del Cristo niño, hay una lección en la que pocas veces se repara y que sin embargo es de una gran ternura. Se le había dicho que su prima Elisabet estaba también experimentando una desacostumbrada, aunque diferente, visitación de la gracia de Dios: que ahora, siendo ya de edad avanzada, se encontraba en el sexto mes de embarazo de su primer hijo (1.36).

Sin embargo, nótese cuán maravillosamente María de Nazaret, casi inmediatamente después de descubrir que estaba a punto de convertirse en la mujer más singular de la historia, aparta su atención de sí misma hacia una necesidad en la que puede prestar servicio, y viaja para ayudar a Elisabet. El versículo 56 explica que María se quedó con su anciana parienta y la sirvió hasta que nació el niño de aquella.

Esta muy bien podría llegar a ser nuestra lección navideña más importante para este año. María manifiesta un principio del amor de Dios en acción: Debo estar más preocupado por ayudar al cumplimiento de lo que el Señor está haciendo en otra persona que de lo que Él está llevando a cabo en mí mismo.

Toda buena dádiva[...] desciende[...] del Padre.
Santiago 1.17

Cierto hombre que consideraba su deber ridiculizar la práctica de hacer regalos en Navidad estaba atacando furiosamente a otro cristiano por hacerlo. A lo cual el creyente que regalaba respondió: «¡Y qué quieres que haga! ¡Fue idea de Dios antes que mía!»

En esta época, que es la más adecuada para pensar en este aspecto de la naturaleza del Padre, es cuando acariciamos el recuerdo del carácter dadivoso de Dios, y el don de su Hijo Jesucristo para nuestro mundo. ¡Él es Dador! Y ya que ciertamente resulta deseable que maduren en nosotros las cualidades de su carácter, el espíritu generoso y amante de regalar constituye una gracia que vale la pena aprender durante todo el año.

Capte todo aquello que indica este versículo en relación con la inmutable y constante costumbre divina de dar: «Toda buena dádiva y todo don perfecto desciende de lo alto, del Padre de las luces [¡eso parece Navidad!], en el cual no hay mudanza [su naturaleza inmutable es dar], ni sombra de variación [literalmente, sin diferencia de una época a otra]».

La medida de fe que Dios repartió a cada uno.
Romanos 12.3

Estas palabras introducen una lista de dones que nuestro Padre y Creador nos ha otorgado en diferentes medidas y grupos a los seres humanos. Las siete categorías que se indican en Romanos 12.6-8 han sido llamadas a veces «dones motivadores» de Dios. En otras palabras, que Dios ha dado a cada persona una «medida de fe»; es decir, un punto de arranque para responder a la voluntad divina para con ella. Este punto inicial se activa cuando cada individuo comprende y utiliza el don único y diferente que tiene; cuando cada uno de nosotros sirve a los demás actuando según esas inclinaciones que Dios ha puesto en su interior para motivar nuestras vocaciones y nuestros ministerios hacia otros.

En este mes de diciembre venga delante del Padre Dios con gratitud y docilidad. Primero con gratitud, para agradecerle el que haya invertido algo de su potencial creativo en nosotros; y luego con docilidad, diciéndole: «Padre, muéstrame más cómo los dones que me has concedido (algunos de los cuales tal vez ni siquiera reconozco o admito todavía) pueden glorificarte mientras cumplo tus propósitos creativos con respecto a mí».

Subiendo a lo alto[...] dio dones a los hombres.
Efesios 4.8

El apóstol Pablo emplea estas palabras del Salmo 68.18 para llamar nuestra atención sobre un ministerio especial de dar que tiene nuestro Señor Jesucristo mismo. Jesús, el Hijo de Dios, dio su vida por nosotros; y aunque el «dar» o «enviar» a su Hijo al mundo fue una acción del Padre, Cristo tomó la decisión de «poner» su vida por nosotros (Jn 10.15). Sin embargo, su carácter dador va más allá de su obra como *Salvador del mundo* y encuentra también expresión en su labor como *Señor de la Iglesia.*

Es en su calidad de Edificador de la Iglesia (Mt 16.18) que Cristo otorga otros «dones a los hombres»; dones en forma de personas, de líderes que Él unge y designa para cumplir los oficios de «apóstoles, profetas, evangelistas, pastores y maestros» (Ef 4.11). Estos dones han sido dados para equipar y edificar a cada cristiano y cada congregación local (Ef 4.12-16).

En esta Navidad, piense en algunas formas en las que usted podría demostrar su agradecimiento a nuestro Salvador por el don de los líderes cristianos que Él le ha concedido.

Hay diversidad de dones,
pero el Espíritu es el mismo. 1 Corintios 12.4

Muchos eruditos de hoy han estudiado las diversas listas de dones espirituales, pero sus conclusiones en cuanto a un número exacto varían; no porque la Biblia no sea clara, sino porque nos resulta difícil tener claridad acerca de cómo esos dones se «mezclan» entre sí. Lo que se ve en la vida de un individuo cuando, por la gracia de Dios, manifiesta una combinación de habilidades —en formas, ocasiones y grados diferentes— es una mezcla de dones.

La razón de tales diferencias es obvia. Se trata de un reflejo de la obra singular de nuestro Creador modelándonos a cada uno de nosotros; y también puede revelar el diferente grado de crecimiento que un individuo ha alcanzado en el aprendizaje de la aplicación y el ejercicio de sus dones.

Sin embargo, hay una categoría de dones mucho más fáciles de reconocer y también de darles respuesta cuando sabemos de ellos y nos abrimos a que se manifiesten a través de nosotros. Se trata de *los nueve dones del Espíritu Santo* (1 Co 12.8-10): un campo diferente de la administración y distribución del Espíritu (1 Co 12.11).

¿No sería un gozo convertirnos en instrumentos bajo el poder del Espíritu Santo; ser «agentes de reparto» de alguno de sus dones para alguien en esta Navidad?

Procurad, pues, los dones mejores.
1 Corintios 12.31

Puesto que cada uno de los nueve dones del Espíritu Santo es obviamente bueno, ¿quién puede juzgar cuáles son mejores o más excelentes? Esta es una pregunta adecuada, ya que el presente versículo nos insta a procurar «los mejores» de esos dones; literalmente a «ser celosos del mejor don para manifestar». ¿Cómo podemos hacer esa elección? La respuesta es que no podemos; que no tenemos por qué hacerla, ya que el Espíritu Santo está plenamente dispuesto a llevarla a cabo.

El Espíritu Santo decide *qué don* quiere que se dé (o se trasmita a alguien), y también *dónde* y *a quién* está destinado dicho don. Sin embargo, Él da esos dones a la gente por mediación de «agentes de reparto» provisionales; es decir, de personas que están dispuestas a permitirle otorgar su don *por medio* de ellas a quien debe recibirlo.

Este «procurad los mejores dones» no puede jamás entenderse mientras uno se considere «recipiente y guardián» de un don del Espíritu Santo. Sin embargo, cuando empezamos a ver que Él está queriendo utilizarnos como agentes asignados para hacer entrega de alguno de sus dones a alguien que necesita una palabra, una sanidad o un milagro, podemos aprender a vivir en una disponibilidad piadosa para su uso.

LOS DONES DEL ESPÍRITU

Lo que tengo te doy; en el nombre de Jesucristo.
Hechos 3.6

Empezamos a comprender la gracia de llegar a ser instrumentos del poder de Dios cuando dejamos de ver los nueve dones del Espíritu como «una colección». Estos nueve dones no son acumulativos. Otras dádivas de Dios que definen nuestro llamamiento o diferentes ministerios que Él da, resultan permanentes (Ro 11.29), pero las nueve «manifestaciones» de este catálogo constituyen gracias especiales que Él está distribuyendo incesantemente a lugares y personas que las necesitan.

Una vez que un don «se da» (es decir, cuando el Espíritu Santo encuentra a una persona a través de la cual puede distribuir cierto don) está destinado a ser entregado a alguien; en otras palabras, que Él nos concede sus dones para que los repartamos. De modo que recuerde dos cosas: (1) sus dones han de ser entregados a la persona o el grupo que Él designa; (2) sus dones sólo son «entregables» por medio de personas que se hacen disponibles, que están dispuestas consciente y humildemente a realizar la entrega.

Ahora, a la luz de esto, lea Hechos 3.1-10, y vea un ejemplo de lo que sucede cuando un «agente disponible» recibe y entrega un don del Espíritu Santo.

Vosotros tendréis cántico como de noche en que se celebra pascua. Isaías 30.29

La Navidad es una pascua: la fiesta de la encarnación del Hijo de Dios, la cual conmemora que «aquel Verbo fue hecho carne, y habitó entre nosotros» (Jn 1.14). Ningún acontecimiento histórico ha dado origen a más música que la Navidad. Desde «Allá en el pesebre» hasta «El Mesías» —desde lo más sencillo e infantil hasta la sinfonía más majestuosa—, la «noche» del mundo se ha llenado de la música pascual navideña.

Mientras cantamos los himnos propios de esta época del año tenemos una nueva oportunidad de trascender lo *obvio*, que consiste en cantar simplemente para guardar y celebrar este tiempo. Pero no es tan obvio ver y responder al hecho de que el Espíritu Santo está presente para garantizar un cántico en nuestras almas. Él se halla siempre dispuesto a implantar en nosotros esos recursos que nos harán suficientes para cada buena obra, cada tiempo del año y cada circunstancia.

Los cánticos de la época navideña pasan, pero la canción que el Espíritu selle para usted permanecerá incluso después de que haya pasado la pascua.

Con cánticos de liberación me rodearás.
Salmo 32.7

«Liberación» es uno de los términos colosales de las Escrituras, ampliamente inclusivo, que describe: (1) el perdón del pecado; (2) la redención de la muerte eterna; (3) la recuperación de la salud física; (4) la libertad de ataduras espirituales; y (5) el rescate de situaciones difíciles. Como Salvador nuestro, Jesús se ha convertido en nuestro Libertador, ya que en esencia el significado de salvar es liberar.

De modo que cuando leemos acerca de «cánticos de liberación», bien podemos sintonizar nuestras almas con la promesa y la posibilidad de que tal poder sea puesto en labios humanos. David cantaba y Saúl era aliviado de la opresión demoníaca; el coro de Josafat lo hacía y sus enemigos eran derrotados; Pablo y Silas alababan y un terremoto los liberaba de sus cadenas y traía al Reino de Dios a su apresador. Los cánticos de liberación son verdaderos instrumentos de la gracia divina.

Mientras los himnos de Navidad llenan el aire, hagamos que cada uno sea algo más que un ritual. Eleve esos testimonios del Rey que ha venido y deje que el Espíritu Santo colme su alabanza hasta convertirla en cánticos de liberación... ¡Porque el Rey está aquí!

El rey Herodes se turbó. Mateo 2.3

La tensión dinámica que produce la Navidad no debería sorprendernos. Por un lado nuestro mundo llena sus almacenes con fines comerciales, mientras que por otro cuestiona nuestro derecho a poner escenas navideñas en las plazas públicas. El espíritu del mundo siempre quiere sacar provecho y resistir a las profecías.

Cuando Herodes conoció a aquellos magos regios que parecían prometer un comercio con Oriente, estuvo dispuesto a ayudarlos en su viaje. Era un buen negocio cooperar con hombres ricos que viajaban por su territorio. Pero Herodes se turbó al descubrir que dicho viaje había sido provocado por las profecías acerca de otro rey.

No se deje aturdir por las distorsiones o los falsos conceptos que el espíritu del mundo crea durante la Navidad; y quiera Dios que jamás nos invada el resentimiento por las protestas de ese espíritu, turbado por nuestra búsqueda del Rey y nuestro deseo de adorarle.

Mantenga simplemente el rumbo. La senda que lleva a Belén puede ser puesta en duda por el mundo, pero es aún el camino a la esperanza y la salvación para todos los que creen.

Y al entrar en la casa[...] postrándose,
lo adoraron. Mateo 2.11

En realidad el término «reyes» no se utiliza con relación a los magos —hombres sabios— que eran en realidad consejeros de las cortes de los reyes antiguos, pero su papel real y la posibilidad de que fueran representantes oficiales de algún trono distante permite nuestra tradición de llamarlos reyes.

El hecho de que con frecuencia reparemos en sus regalos puede hacernos pasar por alto la característica más notable de ellos. Antes de mencionar sus dones, la Biblia dice que cuando vieron a Jesús, «postrándose, lo adoraron». Y fue únicamente después de aquello que «[abrieron] sus tesoros».

Cuando se leen las palabras exactas y se estudia la secuencia de estas —postrarse, adorar, dar—, ¿no se pregunta usted lo que sucedió realmente? Aquello no fue algo casual, ni tampoco constituyó un momento protocolario con aires de representación teatral. Esos hombres se sintieron abrumados, al encontrarse sin duda con una presencia que no esperaban.

¡Ojalá que esa misma presencia nos abrume en este tiempo de Navidad!

Y su reino no tendrá fin. Lucas 1.33

Desde el momento de la concepción de Jesús empieza a fluir un torrente de promesas: ¡Un nuevo gobierno está llegando a las almas de los hombres! No se trataba de un asunto político, sino espiritual. El Rey mismo confirma esto: «Mi reino no es de este mundo» (Jn 18.36).

Pero Él es Rey, un rey como no hay otro. Vea las descripciones de su papel regio en la Palabra de Dios:

• «Rey de los siglos» (1 Ti 1.17); como tal se declara la perpetua e inalterable estabilidad de su gobierno.

• «Para justicia reinará un rey» (Is 32.1); así se anuncia su método plenamente justo, imparcial y considerado.

• «Rey de paz» (Heb 7.2); como fue tipificado por Melquisedec y se cumplió con su elevación a su primer trono —la cruz—, donde aseguró nuestra paz (Ef 2.14-18).

• «Rey de los santos» y «Rey de reyes» (Ap 15.3; 19.16); alabado por siempre como nuestro Rey Salvador y el Gobernante final de toda la historia.

Y tú, Belén[...] de ti saldrá un guiador.
Mateo 2.6

Incluso su pronunciación resulta musical: «Belén». El nombre mismo inflama de nuevo la imaginación y todos experimentamos una sinfonía de pensamientos acerca de ese minúsculo, pero pujante lugar histórico. Belén fue destinada a ser importante por el mismo Dios todopoderoso, quien susurró sus intenciones a sus propios profetas; y en este versículo oímos citar a Miqueas más de setecientos años después de que él predijese que Belén sería el lugar de nacimiento del Mesías.

Es algo bueno ir allá; por lo menos con la imaginación, y especialmente en tiempo de Navidad. El hecho de que Dios se interesara por tan diminuta aldea y ordenara el lugar de la misma y su alto propósito para ella dentro de su plan de redención, nos enseña algo acerca de Dios y de su forma de actuar.

El Señor se deleita en tomar lo ordinario y hacer en ello cosas extraordinarias. A Él le encanta tomar a personas como nosotros y realizar actos maravillosos *por* ellas, *para* ellas y *por medio de* ellas. Su idea y su deleite consisten en ejecutar cosas grandes en lugares sencillos, ¡con gente sencilla! Hagamos como cantamos: «Oh, venid pronto a Belén, para contemplar...»

Y José [con María] subió[...] a Judea,
a la ciudad de David, que se llama Belén.
Lucas 2.4

Resulta interesante observar, de esa forma viva y conmovedora, cómo trata Dios las cosas para convertir a Belén en un cruce de caminos de la historia humana. Él mueve al emperador de Roma a promulgar un edicto que dará como resultado el regreso de José al pueblo natal de su familia, y hará por lo tanto que Jesús nazca allí. Provoca una convergencia única de los astros y planetas que impulsa a un grupo de cortesanos orientales a estudiar ese fenómeno en conexión con las Escrituras antiguas e ir a rendir culto a Belén. Dispone un albergue abarrotado para que su Hijo, obligado a nacer en un establo, no sea jamás acusado de tener la ventaja de una «alta cuna».

Ninguna de estas cosas sucedieron por accidente, sino que fueron organizadas, estudiadas y ejecutadas por el Dios del universo. Y en esta Navidad, al volver a Belén, actuaremos con sabiduría si pensamos en estas cuestiones. Cuando lo haga, recuerde que Él está igualmente interesado en asegurarle el éxito de los asuntos de su vida.

Al ver la estrella, se regocijaron con muy grande gozo. Mateo 2.10

¿Se ha dado usted cuenta de cómo denomina la gente a la estrella que brilló con esplendor en Navidad? La llaman «la estrella de Belén», no «la estrella de Jesús», ni la «estrella de Navidad», ni tampoco la «estrella de Judea» ni cualquier otro nombre. Esta luz, que brilló hacia el oriente desde distancias astronómicas más allá de nuestro planeta, es conocida por el nombre de una pequeña aldea polvorienta sin distinción alguna, salvo... *¡que allí nació Jesús!*

¡Deje que eso se convierta en un pensamiento-regalo de Navidad para usted! Un pensamiento que muy bien puede seguir dando y dando si usted se lo permite. Se trata de otro indicador más de las maneras que Dios tiene de dignificar, ennoblecer y adelantar su gracia sobre cada uno de nosotros, en quienes Jesús ha nacido.

Del mismo modo que actualmente Belén se ha convertido en un próspero centro comercial por el hecho de que Jesús nació allí, Dios está dispuesto a ordenar que cada uno de aquellos en quienes Cristo vive sea fructífero. El fuego de la estrella de Belén ha encendido la gloria de Dios sobre usted, amado: «Levántate, resplandece; porque[...] la gloria de Jehová ha nacido sobre ti» (Is 60.1).

La dádiva de Dios es vida eterna.
Romanos 6.23

Una emoción comprensible llenaba la casa esa Nochebuena. Todos los hijos y los nietos estaban allí reunidos, procedentes de lugares lejanos y cercanos. Una atmósfera festiva, y sin embargo santa, invadió la habitación cuando las luces se apagaron y sólo las multicolores bombillas del árbol de Navidad pudieron verse parpadear. Pronto se desenvolverían los regalos, pero antes, en respuesta a las ligeras señas con la mano del abuelo, el salón quedó en silencio, hasta el nieto más pequeño.

Sonriendo, el anciano comenzó a entonar, mientras todos se armonizaban con él en el canto: «Porque de tal manera amó Él al mundo que nos ha dado a su Hijo». Luego, cada uno inclinó reverentemente la cabeza y el abuelo hizo esta oración:

«Querido Padre, esta noche, antes de abrir los regalos, queremos darte gracias por el regalo mayor de todos: Jesús, tu Hijo, nuestro Salvador. Y a la luz de este árbol recordamos aquel otro, el de la cruz, donde se nos ofreció tu don de la vida eterna. De modo que, desde debajo de este árbol nos inclinamos al pie de ese otro desde el cual la Luz del mundo irradia tu gloria a todos nosotros. Señor, recibe la alabanza, mientras nuestros regalos de amor aquí recuerdan el Don de amor que tú nos hiciste en aquel lugar. Amén».

LOS DONES DEL ESPÍRITU

Os ha nacido hoy[...] un Salvador. Lucas 2.11

Nuestros mejores autores y compositores han escrito sus más magníficas obras al ocuparse del tema de la Navidad. Pero aunque tengamos a nuestra disposición decenas de miles de historias y canciones maravillosas, en este día, por toda la faz del planeta, millones de manos buscan las páginas del imperecedero relato de Lucas acerca del nacimiento de Jesús. Los versículos 1 al 20 de su capítulo 2, no sólo anclan en la historia la venida de Cristo (en los días de Augusto César), sino que también apuntan el nacimiento del Señor hacia el momento presente: «Os ha nacido hoy...»

El mensaje de los ángeles, dado a los hombres en su lugar de trabajo, no podía tener una sencillez más elocuente: «Os ha nacido hoy[...] un Salvador». Y luego se menciona su título (Cristo el Señor) y se refiere el camino para ir a su lado (pasemos, pues, hasta Belén).

Así es como hemos llegado a conocerle como Cristo, nuestro Señor, y como Jesús, el Hijo de Dios. Y hemos venido a su lado, no sólo para arrodillarnos con humildad ante un pesebre, sino para adorarle aquí con gratitud, alabando al lado de Aquel que más tarde, de su propio costado, habría de pagar el precio de sangre necesario para conseguir su oficio de Salvador y comprar para nosotros el don de la salvación eterna.

Regresaron a su tierra por otro camino.
Mateo 2.12

En este día las terminales de líneas aéreas retumban con las pisadas de los visitantes navideños que vuelven a sus hogares. Casi todo el mundo está utilizando el segundo viaje de un billete de ida y vuelta. La mayoría de nosotros sabe que cambiar esa ruta implicaría por lo general el tener que pagar una tarifa adicional.

Los magos habían planeado un viaje de ida y vuelta, pero volvieron por otro camino. La Biblia no nos dice qué ruta siguieron, pero sí que cambiaron sus planes «avisados por revelación»; guiados por el Espíritu Santo a tomar un camino que evitase ser capturados por Herodes que los había engañado.

Cuando este año «partimos» de la Navidad sería aconsejable invitar al Espíritu Santo a que nos ayudase a ir «por otro camino». Permitirle ablandar nuestros corazones, alterar nuestras prioridades, aclarar nuestro entendimiento, limpiar nuestros corazones, todo ello, apunta hacia «otro camino» que aquel por el cual hemos venido a la Navidad; y andando por el camino del Espíritu evitaremos caer en los lazos del enemigo. Esa es la manera de actuar del hombre sabio.

El amor[...] todo lo espera. 1 Corintios 13.4-7

Hoy comienza la «cuenta regresiva» para el inicio del nuevo año. Permita que cada punto, cada día, se convierta en una señal en su ruta mientras se aleja «por otro camino», dejando atrás el pasado y recibiendo con agrado el ministerio del Espíritu Santo que trae a su alma una renovación gloriosa. En estos días consideremos los temas del amor, el poder, la transformación, la Palabra y la fe, esas cosas que marcan hitos.

Comience cada día con una bienvenida sincera y especial al Espíritu Santo, para que *brote, llene y fluya* a través de su corazón con amor. Él puede y quiere enviar una oleada de ese amor según la Palabra de Dios (Ro 5.5); oleada que vendrá en forma de torrentes (Jn 7.37-39) y quitará cualquier obstrucción para que seamos perfeccionados en el amor a Cristo, a la Palabra de Dios, a los perdidos, a los poco agraciados y a quienes nos han herido. Él cambia nuestras actitudes y nuestra perspectiva, y convierte la esperanza en el mañana en algo más que un deseo. El amor engendra una esperanza confiada.

Pablo, lleno del Espíritu Santo. Hechos 13.9

El *poder*, el poder del *Espíritu Santo*, y *lleno* del poder del Espíritu Santo... son tres cuestiones completamente distintas. El poder, la capacidad o la autoridad se ejerce a diario en todas las áreas de la vida. Lo mismo sucede con el poder del Espíritu Santo, ya que Él actúa en todas partes. Pero el poder del Espíritu opera y se manifiesta de formas bastante distintas a como lo hace el mero «poder» en nuestra sociedad.

El término «lleno» describe a la clase de persona que el Espíritu Santo puede guiar, usar y hacer eficaz en este necesitado mundo con mayor facilidad. Necesitamos más que «poder»; necesitamos ser llenos del poder del Espíritu Santo.

La confrontación de Pablo con los poderes malignos en Chipre (Hch 13) se convirtió en una victoria para el Reino de Dios, y la razón central de ello fue la plenitud de Pablo en ese momento. Él vivía lleno del Espíritu Santo.

Al acercarnos al Año Nuevo subraye bien la diferencia que hay entre haber *tenido* una experiencia en el Espíritu Santo y *vivir* en la plenitud de su poder.

Nosotros todos[...] somos transformados.
2 Corintios 3.18

La Biblia proporciona un contexto para la vida liberada: «Donde está el Espíritu del Señor, allí hay libertad». Pero inmediatamente pasa a describir con precisión cómo actúa el Espíritu Santo para crear y mantener la libertad de su Reino. Estudie la siguiente ampliación de nuestro versículo.

«Por tanto, nosotros todos (cada uno de nosotros decidiendo por sí mismo), mirando a cara descubierta (no escondiéndonos detrás de pretensiones o protegiéndonos de los tratos de Dios con nosotros) como en un espejo (que es la Palabra de Dios) la gloria del Señor (el Hijo de Dios), somos transformados (es decir, vamos progresando de una etapa a otra como en la metamorfosis de ciertas criaturas, de oruga a capullo y de capullo a mariposa) de gloria en gloria (de una etapa de su gracia y su carácter a otra de dimensiones cada vez mayores de estas cosas) en la misma imagen (de Jesús, nuestro Maestro, Modelo y Salvador), como por el Espíritu del Señor (pues es sólo por su presencia, su poder y su labor perfeccionadora que tal cambio puede suceder)».

¡Cualquiera que esté dispuesto a ser liberado y transformado de esa manera tiene por delante un magnífico Año Nuevo!

Recibid con mansedumbre
la palabra implantada. Santiago 1.21

La Palabra de Dios es la fuente de *sabiduría* para la vida, la norma de santidad para el *carácter,* y como *verdad* constituye la fuerza del espíritu humano. Este Libro, inspirado por el Espíritu Santo, es el cimiento para nuestra edificación, la fortaleza para nuestra defensa y la comida para nuestro mantenimiento. No se puede decir demasiado de la Palabra de Dios.

¡Pero sí se puede hacer demasiado poco en cuanto a ella!

Sólo si me alimento diariamente, y sólo si recibo con humildad lo que la Palabra dice acerca de mí, produce efecto esta obra maestra divina. Los fariseos del tiempo de Jesús eran expertos en el conocimiento de la Palabra, pero unos fracasados en cuanto a recibirla. De modo que, al borde ya de un nuevo año, hagamos planes para leer la Biblia de principio a fin, pero también para permitir que ella nos lea a nosotros por entero. Su poder salvador, que nos libra de la confusión, el error y el fracaso con la misma certeza que su verdad salva nuestras almas eternas, depende de esa recepción por nuestra parte.

LOS DONES DEL ESPÍRITU

Levantad vuestra cabeza,
porque vuestra redención está cerca.
Lucas 21.28

Con la misma seguridad de que somos la gente del Libro, también somos cabalmente el pueblo de la Esperanza. Una señal segura de que alguien está lleno del Espíritu es que no sólo cree que Jesús viene, sino que también vive en la esperanza, con la expectación de su venida.

Y una fe así no ve sólo la Segunda Venida del Señor como el todo de su esperanza —naturalmente que el regreso de Jesús es nuestra esperanza suprema—, sino que la gente que se encuentra llena de ella cree que el Rey está dispuesto a venir en este día, a penetrar las circunstancias de la vida con una visita de la gracia, el amor y el poder de su Reino.

Zacarías, uno de los profetas más importantes del regreso del Mesías, dijo: «Volveos a la fortaleza, oh prisioneros de esperanza» (Zac 9.12). Hablaba literalmente de un pueblo que estaba encarcelado, es decir «encerrados para» la esperanza. ¡Qué extraordinario concepto el de hallarnos ineludiblemente ligados a la confianza de que nuestro Redentor viene hoy para traernos su gracia plenamente suficiente, y que llegará pronto para llevarnos a la gloria eterna! ¡Feliz Año Nuevo!